Leaving Certificate French

Panache

Lucy Hamill

The Educational Company of Ireland
Ballymount Road
Walkinstown
Dublin 12

www.edco.ie

A member of the Smurfit Kappa Group plc

ISBN: 978-1-84536-452-6

The paper used in this book comes from Managed Forests in Northern Europe. For every tree felled, at least one new tree is planted

Editor:	Robert Anderson
Design:	Outburst Design
Layout:	Outburst Design
Artwork:	Leo Campos, Gergana Hristova, Kim Shaw
Proofreader:	Robert Anderson, Simon Coury, Véronique Gauthier
Cover design:	Design Image
Speakers:	Enora Aspirot, François Crozat, Carole Dhoste, Diane Kennedy, Edward McDonagh, Emily Nolan, David Nouvion, Renaud Puyou
Recorded at:	Avenue 33

Texts reproduced by kind permission of the following: Unité 1 – *L'Histoire de Pi* by Yann Martel © Knopf Canada (2001), French-language version © Éditions Gallimard, translated by Nicole and Emile Martel; Unité 2 – *La Liste* by Siobhan Vivian © Scholastic (2012), French-language version © Éditions Nathan; Unité 3 – *La Vie compliquée de Léa Olivier* by Catherine Girard-Audet © Les éditions Les Malins (2012); Unité 4 – *La Vie compliquée de Léa Olivier* by Catherine Girard-Audet © Les éditions Les Malins (2012); Unité 5 – *Alex Leroc, journaliste : À tout prix* by Christian Lause © Difusión (2007); Unité 6 – *Qui es-tu, papa ?* by Allan Stratton © HarperCollins (2010), French-language version © Sol de Swaan, translated by Sidonie Van den Dries; Unité 7 – *Marley et Moi* by John Grogan © Hodder & Stoughton (2006), French-language version © Éditions Jean-Claude Lattès (2007); Unité 9 – *Roses blanches pour Danielle* by Francine Rigoni © Cambridge University Press (1994); Unité 10 – *Alex Leroc, journaliste : Les adversaires* by Christian Lause © Difusión (2007); Unité 13 – *Une guitare pour deux* by Mary Amato © Egmont USA (2012), French-language version © Éditions Nathan, translated by Anne Guitton; Unité 15 – *Le Journal d'Aurélie Laflamme* by India Desjardins © Les Éditions des Intouchables (2006); Unité 17 – *Je veux vivre* by Jenny Downham ©David Fickling Books (2007), French-language version © Éditions PLON, translated by Aleth Paluel-Marmont; Unité 18 – *Mon journal intime* by Lisa Azusias © Éditions Jean-Claude Lattès (2009).

For permission to reproduce photographs, the author and publisher gratefully acknowledge the following: iStock, Shutterstock, Alamy, Rex, Corbis, Fotolia and Getty.

Web references in this book are intended as a guide for teachers. At the time of going to press, all web addresses were active and contained information relevant to the topics in the book. However, The Educational Company of Ireland and the authors do not accept responsibility for the views or information contained on these websites. Content and addresses may change beyond our control and students should be supervised when investigating websites.

Table des matières

Préface

Revitalising and refreshing *Panache* has been a real joy. In search of interesting material, I have made frequent trips to France with my Ryanair bag at bursting point, full of books. I still feel like a teenager inside (unfortunately that's where it ends!) so collecting and reading teen novels that received rave reviews in search of exciting literary passages was fun and riveting!

The French have the best magazines ever, so there is a never-ending supply of fresh, lively material. I have to confess to an addiction for les insolides, or strange-but-true facts, and these are to be found in the C'est drôle ! sections throughout *Panache*. A frequent feature of French magazines is the advice column, so the new Le coin des experts sections, where young people get expert advice relating to the topic being studied, are absolutely authentic.

Panache is packed with up-to-date topics such as blogging and ebooks and new trends such as le slackline and eating insects. There are fun celebrity articles throughout the book to sustain students' interest. Grammar is integrated, with clear, straightforward exercises. An extra advice and help section, Exam attitude, provides guidance and support for students, and this is cross-referenced in the main text. Questions throughout are in exam format so students feel at all times that they are making progress.

It is of huge importance to me that *Panache* is a happy, uplifting and interesting book. It is ideal for Ordinary Level and mixed-ability classes but also includes a huge amount of extra material (flagged Défi) for more able students.

A whole extra dimension has been added to the text in the digital package that accompanies *Panache*. This connects directly to the text and includes animations of the oral sequences in the book, quizzes and extra exam-type questions and progress tests on each unit. Much of this material is cross-referenced in the text, making it teacher-friendly and easy to use.

Sincere thanks to all who helped me with *Panache* ...

To my husband and family for sharing my enthusiasm and passion for all things French and for their patience as my stuff takes over the whole house. To my two wonderful editors, Robert and Emma, who were meticulous, supportive, imaginative and a treat to work with. To Ronan, for sourcing perfect photos. To Leo, who created the brilliant manga-esque illustrations I was in search of, and to Kim for her lovely artwork. To Fergal and the design team at Outburst for the super presentation of *Panache*. To Diane, Simon and Véronique for patiently proofreading and to Diane again and her team for bringing the tapescript to life with the recording of the listening sequences.

Thanks to all in Edco, especially Declan, Emer, Robert, Martina, Julie, Áine and Gearóid. Thanks also to the Edco digital department, especially Anna Clarke and Catriona Lehane, who combined imagination and technical skill to produce a magical digital package to enhance and complement *Panache*.

Last but never least, thanks to all my friends whose constant interest and encouragement I appreciate. Thanks to Fidelma, Declan, Cathy and Bernie, and to teaching friends Lisa Moore, Mona Healy, Colleen O'Reilly and Celine McGuinness and all in St Paul's Raheny, Our Lady's School in Terenure and Adamstown Community College.

Liste d'icônes et d'abréviations

Expression écrite

Expression orale

Compréhension ecrite

Compréhension auditive

CD des étudiants

Compréhension – extrait littéraire

Compréhension – extrait journalistique

Défi

Civilisation

Vocabulaire

Grammaire

Exercices en ligne

Animation en ligne

Please note that the French spellings used in this book follow the *rectifications orthographiques* (spelling reforms) first issued in 1991, which are now recommended by the French state and increasingly being adopted by major publications such as the *Dictionnaire Le Robert*.

Lexique

Glossary of words for reading activities

Pour vous aider

Help for students on how to answer questions

f.	**féminin**
fam.	**langage familier**
m.	**masculin**
pl.	**pluriel**
p.p.	**participe passé**
sing.	**singulier**
subj.	**subjonctif**

Unité 1　Attitude ados !

- **Civilisation :** Getting to know the 65 million people who live in France
- **Expression libre :** French teenagers introduce themselves
- Popular names in France and names that are banned
- What happens every minute around the world?
- **C'est drôle !** Zany articles about events during the year
- **Extrait de roman :** *L'Histoire de Pi* by Yann Martel: Pi explains how he got his name.
- Meet your star! The most popular stars in France
- French people, before and after! How our prejudices can change when we get to know French people
- **Le coin des experts :** Phone-in advice about unwanted names, awkward birthdays and feeling blue in winter

Grammaire

- Le présent
- Les questions

Vocabulaire

- Personality traits
- Revision of numbers
- Months, seasons, Zodiac signs and public holidays

Oral

- Chris talks about his impressions of the French.

Zoom examen

- Filling in a form for a visit to France
- Leaving a message

En ligne

- Quiz : La France et les Français
- Reliez ! : Les prénoms
- Texte à trous : Bruno Mars

1.1 Les Français en face
Si la France comptait 100 habitants ...

Il y a 65 millions de Français. Si la France comptait 100 habitants, alors 25 auraient moins de 20 ans et 52 auraient entre 20 et 57 ans. Seulement neuf auraient plus de 75 ans *tandis que* l'espérance de vie en France est parmi les meilleures du monde. Les personnes âgées sont plus actives que jamais. Un bébé sur deux né aujourd'hui atteindra ses 100 ans.

Sur les 22 enfants de moins de 18 ans, 17 vivraient avec leurs parents, et quatre vivraient avec leur mère ou leur père. Un enfant sur deux naîtrait de parents non-mariés. La famille moyenne française consiste de deux enfants et les Françaises font partie des championnes d'Europe de fécondité, juste derrière l'Irlande et la Suède.

Un adulte sur trois fumerait, mais la *moitié* d'entre eux voudrait arrêter. *Pas étonnant* quand on considère l'importance de l'exercice physique dans la vie des Français : 42 pour cent d'eux font du sport une fois par semaine.

Que dit-on des Français ?

Les Français ont la réputation d'être *minces*, élégants et toujours à la mode. Ils ne portent certainement pas tous un maillot rayé bleu marine et blanc et un béret ! La gastronomie française est très renommée et très appréciée des touristes. Selon les statistiques, chaque Français consommerait 24 kilogrammes de fromage par an. On dit que les Français sont perfectionnistes et que réussir est très important pour eux.

Et la France, c'est quoi ?

La France est un pays très cosmopolite et un Français sur quatre a au moins un parent ou grand-parent d'origine étrangère. On appelle souvent la *France métropolitaine* l'Hexagone parce qu'elle ressemble à une figure géométrique à six côtés. La France est divisée en régions et chaque région en départements. Il y a des départements et des régions situés en *outre-mer* (on les appelle les DOM ou DROM).

Lexique	
tandis que	*whilst*
la moitié	*half*
pas étonnant	*not surprising*
mince	*slim*
la France métropolitaine	*mainland France*
outre-mer	*overseas*

🖥 **1.1 Quiz : La France et les Français**

A Now check that you have understood the text.

1 What is the population of France?

2 What statement is made about a quarter of the population?

3 What is said about 50 per cent of all babies born today?

4 What percentage of children in France are born to unmarried parents?

5 What statement is made about the maternity rate in France?

6 What are we told about half of all French smokers?

7 What is the reputation of the French in terms of their appearance? (*2 points*)

8 How is the stereotypical Frenchman dressed?

9 In what way can the population of France be said to be cosmopolitan?

10 Why is France also called 'The Hexagon'?

B À votre tour de préparer, sur ordinateur, une présentation des habitants de votre pays : « Les Irlandais en face ».

(75 mots)

1.2 Expression libre : Cinq jeunes se présentent

Listen to these French teenagers introduce themselves and fill in the grid.

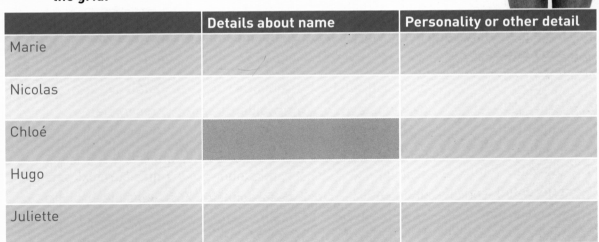

	Details about name	Personality or other detail
Marie		
Nicolas		
Chloé		
Hugo		
Juliette		

Pour vous aider

You don't need to understand every word when listening. Find out what is being asked first and use this as a way of focusing on the most important pieces of information.

1.3 Et vous ? Comment vous appelez-vous ?

A

1 Comment vous appelez-vous ? *Je m'appelle ...*

2 C'est un prénom populaire en ce moment ? *C'est / Ce n'est pas ...*

3 Quels sont les prénoms les plus populaires pour les filles en Irlande ? *C'est ...*

4 Quels sont les prénoms les plus populaires pour les garçons en Irlande ? *C'est ...*

5 Aimez-vous votre prénom ? *Je l'aime / Je ne l'aime pas parce que ...*

B N'importe quel prénom ?

En France, les autorités peuvent refuser aux parents le droit de donner un prénom considéré ridicule à leur enfant ! Parmi les prénoms refusés, il y a Lucifer, Superman, Christ et Titeuf. Donnez votre avis. *(50 mots)*

 1.2 Reliez : Les prénoms

1.4 Votre personnalité

You will have noticed that many of the words for personality traits in French are generally easy to understand and very similar to their English equivalent.

Look at the following list of words. Look up the meaning of any word you don't know.

drôle	ponctuel(-elle)	solitaire	sérieux(-se)
généreux(-se)	pessimiste	travailleur(-se)	réservé(e)
impatient(e)	détendu(e)	distrait(e)	bavard(e)
trop décontracté(e)	courageux(-se)	méthodique	joyeux(-se)
tolérant(e)	sociable	appliqué(e)	pas curieux(-se)
extraverti(e)	timide	désordonné(e)	sensible
paresseux(-se)	ambitieux(-se)	indifférent(e)	curieux(-se)
patient(e)	peu motivé(e)	avare	anxieux(-se)
	intolérant(e)	peureux(-se)	triste

A Put them into groups under either les qualités or les défauts.

B Now describe yourself honestly. Use these or other adjectives you know. *Moi, je suis romantique ...*

1.5 Révision des nombres

Avant de faire cet exercice, révisez les nombres (page 359).

A Écrivez les nombres suivants en français :

1	15 *quinze*	6	28 *vingt huit*	11	72	16	74
2	38 *trente huit*	7	81	12	53	17	46
3	22 *vingt deux*	8	97	13	36	18	42
4	49 *quarante neuf*	9	19	14	89	19	93
5	62 *soisante deux*	10	40	15	32	20	34

B Où sont les jeunes ?

En général, plus un pays est développé, moins il y a d'enfants par famille. Mais il existe des exceptions. La France, par exemple, est une des championnes d'Europe de la fécondité !

Listen to the statistics then answer the following questions:

1 How many hundred thousand babies are born each year in France?

2 What percentage of the population of Niger are under 15?

3 What is the percentage of under-15s in many countries in Southern Africa?

4 To what does the figure 18 refer?

5 What fact is given about the population of Japan?

6 To what does the figure 15,000 refer?

C Écrivez les opérations suivantes en toutes lettres en français.

Exemple : *Quinze plus dix-huit égale trente-trois.*

1 15 + 18 =	5 35 + 7 =
2 42 + 37 =	6 39 – 6 =
3 23 + 8 =	7 2 × 13 =
4 80 ÷ 2 =	8 67 – 38 =

Pour vous aider

=	égale
+	plus
-	moins
×	multiplié par / fois
÷	divisé par

1.6 Que se passe-t-il pendant une minute dans le monde ?

Listen to this amazing survey by INSEE (Institut national de la statistique et des études économiques) about what happens every minute around the world, and answer these questions:

1. How many babies are born each minute in the world?
2. How many people die each minute?
3. How many marriages are celebrated each minute in the world?
4. How much is Tiger Woods said to earn per minute?
5. Name one city mentioned here where Big Macs are consumed.
6. How many Big Macs are consumed per minute?
7. How many mobile phones are sold each minute?
8. How many emails are sent each minute?
9. What is the search engine company mentioned here?
10. What is said about the figure 21,000?

1.7 Les mois et les saisons

Learn the months and seasons and public holidays as you will frequently need them.

Les mois

janvier	*January*	mai	*May*	septembre	*September*
février	*February*	juin	*June*	octobre	*October*
mars	*March*	juillet	*July*	novembre	*November*
avril	*April*	août	*August*	décembre	*December*

Les saisons

le printemps	*spring*	au printemps	*in spring*	
l'été (m.)	*summer*	en été	*in summer*	
l'automne (m.)	*autumn*	en automne	*in autumn*	
l'hiver (m.)	*winter*	en hiver	*in winter*	

Pour vous aider

In French all the months and seasons are masculine and begin with a small letter.

Les signes du Zodiaque   ✳ Il est (du signe) Verseau

Verseau
*du 21 janvier au
19 février*

Poissons
*du 20 février au
20 mars*

Bélier
*du 21 mars au
20 avril*

Taureau
*du 21 avril au
20 mai*

Gémeaux
du 21 mai au 21 juin

Cancer
du 22 juin au 22 juillet

Lion
du 23 juillet au 21
août

Vierge
du 22 août au 22
septembre

Balance
du 23 septembre au
22 octobre

Scorpion
du 23 octobre au 22
novembre

Sagittaire
du 23 novembre
au 20 décembre

Capricorne
du 21 décembre
au 20 janvier

l'anniversaire (m.)	birthday
Noël	Christmas
le Nouvel An	New Year
Pâques	Easter
la fête de Thanksgiving	Thanksgiving
la veille de la Toussaint	Halloween
la Toussaint	All Saints' Day
le Ramadan	Ramadan

Le saviez-vous ?

Le Ramadan fait partie du calendrier musulman. Durant cette période, les fidèles doivent prier Allah et méditer sur le Coran. Ils ne doivent ni boire ni manger entre l'aube et le coucher du soleil.

PARLEZ

A Avec un(e) partenaire, posez-vous les questions suivantes à tour de rôle :

1 C'est quand ton anniversaire ? *Mon anniversaire, c'est le 5 mai / le premier juin.*

2 C'est en quelle saison ? *C'est ...*

3 Tu es de quel signe du zodiaque ? *Je suis (du signe du / de la) ...*

ÉCRIVEZ

B Formulaire. Votre professeur vous a demandé de recopier et de remplir le formulaire suivant pour trouver un(e) correspondant(e) en France.

Attention : Répondez à 4, 5, 6 et 7 en faisant des phrases complètes.

1 Nom et prénom :

2 Date et lieu de naissance :

3 Signe du zodiaque :

4 Quelle est votre saison préférée et pourquoi ?

5 Décrivez brièvement votre personnalité.

6 Quels sont vos qualités et vos défauts ?

7 Quels sont vos passe-temps ?

LISEZ

1.8 C'est drôle ! Des faits divers, été comme hiver !

Read these short interesting articles and answer the questions that follow.

1 Un calendrier qui vous ouvre les yeux !

Pour dénoncer le manque de financement pour permettre une meilleure intégration sociale et culturelle des non-voyants et des malvoyants en France, la Fédération des aveugles et handicapés visuels publie un calendrier insolite où figurent des personnalités du monde politique en situation de malvoyance, avec canne blanche et lunettes noires. Une idée choc, non ?

2 Février, le mois de l'insomnie

Selon un chercheur britannique, c'est en février qu'on a le plus de difficulté à s'endormir. Il nous faut en moyenne 56 minutes pour trouver le sommeil contre 48 minutes en mars. La cause ? Le froid et la durée d'ensoleillement.

3 Une zombie au volant

En Alabama, aux États-Unis, des policiers ont découvert le corps d'une femme au volant d'une voiture : elle était recouverte de bandages ensanglantés. Mais quand ils ont ouvert la porte, ils ont constaté que la jeune femme leur souriait. Elle n'était pas du tout morte : elle allait à une fête pour Halloween, déguisée en zombie !

4 Miracle de Noël

À Turin, en Italie, Christina, une mère de famille, réalise le soir du 24 décembre, que la cave où elle avait caché les cadeaux de Noël de ses enfants avait été cambriolée et que tous les cadeaux avaient disparu. Après avoir fait le tour des stations-service pour remplacer les cadeaux, en vain, elle a téléphoné à la police pour déclarer le vol. Celle-ci, émue, a appelé le propriétaire d'un magasin de jouets pour qu'il ouvre son magasin en pleine nuit, spécialement pour Christina !

Lexique	
les malvoyants (*m. pl.*)	*the partially sighted*
les aveugles (*m. pl.*)	*the blind*
insolite	*unusual*
l'ensoleillement (*m.*)	*daylight*
cambrioler	*to burgle*

1 **a** What did the Association of the Blind and Partially Sighted want to draw attention to?

 b How did it represent leading politicians?

2 **a** What problem do people tend to have in February?

 b Why is that so?

3 **a** Where exactly was the 'zombie' discovered?

 b Who did the zombie turn out to be?

4 **a** What did this Italian woman discover on Christmas Eve?

 b What was the solution to her problem?

1.9 Quelle est votre star préférée ?

Voici quelques personnalités que les jeunes Français admirent beaucoup.

A **Note their date of birth and one detail about them.**

Celebrity	Date of birth	One detail about them
Jean Dujardin	19 June 1972	Voted most popular star in France
Adèle	5 May 1988	Started singing at 4. She won an oscar for her song in "Sky fall"
Gad Elmaleh	19 April 1971	He was in midnight in Paris. He was born in Morocco.
Sophie Marceau	17 November 1966	She helps sick children realize their dreams. She's one of the most popular French actresses.
Omar Sy	20 January 1978	He likes cooking and gardening. He's married with 4 kids. His favourite sport is football
Jennifer Lawrence	15 August 1990	She won an oscar for Happiness Therapy. She's popular in France

B **Maintenant notez leur mois de naissance et leur signe du zodiaque.**

Exemple : *Jean Dujardin est né en juin : il est gémeaux.*

 1.3 Texte à trous : Bruno Mars

1.10 Les questions

There are **three** ways of turning statements into questions in French:

1 Use intonation

This, of course, is used only in spoken French. Simply keep the word order as it is and raise the pitch of your voice at the end of the sentence.

Il est là ? *Is he there? (Is he in?)*

2 Use Est-ce que

Again, keep the word order as it is but put est-ce que in front of it.

> Est-ce qu'il est là ?   *Is he there ? (Is he in?)*

3 Invert the subject and verb

Invert, or reverse, the order of the subject and the verb of the sentence. This is mostly used in written French.

> Est-il là ?   *Is he there ? (Is he in?)*

It is particularly important to know your question words well in order to have a conversation and to do comprehensions in French. As in English, question words tend to be the **first words** in a sentence (although not always). Learn the following words and their meaning.

Question word	English meaning	Example
qui	*who*	Qui est-ce ? (*Who is it?*)
que	*what*	Que fait-il ? (*What is he doing?*)
qu'est-ce que	*what*	Qu'est-ce qu'il fait ? (*What is he doing?*)
où	*where*	Où est-il ? (*Where is he?*)
quand	*when*	Quand est-ce qu'il arrive ? (*When does he arrive?*)
pourquoi	*why*	Pourquoi est-il là ? (*Why is he there?*)
comment	*how*	Comment allez-vous ? (*How are you?*)
combien	*how much / how many*	Combien de sports fais-tu ? (*How many sports do you practise?*)
quel(s) (*m. sing./pl.*)	*what/which*	Quel est votre nom ? (*What is your name?*)
quelle(s) (*f. sing./pl.*)	*what/which*	Quelle est votre adresse ? (*What is your address?*)

A Traduisez les phrases suivantes en français.

1 Comment vous appelez-vous ?
2 Comment allez-vous ?
3 Quel âge avez-vous ?
4 Qui parle ?
5 Quand est votre anniversaire ?
6 Quel acteur admirez-vous ?
7 Où êtes-vous né(e) ?
8 De quelle couleur est votre stylo ?
9 Combien de frères avez-vous ?
10 Quelle est votre couleur préférée ?

B Posez des questions à votre partenaire pour obtenir les renseignements suivants :

1 son nom
2 la date de son anniversaire
3 sa saison préférée
4 ses qualités et ses défauts
5 l'impression qu'il a des Français

1.11 *L'Histoire de Pi* de Yann Martel

Read the following extracts from Yann Martel's famous novel, then answer the questions below.

In this passage the young boy, Pi, explains how he got his unusual name.

1 Mon nom ne dit pas tout de l'histoire de mon nom. Si vous vous appelez Bob, personne ne vous dira : « Comment épelez-vous ça ? » Ce n'est pas le cas quand on se nomme Piscine Molitor Patel.

Il y en avait qui pensaient que c'était P. Singh et que j'étais sikh et ils s'étonnent de me voir sans turban.

Quand j'étudiais à l'université, je suis allé visiter Montréal avec des amis. Un soir, c'était à mon tour de commander des pizzas. Je ne pouvais pas supporter l'idée qu'un autre francophone s'esclaffe en entendant mon nom, alors quand l'homme au téléphone m'a demandé : « C'est à quel nom ? » J'ai répondu : « Je suis qui je suis ». Une demi-heure plus tard, deux pizzas ont été livrées pour « Méchoui qui Méchoui ».

[...]

2 Mon soldat romain à moi, il était dans la cour de l'école un matin quand j'avais douze ans. Je venais tout juste d'arriver. Il m'a vu et un éclair de méchanceté géniale a éclairé son esprit débile. Il a levé le bras, il l'a pointé vers moi et il a crié : « V'là *Pisse* Patel ! »

En un instant, tout le monde rigolait. Le rire disparut tandis que nous formions des rangs et entrions en classe. Je marchais le dernier, portant ma couronne d'épines. [...]

3 Après [l'école] Saint-Joseph, je suis allé au petit séminaire, la meilleure école secondaire anglaise et privée de Pondichéry. Ravi y était déjà et, comme tous les frères cadets, j'allais souffrir de suivre les traces d'un aîné populaire. Ravi était l'athlète de sa génération au petit séminaire, un redoutable lanceur et un puissant frappeur, le capitaine de la meilleure équipe de cricket en ville, notre propre Kapil Dev. Le fait que j'étais un nageur ne faisait aucune vague. [...]

J'avais un meilleur plan.

4 Je l'ai mis à l'exécution le tout premier jour d'école, dans la toute première classe. Il y avait autour de moi d'autres élèves venus de Saint-Joseph. La classe a commencé comme toutes les nouvelles classes commencent, chacun déclarant son nom. On le disait à voix haute, de notre pupitre, selon l'ordre où on est assis.

–Ganapathy Kumar, dit Ganapathy Kumar.

–Vipin Nath, dit Vipin Nath.

–Shamshool Hudha, dit Shamshool Hudha.

–Peter Dharmaraj , dit Peter Dharmaraj.

En attendant chaque nom, le professeur le cochait sur sa liste et jetait sur l'élève un bref regard mnémonique. J'étais terriblement nerveux.

[...]

5 Mon tour était venu. Le moment d'en finir avec Satan. Médine, à nous deux.

Je me levai de mon pupitre et je me rendis vite au tableau noir. Avant que le professeur n'ait eu le temps de dire un mot, je pris un bout de craie et je dis, tout en écrivant :

Mon nom est

Piscine Molitor Patel

Connu de tous sous le nom de

Et je souligne en double les deux premières lettres de mon prénom :

Pi Patel

Pour faire bonne mesure, j'ajoutai :

$$\pi = 3{,}14$$

et je traçai un grand cercle, que je divisai ensuite en deux d'un trait, pour évoquer la leçon de base de la géométrie. Il y eut un silence. Le professeur fixait le tableau. Je retenais mon souffle. Il dit alors :

–Très bien, Pi. Assieds-toi. La prochaine fois, tu demanderas la permission avant de quitter ton pupitre.

–Oui, monsieur.

Lexique

épeler	*to spell*
s'étonner	*to be surprised*
s'esclaffer	*to guffaw*
un éclair de méchanceté géniale a éclairé son esprit débile	*a flash of evil genius lit up his dull mind*
une couronne d'épines	*a crown of thorns*
Médine	*Medina: a holy site in Islam*
je retenais mon souffle	*I held my breath*

ÉCRIVEZ

1 Selon le narrateur, pourquoi était-il difficile de supporter son nom ? (*Section 1*)

2 Trouvez le détail qui indique que quelqu'un est sikh. (*Section 1*)

3 Quel était la réaction normale quand on entendait le nom du narrateur ? (*Section 1*)

4 Relevez le mot qui veut dire un groupe de personnes alignées. (*Section 2*)

5 Citez l'expression qui indiquait que Pi se sentait blessé à cause de la réaction des autres garçons à son nom. (*Section 2*)

6 Qui était Ravi ? (*Section 3*)

7 Quel était le sport préféré de Pi ? (*Section 3*)

8 Trouvez une référence religieuse dans la cinquième partie.

9 The author builds up tension and brilliantly describes how Piscine changed his name to Pi. Do you agree? Refer to the text in support of your answer. (*2 points, about 50 words in all*)

✱ *Aux questions posées en anglais, il faut répondre en anglais.*

13

1.12 Le présent
Regular verbs

The vast majority of verbs are **regular** and they follow the **same rules**. You just have to learn these rules. Rules are your friends!

The **three main families** of regular verbs are verbs ending in –er, –ir and –re.

The verbs have a **stem** and an **infinitive ending**.

Stem	Infinitive ending
parl	+ –er
fin	+ –ir
rend	+ –re

Formation

To form the present tense, remove the infinitive endings –er, –ir and –re. Then add the correct **present-tense ending** for each pronoun.

–er verbs	**–ir verbs**	**–re verbs**
parler *to speak*	finir *to finish*	rendre *to give back*
je parle	je finis	je rends
tu parles	tu finis	tu rends
il/elle/on parle	il/elle/on finit	il/elle/on rend
nous parlons	nous finissons	nous rendons
vous parlez	vous finissez	vous rendez
ils/elles parlent	ils/elles finissent	ils/elles rendent

You can see some similarities across the families of verbs. For example, the nous ending always has –ons, the vous ending always has –ez and the ils/elles ending is always –ent. Do you notice any other patterns?

For –ir verbs, the plural endings have an extra syllable: –issons, –issez, –issent.

For –re verbs, the third person singular (il/elle/on) has no ending, just the bare stem: il rend.

Reflexive verbs

The vast majority of these are regular –er verbs

se laver *to wash oneself / have a wash*		se lever *to get up*	
je	me lave	je	me lève
tu	te laves	tu	te lèves
il/elle/on	se lave	il/elle/on	se lève
nous	nous lavons	nous	nous levons
vous	vous lavez	vous	vous levez
ils/elles	se lavent	ils/elles	se lèvent

Pour vous aider

Try to learn the endings off by heart. Repeat them out loud until you have mastered them. There are only six endings for each of the three families of regular verbs. This means that, with 18 endings, you will know the vast majority of verbs!

A few verbs undergo a minor spelling change in some forms, as with se lever. See verb tables, pages 353–58.

Irregular verbs

Unfortunately, some verbs do not follow the rules. You have to learn which ones they are.

These irregular verbs are often very commonly used, so you will need to learn them par cœur (*by heart*).

aller *to go*
je	vais
tu	vas
il/elle/on	va
nous	allons
vous	allez
ils/elles	vont

avoir *to have*
j'	ai
tu	as
il/elle/on	a
nous	avons
vous	avez
ils/elles	ont

✱ **il y a = *there is / there are***

connaître *to know*
je	connais
tu	connais
il/elle/on	connaît
nous	connaissons
vous	connaissez
ils/elles	connaissent

devoir *to have to*
je	dois
tu	dois
il/elle/on	doit
nous	devons
vous	devez
ils/elles	doivent

être *to be*
je	suis
tu	es
il/elle/on	est
nous	sommes
vous	êtes
ils/elles	sont

✱ **c'est = *it is***

faire *to do*
je	fais
tu	fais
il/elle/on	fait
nous	faisons
vous	faites
ils/elles	font

pouvoir *to be able to*
je	peux
tu	peux
il/elle/on	peut
nous	pouvons
vous	pouvez
ils/elles	peuvent

vouloir *to want*
je	veux
tu	veux
il/elle/on	veut
nous	voulons
vous	voulez
ils/elles	veulent

Further irregular verbs

croire	je crois	*I believe*
dire	je dis	*I say/tell*
écrire	j'écris	*I write*
lire	je lis	*I read*
mettre	je mets	*I put*
partir	je pars	*I leave*
prendre	je prends	*I take*
sortir	je sors	*I go out*
venir	je viens	*I come*

See verb tables, pages 353–58.

✱ Note that **devenir** (*to become*) and **revenir** (*to return, come back*) are also conjugated like **venir**.

A Conjuguez ces verbes réguliers et traduisez-les en anglais.

1. Je (travailler)
2. Ils (choisir)
3. Elles (trouver)
4. Marc (marcher)
5. Sarah et Louise (chanter)
6. On (bâtir)
7. Nous (saisir)
8. Tu (perdre)
9. Le chat (se laver)
10. Je (se brosser) les dents.

B Traduisez en français.

1. I do
2. He is able to
3. We go
4. They finish
5. We are
6. There is
7. They (f.) wish
8. You (polite) have to
9. Marie has
10. Léo and Eric make

C Conjuguez les verbes et traduisez les phrases en anglais.

1. Marion Cotillard _____ (être) une actrice très douée.
2. Elles _____ (avoir) dix-huit ans.
3. Je _____ (manger) beaucoup de croissants.
4. Nous _____ (habiter) à Paris.
5. Vous _____ (être) de quel signe ?
6. Nous _____ (pouvoir) aller en Belgique.
7. Elle _____ (connaître) ma mère.
8. Ils _____ (aller) en Suisse.
9. Tu _____ (vouloir) sortir ce soir ?

Devoir, pouvoir and vouloir

Devoir, pouvoir and vouloir are really useful verbs. Learn the following off by heart:

Je dois	I have to	Je veux	I want to
Je peux	I am able to / I can	Tu veux	You want to
Je ne peux pas	I can't	Veux-tu ?	Do you want to?
Puis-je ?	Can I ?		

All these can be followed by a **second verb** which stays in the **infinitive** form:

Veux-tu aller au cinéma ?	Would you like to go to the cinema?
Je dois partir à quatre heures.	I must / have to leave at four o'clock.

D Traduisez les phrases suivantes en français.

1. I have to return to Ireland.
2. Can I look at the book?
3. I can't do my homework.
4. I want to go to France.
5. Do you want to leave?
6. Ought I to eat more vegetables?

1.13 Chris passe son oral

A Christian a fait un échange avec un correspondant français. Il parle de sa visite et de ses impressions des Français pendant son épreuve orale. Lisez et écoutez.

1 Comment vous appelez-vous ?
Je m'appelle Chris.

2 Quelle est la date de votre anniversaire ?
Mon anniversaire est le 13 juillet, donc je suis Cancer. Je suis content de fêter mon anniversaire en été.

3 Quel âge avez-vous, Chris ?
J'ai 18 ans. Je suis parmi les plus âgés de ma classe.

4 Parlez-moi un peu de vous, Chris.
Je suis organisé et énergique. Je travaille dur à l'école mais j'adore sortir avec mes amis parce que je suis très sociable. J'ai les yeux bleus et les cheveux noirs. J'habite à Kilkenny.

5 Vous lisez votre horoscope, Chris ?
Jamais, je ne suis pas superstitieux.

6 Vous m'avez dit que vous aviez passé un mois en France l'été dernier. Comment voyez-vous les Français ?
Le mode de vie en France est très différent d'ici. Je trouve qu'il y a trop de devoirs à faire après les cours. J'adore l'architecture en France. Les vieilles rues de Lille où je suis allé sont formidables.

7 Vous aimez les Françaises ?
Absolument, elles sont adorables, et je les trouve très belles. Elles adorent la mode et portent toutes de beaux vêtements. La sœur de mon correspondant, Isabelle, est très jolie, élégante et cultivée.

8 Et la cuisine ?
Moi, j'adore le fromage et la France est le pays du fromage avec 24 kg de fromage consommés par an et par habitant. J'adore aussi les macarons multicolores. La cuisine est un art en France et beaucoup de termes culinaires utilisés dans le monde sont français. Les Français sont de bons vivants. Ils adorent prendre un café en terrasse. C'est « la vie en rose » !

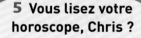

Animation

17

B Avec un(e) partenaire, posez-vous les questions suivantes à tour de rôle :

1 Quelle est la date de votre anniversaire ? *Mon anniversaire ...*

2 Quel âge avez-vous ? *J'ai ...*

3 Parlez-moi un peu de vous. *Je suis ...*

4 Lisez-vous votre horoscope ? *Je lis / je ne lis pas.*

5 Comment voyez-vous les Français ? *Les Français ...*

6 Est-ce que vous aimez les Français/Françaises ?

7 Aimez-vous la cuisine française ?

C Quelle est l'image que les Irlandais ont des Français ? Discutez en classe.

1.14 Les Français : Avant et après !

Read the following article about how people's prejudices about the French can change.

Comme Christian, beaucoup d'entre nous ont des préjugés sur les Français mais une visite dans le pays peut nous faire changer d'avis comme c'est le cas pour ces ados, qui passent un an en France.

Je m'appelle **Anna** et je viens de Russie. Je suis venue étudier en France car j'avais envie de vivre une nouvelle expérience. Ce qui me plaît en France, c'est l'histoire et les artistes. Avant de venir ici, je pensais que tous les Français aimaient le pain, le fromage et le vin et qu'ils étaient très timides. Maintenant, je porte un autre regard sur les Français. En fait, ils sont loin d'être timides : quand ils ont quelque chose à dire, comme par exemple quand ils aiment quelqu'un, eh bien, ils sont très libres et ils le disent, tout simplement !

Je m'appelle **Kata** et je viens de Tokyo. J'avais très envie d'avoir des amis de toutes les nationalités alors je suis venu en France. Avant d'arriver, je pensais que la nourriture française était bonne et que les Français aimaient bien faire la fête. Et c'est vrai ! Mais depuis que je suis ici, j'ai aussi remarqué que beaucoup de Français fument. J'ai aussi découvert que les Français s'intéressent beaucoup aux arts et à la politique. On en discute très souvent.

Je suis **Jessica** et je viens d'Australie. Je suis venue en France pour découvrir un autre mode de vie. Avant mon arrivée ici, je pensais que tous les Français mangeaient des escargots et des cuisses de grenouilles. Ça me faisait un peu peur ! Mais mes craintes ont disparu quand j'ai réalisé qu'on en mange très peu. En plus, la nourriture est très fraîche et très saine. J'adore le pain français et les crêpes au Nutella !

Je m'appelle **Javier** et je viens du Honduras, en Amérique centrale. Je suis venu en France pour apprendre le français. Avant de venir ici, j'avais l'impression que tous les Français portaient une moustache, mais j'ai vite réalisé que ce n'était pas vrai ! Ce que je ne savais pas, c'est qu'il peut faire vraiment froid en France. J'ai vu de la neige pour la première fois. C'était incroyable !

	Why he/she went to France	Preconceptions	Impressions after
Anna			
Kata			
Jessica			
Javier			

1.15 Le coin des experts

Listen to the problems that the listeners to this popular radio programme have and the advice offered by the experts. Complete the following grid.

VOUS AVEZ UN PROBLÈME ?

NOUS SOMMES LÀ POUR VOUS AIDER !

Person	Problem	Advice offered
Aimée		
Philippe		
Catherine		

1.16 Juste un petit mot ...

You have a message on your mobile phone from your French friend. He would like to go out for lunch and then on to a rugby match with you tomorrow.

You call at his house but he is out. You leave the following note.

- Say that you cannot go to lunch because your aunt is visiting.

- Say that you will meet him at the rugby ground.

- Ask whether he would like to go for a coffee after.

Pour vous aider

déjeuner	*to lunch*
un stade de rugby	*rugby ground*

For help writing a message, see pages 343–44

La famille à la loupe

Grammaire

- Le comparatif et le superlatif
- L'accord des adjectifs

Vocabulaire

- Family members
- Household tasks

Oral

- Sophie talks about family and her relationship with her stepbrothers.

Zoom examen

- Texte à trous : Arthur tells Emily about his family.
- Giving your opinion
- **Writing** une lettre informelle **to your penpal**

En ligne

- Quiz : Les Français et la famille
- Classez dans le bon ordre : Le comparatif et le superlatif

- **Civilisation :** How the family structure has changed in France
- **Expression libre :** Teenagers from around the world talk about the relationship between parents and children in their country.
- Relationships between teenagers and parents – a psychiatrist speaks.
- Celebrities speak about their families: Kiefer Sutherland, Liam Hemsworth, Jaden Smith, Jennifer Lopez and Tom Hanks.
- **Extrait de roman :** *La Liste* by Siobhan Vivian: the heroine, Abby, sees her name on a list on the school notice board...
- **C'est drôle !** Zany new inventions to help the family
- **Le coin des experts :** Phone-in advice

2.1 Les Français et la famille

Selon les Français, la clef du bonheur, c'est la famille. En effet, la plupart d'entre eux considèrent la vie familiale et la santé comme les choses les plus importantes dans la vie.

L'âge du mariage

On se marie de plus en plus tard en France peut-être parce que la durée des études est de plus en plus longue. En moyenne, les femmes se marient à 30 ans et 5 mois et les hommes à 32 ans et 6 mois.

Le mariage — une option parmi d'autres

On constate effectivement une augmentation du nombre des divorces, et de la monoparentalité, l'évolution du Pacs et l'introduction du mariage homosexuel. Beaucoup de jeunes couples optent pour l'union libre, ou la cohabitation, où l'on vit ensemble sans être mariés. Souvent, le mariage confirme une union déjà établie qui a vu naître des enfants.

Le divorce

Plus d'un couple sur trois se sépare, un sur deux dans les grandes villes. Environ 120 000 divorces ont lieu chaque année. On récense aussi 2,5 millions de couples non-mariés. Il y a plus d'un million de familles monoparentales, c'est-à-dire des familles avec un parent veuf, séparé ou divorcé. Presque un enfant sur six vit avec un seul parent.

La famille recomposée

Le code traditionnel de la famille nucléaire a été bouleversé même s'il reste le modèle le plus populaire en France (à 71 pourcent). Ainsi, de plus en plus de femmes exercent seule l'autorité parentale. Il est aussi fréquent d'élever ses enfants avec l'aide des grands-parents, des oncles et tantes et des amis. Même si les divorcés hésitent parfois à passer la bague au doigt d'une nouvelle personne, les familles recomposées représentent 11 pour cent de la population et 36 pour cent des enfants en famille recomposée sont issus de la nouvelle union. Plus d'un quart des enfants (28 pour cent) ont des demi-frères et demi-sœurs.

Même si elle a fortement évolué, la famille reste donc à la base de la société française.

Lexique

la clef du bonheur	*key to happiness*
en moyenne	*on average*
le Pacs (= Pacte civil de solidarité)	*civil contract*
l'union (f.) libre	*living with a partner without being married*
veuf/veuve	*widowed*
bouleverser	*to break*

 2.1 Quiz : Les Français et la famille

A **Find the French terms that correspond to the following:**

1 Single parenting
2 Civil partnership
3 Living with a partner without being married
4 One-parent family
5 Families where there are stepchildren

B **Now check that you have understood the text.**

1 Other than the family, what is also of top importance for French people?
2 What is the average age of a groom in France?
3 When do young cohabiting couples generally decide to get married?
4 To what does the figure 120,000 refer?
5 Find the French phrase that means to 'get married' in the last section.

ÉTUDIANT

ÉCOUTEZ

2.2 Expression libre : C'est comment avec les parents ?

Listen to these young teenagers talking about the relationship between parents and children in their country. Fill in the grid, adding as much detail as you can.

	Where they live	Parent–child relationship
Chen		
Khady		
Felipe		

2.3 La famille reste une valeur forte

Le professeur Pierre Marcelli, psychiatre, spécialiste de l'adolescence, répond aux questions sur la vie familiale et les relations parents–ados.

> **Lexique**
>
> avoir son jardin secret   *to have personal privacy*

1 How do adolescents view the family?
2 What are relationships between parents and their children like in France?
3 In what way are the relationships of children who live in one-parent families different?
4 What do children in a traditional family sometimes resent their parents for?
5 What is the most usual source of conflict in families at the moment?

2.4 La famille d'Arthur : Texte à trous

Arthur écrit à sa correspondante Emily. Complétez sa lettre en écrivant les mots suivants dans les espaces appropriés.

être   ~~sont~~   **très**   ~~Il~~   ~~ans~~

s'appelle   ~~adore~~   et   viens   ~~est~~

Pont-Aven, le 12 septembre

Chère Emily,

Je suis bien content d' (1) __être__ ton correspondant. J'ai une sœur Maelie et je n'ai pas de frères. Maelie (2) __est__ sociable et toujours de bonne humeur. Nous nous entendons (3) __très__ bien ensemble. Elle a douze ans et elle (4) __adore__ la mode et la musique.

J'habite avec mon père et ma mère et mes parents (5) __sont__ très sympa. Mon père s'appelle Marc et il travaille dans le domaine de l'informatique. (6) __Il__ adore le surf. Ma mère (7) __s'appelle__ Isabelle. Elle est secrétaire dans un lycée près de chez nous. Maman adore le cinéma (8) __et__ la lecture. À la maison, il y a toujours une bonne ambiance.

Ma grand-mère habite près de chez nous et je l'adore. Elle me raconte son enfance en Algérie et son mariage à 20 (9) __ans__. Elle a eu 16 enfants. Elle a maintenant 84 ans : elle porte toujours un jean et possède un téléphone portable !

Si tu (10) __viens__ en France, c'est avec plaisir que nous t'accueillerons, surtout si nous devenons de bons amis, ce que j'espère.

Cordialement,

Arthur

ÉTUDIANT   ÉCOUTEZ   LISEZ

2.5 Sophie passe son oral

A Sophie répond aux questions sur sa famille. Lisez et écoutez.

1 Parlez-moi de votre famille.

Chez moi, c'est un peu compliqué. J'habite avec ma mère et son second mari et ses deux fils. Donc, il y a ma mère, mon beau-père et mes beaux-frères, Alex et Léo.

2 Est-ce que vous vous entendez bien avec votre famille ?

En général, oui, très bien. Je suis assez libre. Mon beau-père est assez strict pour le travail de classe mais sinon, je m'entends bien avec tout le monde dans ma famille.

6 Lequel des adultes de votre famille admirez-vous le plus ?

C'est mon père ! Il s'appelle Charles et il est infirmier. J'étais un peu perdue quand mes parents ont divorcé mais il m'a aidée à reprendre courage et à aller de l'avant. Il me montre que les choses difficiles sont surmontables. J'admire son courage et son esprit. Je le vois le mercredi et tous les weekends.

3 Et vos beaux-frères ?

Comme ma mère est médecin, elle rentre souvent tard du travail. Alors je suis souvent seule avec Alex et Léo. Ils sont plus jeunes que moi et je les emmène souvent au cinéma.

4 La famille est importante pour vous ?

C'est très important. Bien sûr, il y a parfois de petits conflits avec mes parents. Mais en général, la communication est bonne et je discute beaucoup avec eux. Si j'ai un problème, ils m'aident et me donnent des conseils. Je peux toujours compter sur eux.

5 Vous êtes l'aînée de la famille ?

Mon beau-frère Alex a seize ans et Léo a quatorze ans, donc, je suis effectivement l'aînée. Chez nous tout le monde doit aider. Moi, je range ma chambre et j'aide ma mère à faire les courses.

▶ Animation

B À deux, posez-vous les questions suivantes à tour de rôle :

1 Parlez-moi de votre famille.

2 Vous entendez-vous bien avec vos parents ?

3 Vous entendez-vous bien avec vos frères et sœurs ?

4 La famille est-elle importante pour vous ?

5 Qui admirez-vous le plus dans votre famille ?

C « La vie de famille peut être difficile. » Mathis, 19 ans
Qu'en pensez-vous ? *(75 mots)*

For help giving your opinion, see pages 331–32.

2.6 Mon père, ma mère, mes frères et mes sœurs ...

A Learn the following vocabulary about the family.

Masculine

le beau-père	*father-in-law/stepfather*
le cousin	*cousin (m.)*
le demi-frère	*stepbrother*
le fils unique	*only child (m.)*
le frère	*brother*
le grand-père	*grandfather*
le jumeau	*twin*
le neveu	*nephew*
l'oncle (m.)	*uncle*
le père	*father*
le petit-fils	*grandson*

Feminine

la belle-mère	*mother-in-law/stepmother*
la cousine	*cousin (f.)*
la demi-sœur	*stepsister*
la fille unique	*only child (f.)*
la grand-mère	*grandmother*
la jumelle	*twin*
la mère	*mother*
la nièce	*niece*
la petite-fille	*grandchild (f.)*
la sœur	*sister*
la tante	*aunt*

Plural

les enfants (*m. pl.*)	*children*	les parents (*m. pl.*)	*parents*
les grands-mères (*f. pl.*)	*grandmothers*	les petits-enfants (*m. pl.*)	*grandchildren*
les grands-parents (*m. pl.*)	*grandparents*	les jumeaux (*m. pl.*)	*twins (m.)*
les grands-pères (*m. pl.*)	*grandfathers*	les jumelles (*f. pl.*)	*twins (f.)*

B **Pretend that you have the following families and write a sentence describing each.**

Exemple : 1 mother, 1 stepfather and 2 stepbrothers *J'ai une mère, un beau-père et deux beaux-frères.*

1 1 brother and 1 sister

2 1 father, 1 stepmother and 1 sister

3 1 mother and 2 grandfathers

4 2 uncles and 3 aunts

5 2 stepsisters and 1 grandmother

6 2 sisters and 0 brothers

7 1 grandmother and 1 sister

8 1 cousin and an uncle

9 2 sisters and 4 female cousins

10 7 grandchildren

2.7 Les problèmes familiaux

Vous avez déjà entendu Arthur et Sophie décrivant leur situation familiale et leurs sentiments envers leur famille. Voici quelques phrases utiles pour décrire votre propre famille :

Phrases utiles

Je m'entends bien avec …	*I get on well with …*
Je ne m'entends pas bien avec …	*I don't get on well with …*
Mon frère m'énerve/m'agace.	*My brother annoys me.*
Je me dispute avec …	*I argue with …*
Je ne peux pas supporter …	*I can't stand …*

Translate the following sentences into French.

1 I get along with my family.

2 My stepmother annoys me.

3 I don't get on well with my brother.

4 I argue with my cousin (m.).

5 My sister irritates me.

6 I have arguments with my brothers.

7 I don't get on with my stepsisters.

8 I can't stand my cousins.

9 I get along with my grandmother.

10 My aunt annoys me.

2.8 Le comparatif et le superlatif

Le comparatif (*comparatives*)

These are the forms you use when comparing people or things:

plus que ...	*more than*
aussi que ...	*as much as*
moins que ...	*less than*

Exemples : Tu es plus jeune que moi.
Il est aussi jeune que moi.
Elle est moins jeune que moi.

Le superlatif (*superlatives*)

These are the forms you use when saying *the best*, *the youngest*, *the tallest*, etc. :

le/la/les plus	*the most*
le/la/les moins	*the least*

Exemples : Julien est le garçon le moins agaçant.
Julien is the least annoying boy.

Julie est la plus jolie fille.
Julie is the prettiest girl.

Mes frères sont les plus gentils garçons du monde.
My brothers are the nicest boys in the world.

A Traduisez les phrases suivantes en français.

1 I am the youngest in my family.
2 Laurent is smaller than Christelle.
3 I am the oldest boy.
4 She is the smartest girl.
5 I am the youngest boy.
6 My brother is the eldest.
7 David is younger than Helene.
8 Bruno is the youngest in the family.
9 Eric is the smallest.
10 His sister is older than me.

B Traduisez les phrases suivantes en anglais.

1 Daniel est plus poli que son cousin.
2 Fred est moins sympa que son demi-frère.
3 Mon frère est aussi riche que ma sœur.
4 La fille la plus sportive de ma classe est fille unique.
5 Les Français aujourd'hui sont plus grands que leurs grands-parents.

Pour vous aider

le benjamin / la benjamine	*the youngest*
le cadet / la cadette	*person born after the eldest*
l'aîné / l'aînée	*the eldest*

C À deux, posez-vous les questions suivantes à tour de rôle :

1 Qui est l'aîné/l'aînée dans votre famille ? *C'est ...*
2 Qui est le cadet / la cadette dans votre famille ? *C'est ...*
3 (a) Quel est le garçon le plus sportif de la classe ? *C'est ...*
   (b) Quelle est la fille la moins timide de la classe ? *C'est ...*
4 Est-ce que vous êtes plus ou moins jeune que moi ? *Je suis ...*
5 Est-ce que vous êtes plus ou moins grand que moi ? *Je suis ...*

2.9 Lettre sur votre famille

Écrivez une lettre à votre correspondant dans laquelle vous parlez de votre famille.

- Describe your family.
- Name your brothers and sisters.
- Say what age each person is.
- Say with whom you get along well.
- Say who is the eldest and youngest.
- Ask your penpal to tell you about his/her family.

 2.2 Classez dans le bon ordre :
Le comparatif et le superlatif

Le saviez-vous ?

Les Français sont de plus en plus grands et gros ! En 100 ans, ils ont grandi en moyenne de 11 centimètres. Un changement dû à une alimentation de plus en plus riche.

2.10 Ça tient de famille !

Écoutez ces célébrités qui parlent de leur famille.

Kiefer Sutherland

1 Who is Michelle?
2 What regret does he say he has?
3 What does he say regarding his father, Donald Sutherland?

Liam Hemsworth

4 Who is Chris Hemsworth?
5 What does Luke look like?
6 What is very important for all the Hemsworths?

Jaden Smith

7 What is the relationship between Jaden and Will Smith?
8 In what way has being a relative of Will Smith helped Jaden?
9 What does Jaden say about his acting style?

Jennifer Lopez

10 For how long was Jennifer Lopez married?
11 What comment does she make about divorce?
12 How does she keep in contact with her children when they visit their father?

Tom Hanks

13 What age was Tom Hanks when he met his second wife?
14 How did he know they were right for each other?
15 What comment does he make about their life now?

2.11 Blog sur la famille

Dans ces blogs Zoé, Lucas, Manon et Jules parlent d'un aspect de leur vie familiale.

1 Zoé décrit la vie en duo

Moi, je suis jumelle. Jade, ma sœur jumelle, et moi, nous avons les mêmes goûts et nous sommes dans la même classe. Souvent, nous avons les mêmes notes. Quand Jade a été hospitalisée, je suis restée dans la chambre d'hôpital avec elle. Et pour les garçons ? L'idéal serait de rencontrer des jumeaux !

2 Lucas décrit comment il a été adopté

J'ai été adopté à Madagascar à l'âge de deux ans. Dixième enfant d'une famille pauvre, j'ai été placé dans un orphelinat par ma mère biologique qui a laissé une lettre à mon intention dans laquelle elle m'explique sa décision. Pour moi, ça n'a pas été une honte d'être adopté mais une chance. J'adore ma famille de cœur. Je me sens à 100% français.

3 Manon décrit sa vie en garde alternée

J'avais 13 ans quand mes parents ont divorcé. Depuis que mes parents se sont séparés, mon petit frère et moi, on vit en garde alternée. J'ai deux maisons, deux adresses, deux chambres et deux lits. On change de maison toutes les semaines, on déménage tous les dimanches soirs. J'aime le fait de voir mes deux parents mais c'est stressant pour les affaires. Quand j'oublie quelque chose, ça m'énerve !

4 Jules est membre d'une famille nombreuse — il nous la décrit

J'ai trois frères et deux sœurs. Dès qu'une famille a trois enfants ou plus, elle rentre dans la catégorie famille nombreuse. Autrefois, avoir plein d'enfants était plus fréquent. Maintenant, les familles nombreuses font figure d'exception. Chez nous, c'est plutôt agité, assez bruyant et toujours chaotique. Ce qui est chouette c'est qu'on n'est jamais seul. À la maison, c'est comme une petite entreprise : chacun aide à faire le ménage !

Lexique

la garde alternée	*shared custody*
bruyant(e)	*noisy*

A **Check that you have understood the text.**

1 **a** Describe Zoé's relationship with her twin sister.

  b What does she say about her future boyfriend?

2 **a** What was Lucas's birth mother's situation?

  b How does he feel about being adopted?

3 **a** Explain Manon's home situation.

  b What are the advantages and disadvantages of this arrangement?

4 **a** What precisely is a famille nombreuse?

  b What are the advantages and disadvantages of this type of family?

B **Décrivez votre famille sur votre blog. Parlez par exemple, des relations entre frères et sœurs, des règles à la maison, etc. Votre blog pourrait être réel ou imaginaire.** *(75 mots)*

2.12 Les tâches ménagères

A Jules makes a list of all the household tasks so that he can help around the house. Learn these phrases par cœur.

Je range ma chambre.	I tidy my room.
Je passe l'aspirateur.	I vacuum / I hoover.
Je fais la vaisselle.	I do the washing-up.
Je fais les courses.	I do the shopping.
Je fais le repassage.	I do the ironing.
Je mets la table.	I set the table.
Je fais mon lit.	I make my bed.
Je débarrasse la table.	I clear the table.
Je balaie la maison.	I sweep the house.
Je sors la poubelle /le chien.	I take out the bin/dog.
Je fais la poussière.	I do the dusting.
Je fais la lessive.	I do the laundry.
Je remplis/vide le lave-vaisselle.	I load/empty the dishwasher.
Je tonds la pelouse.	I cut the grass / mow the lawn.
Je donne à manger au chien.	I feed the dog.

> For the present tense of both regular and irregular verbs, see pages 14–15 and the verb tables on pages 353–358.

B Et vous ? Quelles tâches ménagères faites-vous pour aider vos parents à la maison ? Faites une liste.

C Complétez les phrases suivantes avec les expressions en français.

Exemple : Ma sœur _____ (empties the dishwasher).
Ma sœur vide le lave-vaisselle.

1 Je _____ (mow the lawn).
2 Elle _____ (takes out the bin).
3 Ma mère _____ (shops).
4 Elles _____ (do the ironing).
5 Nous_____ (clear the table).
6 Mon frère_____ (does the laundry).
7 Il _____ (tidies his room).
8 Manon _____(feeds the dog).
9 Tout le monde* _____ (makes their bed).
10 Jade et Zoé _____ (empty the dishwasher).

> ❈ Tout le monde (everybody) takes a singular verb.

32

2.13 L'accord des adjectifs au féminin

Definition

An adjective is a word that describes a noun.

In French, adjectives change to agree with the nouns they go with:

Masculine singular	Mon frère est grand.	Masculine plural	Mes frères sont grands.
Feminine singular	Ma sœur est grande.	Feminine plural	Mes sœurs sont grandes.

Common formation

The usual way to make an adjective feminine is to add the letter e at the end:

petit (masculine) → petite (feminine)   noir (masculine) → noire (feminine)

Other rules

- Adjectives that **already end in the letter** e in the masculine form **do not change**.

Le camion est rouge. → La voiture est rouge.

Nicolas est adorable. → Yasmina est adorable.

- Adjectives that **end in** é add an extra e **at the end**.

Le monsieur est fâché. → La dame est fâchée.

Karim est énervé. → Julie est énervée.

- Some adjectives **double the last letter and add** e.

L'endroit est pareil. → La rue était pareille.

Le gâteau est bon. → La tarte est bonne.

Mon oncle est gentil. → Ma tante est gentille.

- Adjectives that **end in** x **change to** se.

Le garçon est heureux et jaloux. → La fille est heureuse et jalouse.

James Bond est courageux. → Catwoman est courageuse.

- Adjectives that **end in** er **change to** ère.

Ce pantalon est cher. → Cette jupe est chère.

Ce livre est léger. → Cette veste est légère.

- Adjectives that **end in** f **change to** ve.

Son oncle est actif. → Sa tante est active.

Mon grand frère est sportif. → Ma grande sœur est sportive.

A Complétez ces phrases avec la bonne forme des adjectifs.

1 Ma sœur est (petit) _____ et (mince) _____.

2 Sa voiture (neuf) _____ est (bleu) _____.

3 Mon (cher) _____ oncle et ma (cher) _____ tante…

4 Ma grand-mère est très (vif) _____ et très (amusant) _____.

5 Ma belle-mère est (compréhensif) _____ et (drôle) _____.

6 Ma maison est (grand) _____ et bien (meublé) _____.

7 Ma mère est (sportif) _____ et (intelligent) _____.

8 Ma chambre est (vert) _____ et (spacieux) _____.

Irregular feminine adjectives

Masculine	Feminine	Meaning		Masculine	Feminine	Meaning
beau	belle	*beautiful*		frais	fraîche	*fresh*
blanc	blanche	*white*		long	longue	*long*
faux	fausse	*false*		nouveau	nouvelle	*new*
favori	favorite	*favourite*		sec	sèche	*dry*
fou	folle	*mad*		vieux	vieille	*old*

B **Mettez les adjectifs à la bonne forme et traduisez les phrases en anglais.**

1 Sa femme est très (beau) _____ et son fils aussi est (adorable) _____.

2 Ma copine Laura est très (paresseux) _____.

3 Elle m'a laissé une (long) _____ lettre.

4 Ma cousine, qui n'est pas très (intelligent) _____, n'est jamais (content) _____.

5 Ma sœur jumelle est toujours (heureux) _____ et elle me met toujours de (bon) _____ humeur.

6 Cette (vieux) _____ dame est ma tante (favori) _____.

7 Marc est (gentil) _____ mais un peu (fou) _____.

8 Ma (nouveau) _____ amie est vraiment (gentil) _____.

9 Jade est très (attentionné) _____. Elle aide toujours sa mère quand elle est (fatigué) _____.

10 Ma chemise est (blanc) _____, (gris) _____ et (noir) _____.

Position

- Normally adjectives are placed **after** the noun:

Exemple : la fille active

- However, the following important adjectives usually come **before** the noun:

autre	*other*	jeune	*young*
beau/belle	*beautiful*	joli/jolie	*pretty*
bon/bonne	*good*	long/longue	*long*
dernier/dernière	*last*	mauvais/mauvaise	*bad*
grand/grande	*big or tall*	méchant/méchante	*badly behaved, naughty*
gros/grosse	*big or large*	petit/petite	*small*
haut/haute	*high*	premier/première	*first*

■ The following adjectives are also positioned **before** the noun and also have a special masculine singular form when the noun begins with a **vowel** or a **silent** h.

Masculine	Meaning	Masculine before vowel	Feminine
beau	*beautiful*	bel	belle
nouveau	*new*	nouvel	nouvelle
vieux	*old*	vieil	vieille

Exemple : Le vieil homme rencontre son nouvel ami près du bel arbre.

C Translate these sentences into English, paying particular attention to the position and agreement of the adjectives.

1 According to a new survey, teenagers often help with the housework.
2 The naughty girl is intelligent.
3 There is a large parcel for the small girl.
4 My mother is happy because we are together for the New Year.
5 Her old friend (f.) arrived with a beautiful gift.
6 The other woman likes lovely flowers.
7 Granny is the oldest woman in the family.
8 Notre-Dame de Paris is the loveliest cathedral in France.

Pour vous aider

une étude	*a survey or study*
un cadeau	*a gift*
une mamie	*a granny*

■ Some adjectives change their meaning depending on their position **before** or **after** the noun.

Adjective	Before noun	After noun
cher	un cher ami *(a dear friend)*	une robe chère *(an expensive dress)*
grand	une grande fille *(a tall girl)*	une pianiste grande *(a great pianist)*
pauvre	un pauvre homme *(an unfortunate man)*	une cousine pauvre *(a poor cousin = not well off)*
proper	ma propre chambre *(my own room)*	ma chambre propre *(my clean room)*
unique	un unique souci *(a unique problem = unparalleled)*	un enfant unique *(an only child)*

D Say what each of the following means.

1 C'est sa propre maison.
2 Nous regardons la fille pauvre.
3 C'est une grande femme.
4 Il est enfant unique.
5 C'est une maison chère.

LITTÉRATURE

2.14 *La Liste* de Siobhan Vivian

A **Read the following extract from the novel by Siobhan Vivian and answer the questions below.**

LA LISTE
SIOBHAN VIVIAN
NATHAN

Dans le lycée de Mount Washington, on épingle une liste sur le tableau d'affichage. Abby y voit son nom.

Classe de 3e

La plus moche : Danielle DeMarco

Alias Dan the Man

La plus belle : Abby Warner

Mention spéciale du jury pour avoir surmonter la génétique

[...]

1 Abby n'est pas très proche de Danielle DeMarco, même si elles ont sport ensemble. Elle l'a vue exploser tous les records au 1 500 mètres la semaine dernière. C'était impressionnant. De son côté, Abby aurait sans doute pu mieux faire que ses minables dix-sept minutes, mais elle ne tenait pas à sentir la transpiration toute la journée. Évidemment, ça n'est pas cool d'être désignée la fille la plus moche, mais Danielle n'est sans doute pas du genre à se laisser atteindre par ça. En plus, elle doit savoir que d'autres auraient pu être nommées à sa place. Exactement comme Abby. Au fond, le hasard y est pour beaucoup.

2 –Ça dit quoi sur moi ?

Lisa se penche pour lui murmurer :

–Ils te félicitent d'avoir surmonté la génétique.

Elle termine la phrase par un petit rire gêné.

Une allusion à Fern. Abby se mord la joue avant de demander :

–La plus moche des premières, c'est Fern ?

–Oh non, se hâte de répondre Lisa. C'est Sarah Singer, la fille bizarre qui fait la tronche sur le banc là-bas, près de l'Île des troisièmes.

Abby baisse les yeux en hochant la tête lentement. [...]

3 –Écoute Abby, ne t'en fais pas. Ils ne citent pas le nom de Fern. Je parie que des gens ne savent même pas que vous êtes sœurs !

–Peut-être, admet Abby en espérant que Lisa ait raison. N'empêche que les profs eux le savent. Ça a été le truc le plus pénible à vivre en arrivant au lycée : les voir comprendre au bout de quelques semaines qu'elle était loin d'avoir l'intelligence de sa sœur.

Lisa continue :

–D'habitude, c'est toujours Fern qui est mise en avant. Et tu es super contente pour elle. Rappelle-toi l'an dernier, quand tu m'as forcée à assister à son concours de lecture de poésie latine ! Ce truc a duré trois heures !

–C'était hyper important. Fern a été choisie parmi tous les élèves du lycée pour réciter son poème, et elle a même reçu une bourse pour ça.

Lisa lève les yeux au ciel.

4 D'accord, d'accord. Je n'ai pas oublié. Mais maintenant, à ton tour d'être un peu la star.

Abby serre le bras de son amie. Bon, le commentaire sur la génétique est un peu vache, mais Lisa avait raison. Ce n'est pas comme si elle l'avait dit elle-même. Et elle félicite toujours Fern pour ses résultats scolaires. Abby ne s'est même pas plainte une seule fois de tous ses réveils à l'aube à cause de l'emploi du temps de sa sœur, ni d'avoir passé presque toutes ses vacances à faire la tournée des universités. [...]

Abby découvre son nom en haut de la liste. Son nom ! Le fait de le voir rend la situation plus réelle. Abby est désignée officiellement comme la plus jolie fille de troisième.

Lexique

le hasard	*luck*
surmonter la génétique	*to overcome your genes*
se mordre la joue	*to bite one's cheek*
faire la tronche	*to make a face*
parier	*to bet*
ait raison	*is right (ait is a subjunctive form of avoir; for le subjonctif, see Panache en ligne)*
une bourse	*a scholarship*
se plaindre de (p.p. plaint)	*to complain about*

1 Relevez la phrase qui vous dit que Danielle De Marco est bonne sportive. (*Section 1*)

2 Citez la phrase qui vous dit qu'Abby n'aime pas suer en faisant du sport. (*Section 1*)

3 Que fait Lisa qui indique qu'elle est gênée en lisant la liste ? (*Section 2*)

4 Que fait Abby qui indique qu'elle est gênée aussi? (*Section 2*)

5 Trouvez l'adjectif utilisé pour décrire Sarah Singer ? (*Section 2*)

6 Abby n'aime pas le fait que les profs la comparent à Fern. Pourquoi ? (*Section 3*)

   a Fern est plus intelligente qu'Abby.

   b Abby est plus intelligente que Fern.

   c Fern est plus populaire qu'Abby.

   d Abby est plus timide que Fern.

7 Qu'est-ce que Fern a gagné pour le concours de poésie ? (*Section 3*)

8 Trouvez l'adjectif utilisé pour décrire le commentaire sur la génétique. (*Section 4*)

9 Abby shows that she is a nice person and a good sister. Comment on this with reference to the text. (*2 points, about 50 words*)

B Journal intime : Imaginez que vous êtes Abby. Qu'est-ce que vous notez dans votre journal intime le soir après cet incident ? (*75 mots*)

For help with writing un journal intime, see pages 341–42.

2.15 Le coin des experts

VOUS AVEZ UN PROBLÈME ?

NOUS SOMMES LÀ POUR VOUS AIDER !

Listen to the problems that the listeners to this popular radio programme have and the advice offered by the experts. Complete the following grid.

Person	Problem	Advice offered
Camille		
Louis		
Anaïs		

2.16 C'est drôle ! Les nouvelles inventions pour la famille

Listen to these funny new items and answer the questions.

Smart pyjamas
1 What problem might parents have when they arrive home tired?
2 Describe the invention mentioned here.
3 How many story points are there on the pyjamas?

The ringing nappy
4 How does this invention work?
5 When the smartphone rings what needs to be done?

The fastest buggy in the world
6 What nationality is Colin Furze?
7 Describe his invention.

No need to leave the sofa!
8 How does the Sugoi Mop work?
9 How much does it cost?
10 How can you get it?

Unité 3 — Vivre heureux

- **Civilisation :** What does it mean to be French?

- **Expression libre :** Young French speakers talk about where they live and where they come from

- Polite customs from around the world

- Ecological steps you can make to help save the planet

- **C'est drôle !** Greenwashing, getting an apartment for winning a football match and the boyfriend who made a disastrous mistake

- **Le coin des experts :** Phone-in advice on environmental worries

- **Extrait de roman :** *La Vie compliquée de Léa Olivier* by Catherine Girard-Audet : Léa writes a blog about her family's move to Canada.

- Where the celebrities live!

Grammaire
- Les adjectifs possessifs
- Les verbes impersonnels

Vocabulaire
- Countries and their nationalities
- Town and country
- House and garden

Oral
- Sylvie talks about her home town and what she does for the environment.
- Nick talks about what his bedroom is like.

Zoom examen
- Filling in a form to join an ecological association
- Sending an email

En ligne
- Écoutez : Les jeunes francophones
- Reliez ! : Les pays et les drapeaux
- Quiz : As-tu les réflexes verts ?

3.1 La population du monde et les Français

Si le monde était un village de 100 personnes ...

Notre planète a une population de plus de 7 milliards de personnes. Mais si elle n'était qu'un village de 100 habitants ? 60 personnes vivraient en Asie. C'est le continent avec les pays les plus peuplés du monde, en particulier la Chine et l'Inde. Un quart de la population d'Asie a moins de 15 ans tandis que le Japon a la population la plus âgée du monde avec un quart des habitants de plus de 65 ans.

Sur les 100 habitants de ce village, cinq personnes vivraient en Amérique et neuf personnes en Amérique du Sud. Et en Europe ? Il y aurait 10 personnes, mais seulement une ou deux d'entre elles auraient moins de 15 ans.

Pourquoi vivre en France ?

Même si la confiance des Français a été affectée par la crise économique, la France reste un pays où il fait bon vivre. En effet, la gastronomie y est fantastique et les Français s'habillent bien et sont toujours élégants. La culture de la France est très riche et ses musées et théâtres sont connus partout dans le monde. La vie des Français est plutôt agréable. Le dimanche est un vrai jour de repos et les gens ont de bons congés payés.

Les Français vivent-ils tous en France ?

Il y a plus de deux millions de Français qui ne vivent pas en France métropolitaine. Près de la moitié d'entre eux vivent en Europe et un quart en Amérique. La France a aussi des territoires en outre-mer comme les DOM (départements d'outre-mer).

Être français, qu'est-ce que ça veut dire ?

Depuis toujours, la France a accueilli des hommes et des femmes aux origines multiples. En s'installant, ces populations ont modifié et enrichi la population de la France. Presqu'un Français sur quatre est d'origine étrangère.

Où vivre en France ?

36 pour cent de la population française vivent en ville, un peu moins que la moyenne de 40 pour cent pour l'Europe en général. D'après les enquêtes, les villes qui attirent le plus sont Aix-en-Provence, Toulouse et Montpellier parce qu'il y fait beau l'été, doux l'hiver.

Les résidences secondaires

Il y a plus de 3 millions de résidences secondaires en France. Pour la plupart, elles se trouvent à la campagne ou au bord de la mer. On s'y rend le weekend ou pendant les vacances.

Lexique

| outre-mer | *overseas* |

A Now check that you have understood the text by saying whether the statements below are true or false.

		True	False
1	The world population is less than 7 million.	☐	☐
2	Asia is the continent with the largest population.	☐	☐
3	Japan has a large population of under-15-year-olds.	☐	☐
4	Europe represents 10 per cent of the world population.	☐	☐
5	France remained untouched by the Great Recession.	☐	☐

B Now answer the following questions.

6 Name some features that people find attractive in France.

7 What comment is made about Sundays in France?

8 Roughly how many French people live in the Americas?

9 Why are people attracted to cities like Aix-en-Provence?

10 Where do French people generally have their holiday homes?

> **Le saviez-vous ?**
>
> **un/une francophone**
> = quelqu'un qui parle habituellement français (comme langue maternelle)
>
> **un/une anglophone** = quelqu'un qui parle habituellement anglais (comme langue maternelle)

ÉTUDIANT ÉCOUTEZ

3.2 Expression libre : De jeunes francophones parlent de leur ville natale

Listen to these French-speaking young people and fill in the grid below with as much detail as possible.

		Where he/she lives and comes from	Details
Gérard			
Farah			
Emma			
Lucas			

 3.1 Écoutez : Les jeunes francophones

3.3 Les pays et les nationalités

A Learn the following country names. In each instance, pay particular attention to the gender (*m.* or *f.*) and the preposition used to mean 'in' or 'to'. The list also includes the adjective associated with the country.

l'Afrique (*f.*) du sud
en Afrique du sud
sud-africain(e)

le Danemark
au Danemark
danois(e)

la Hongrie
en Hongrie
hongrois(e)

le Luxembourg
au Luxembourg
luxembourgeois(e)

le Royaume-Uni*
au Royaume-Uni
britannique

l'Allemagne (*f.*)
en Allemagne
allemand(e)

l'Espagne (*f.*)
en Espagne
espagnol(e)

l'Irlande (*f.*)
en Irlande
irlandais(e)

Malte
à Malte
maltais(e)

la Russie
en Russie
russe

l'Autriche (*f.*)
en Autriche
autrichien(ne)

l'Estonie (*f.*)
en Estonie
estonien(ne)

l'Italie
en Italie
italien(ne)

les Pays-Bas
aux Pays-Bas
néerlandais(e)

la Slovaquie
en Slovaquie
slovaque

la Belgique
en Belgique
belge

les États-Unis
aux États-Unis
américain(e)

le Japon
au Japon
japonais(e)

la Pologne
en Pologne
polonais(e)

la Slovénie
en Slovénie
slovène

le Canada
au Canada
canadien(ne)

la France
en France
français(e)

la Lettonie
en Lettonie
letton(ne)

le Portugal
au Portugal
portugais(e)

la Suède
en Suède
suédois(e)

Chypre
à Chypre
chypriote

la Grèce
en Grèce
grec/grecque

la Lituanie
en Lituanie
lituanien(ne)

la République
tchèque
en République
tchèque
tchèque

la Tunisie
en Tunisie
tunisien(ne)

À noter :

l'Angleterre (*f.*)
en Angleterre
anglais(e)

l'Écosse (*f.*)
en Écosse
écossais(e)

l'Irlande (*f.*) du Nord
en Irlande du Nord
nord-irlandais(e)

le Pays de Galles
au Pays de Galles
gallois(e)

 3.2 Reliez :
Les pays et les drapeaux

B Écrivez le nom des pays numérotés sur la carte de l'Union européenne.

| 1 | | 2 | | 3 |

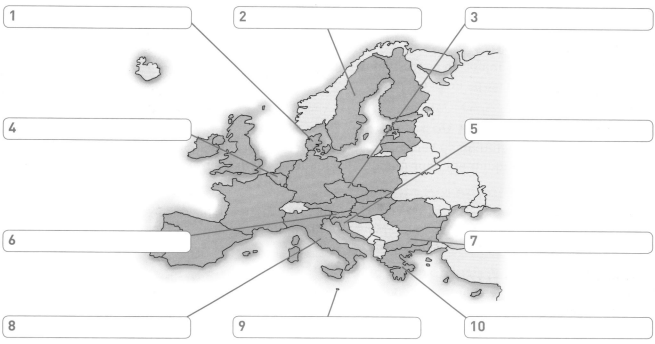

| 4 | | | 5 |

| 6 | | | 7 |

| 8 | | 9 | | 10 |

 À noter   l'Europe
en Europe
européen(ne)

Pour vous aider

To say 'in', 'at' or 'to' a country:

- Use en if the country is **feminine** (the vast majority!).
  Exemple :   J'habite en Écosse.
- Use au if the country is **masculine**.
  Exemple :   J'habite au Portugal.
- Use aux if the country is **plural**.
  Exemple :   J'habite aux États-Unis.

To say 'in' or 'to' a city, town or island, use à.
  J'habite à Paris.
  Je vais à Ibiza.
However, if it's a group of islands, use aux:
  Je vais aux îles Anglo-Normandes (*Channel Islands*).

 C Traduisez en français.

1 I am going to Wales.
2 He is living in Lithuania at the moment.
3 She is working in Russia.
4 I am about to fly to New York.
5 We like living in Poland.
6 He is staying with his aunt in Canada.
7 She has a villa in the Canary Islands.
8 Is it always sunny in the Channel Islands?
9 I am on holiday in Tahiti.
10 My grandparents live in Vienna.

43

3.4 Petit tour du monde des bonnes manières

La politesse dans un coin du monde peut parfois être un geste choquant dans un autre coin du monde...

La bise chez les Inuits

Chez les Inuits, on dit bonjour en se frottant le bout du nez. Pourquoi ? C'est le seul endroit du corps qui n'est pas emballé sous trois couches de vêtements !

Il faut être en retard au Venezuela

Si on est invité chez quelqu'un au Venezuela, il faut prendre son temps. Si on arrive à l'heure, ça peut indiquer qu'on vient uniquement pour manger. Il vaut donc mieux arriver avec un peu de retard.

Au Maghreb, on mange avec la main

En Irlande, on mange toujours avec un couteau et une fourchette. Dans les pays du Maghreb, on mange ensemble autour d'un grand plat. Mais attention ! On n'utilise pas la main gauche, qui est réservée pour se laver quand on va aux toilettes.

En Égypte, pas d'assiette vide

Chez nous, les parents encouragent les enfants à finir leur assiette. En Égypte, c'est le contraire, il vaut mieux laisser un peu de nourriture pour montrer qu'il y avait bien assez à manger.

Où mettre les mains à table ?

En France, aux heures des repas, les parents exigent que les enfants mettent les mains sur la table. En Angleterre, il faut les mettre sous la table.

Tchin tchin !

Tchin tchin est une façon de dire « à votre santé » quand on prend un verre en France. Mais à Tokyo, évitez absolument d'utiliser cette expression. Les mamans l'utilisent quand elles changent la couche de leur petit garçon.

Lexique

emballé(e) sous trois couches de vêtements	*wrapped up under several layers of clothing*
une couche	*(here) a nappy*

A Summarise in English the rules of politeness for each of the places mentioned.

B Faites des recherches sur les bonnes manières en France. Préparez une présentation (*75 mots*) qui sera faite devant vos camarades de classe.

3.5 Vocabulaire : En ville et à la campagne

A **Learn the following vocabulary** par cœur.

En ville

une banque	a bank
une bibliothèque	a library
un cinéma	a cinema
une église	a church
une gare	a railway station
une gare routière	a bus station
un hôpital (pl. hôpitaux)	a hospital
un hôtel de ville	a town hall
un marché	a market
un musée	a museum
un office du tourisme	a tourist office
une piscine	a swimming pool
une poste	a post office
un stade	a stadium

À la campagne

un bois	a wood
une cascade	a waterfall
une caverne	a cave
une colline	a hill
une côte	a coast
une falaise	a cliff
un fleuve	a (tidal) river
une forêt	a forest
un lac	a lake
un paysage	a landscape
un pré	a meadow
une rive	a riverbank
une rivière	a (non-tidal) river
un rocher	a rock
un ruisseau	a stream

B **Déchiffrez les anagrammes suivantes sur ce vocabulaire :**

1 iihèbobtqelu
2 ceiipsn
3 dsccaea
4 lihôpta
5 qbuaen

6 laaisef
7 ffecoi ud ruismoet
8 stpeo
9 ivièrer
10 sseirauu

C **Dans un blog décrivez la ville ou le village où vous habitez.** (50 mots)

ÉTUDIANT · ÉCOUTEZ

3.6 Sylvie passe son oral

A Sylvie répond à quelques questions sur l'endroit où elle habite et sur l'environnement. Lisez puis écoutez.

2 Où êtes-vous née ?

À Cork. Mes parents ont déménagé quand j'avais trois ans. Quand mon grand-père est mort, mes parents ont décidé de s'installer à la ferme familiale ici à Wexford.

1 Où habitez-vous Sylvie ?

J'habite à Wexford à la campagne. Ma maison se trouve assez loin de l'école, donc, je dois prendre le car chaque matin pour y aller.

3 Aimez-vous la vie à la campagne ?

J'aime profiter de la nature et l'atmosphère est détendue. Le paysage est très joli mais je crois que ça plaît surtout aux adultes.

7 Est-ce que les habitants de Wexford font attention à leurs déchets ménagers **?**

Oui, absolument. À la maison, nous recyclons le verre, le papier et le plastique.

4 Et vous ?

Quand on sort, il faut toujours tout prévoir à l'avance. Par exemple, pour sortir le weekend, on doit organiser le covoiturage parce qu'il n'y a pas de bus. J'attends de pouvoir passer mon permis de conduire avec impatience ! Après mon Leaving Cert, j'aimerais aller habiter dans une grande ville.

6 Y a-t-il des inconvénients à habiter en ville ?

Bien sûr que oui ! Le rythme de vie est plus difficile. Il y a toujours du monde et du bruit. Les gens sont plus stressés mais je préfère une rue bondée à une place de village vide et sans animation. Je crois aussi que la vie est plus chère en ville.

5 Quels sont les avantages d'habiter en ville ?

Il y a beaucoup plus à faire. On peut aller n'importe où, comme par exemple au ciné, au restaurant, en boîte de nuit, à la gym ou à la piscine. Tout est facilement accessible. De plus, la culture est partout. Il y a des boutiques en tous genres, des cafés branchés, et des discos cool. Le samedi matin, on peut prendre un café et faire les magasins avec ses amies. À la campagne, les trucs à la mode arrivent avec quatre mois de retard ! Je pense aussi que les citadins, c'est-à-dire les gens qui habitent en ville, acceptent mieux les différences.

Lexique

les déchets (*m. pl.*) ménagers — household waste

▶ **Animation**

PARLEZ

B **Et vous ? En groupe, posez-vous les cinq questions suivantes sur la région où vous habitez.**

1   Où habitez-vous ? *J'habite à …*

2   Quel est votre lieu de naissance ? *Je suis né(e) …*

3   Habitez-vous à la campagne ou en ville ? *J'habite …*

4   Quels avantages y a-t-il à habiter à la campagne ? *L'air est plus sain …*

5   Quels inconvénients y a-t-il à habiter en ville ? *Il y a toujours trop de bruit …*

ÉCRIVEZ

C **Écrivez quelques phrases sur les avantages et inconvénients de la vie en ville / à la campagne.**

> **Pour vous aider**
>
> À la campagne, les gens sont plus aimables.
>
> La vie est trop isolée à la campagne.
>
> On n'a pas de vie privée à la campagne.
>
> En ville, il y a beaucoup de transports en commun.
>
> Il y a trop de pollution en ville.

VOCABULAIRE

3.7 La liste écolo de Sylvie

En classe, Sylvie étudie les gestes écolo pour protéger la planète. Elle fait une liste de ce qu'elle fait déjà.

- Je prends mon vélo pour aller au lycée.
- J'achète des produits sans emballage.
- J'utilise les deux faces du papier.
- Je trie toujours mes déchets.
- Je consomme de façon responsable.
- Je me douche au lieu de prendre un bain.
- Je ferme le robinet quand je me lave les dents.
- J'utilise des ampoules LED.
- J'éteins la télévision avant d'aller au lit.

 3.3 Quiz : As-tu les réflexes verts ?

A Écrivez une liste de dix suggestions pour encourager tout le monde à faire des gestes écolo.

Exemples :
- Il faut coller « stop pub » sur la boîte aux lettres.
- Il faut utiliser moins d'alu et de film plastique . . .

Pour vous aider ·

Begin each with the phrase Il faut + *infinitive*.

Lexique ·

l'alu (*m.*) (*abrév de* le (papier) aluminium)   *aluminium foil*

B « Les ressources de l'environnement ne sont pas inépuisables. Il faut être vigilant ! »
Donnez vos réactions / votre opinion.

(75 mots)

3.8 Un formulaire pour soutenir une organisation écolo

Vous vous appelez Alan/Alison Traynor et vous voulez soutenir la Fondation Nicolas Hulot, une organisation qui protège la nature et l'homme. Remplissez le formulaire suivant.

Attention : répondez aux questions 6, 7, 8 par des phrases complètes.

1 Nom :   2 Prénom :

3 Date et lieu de naissance :   4 Âge :

                                           5 Nationalité :

6 Décrivez la région où vous habitez :

7 Préférez-vous la vie en ville ou à la campagne ?

8 Que faites-vous pour protéger l'environnement ?

3.9 C'est drôle !

Listen to these zany stories and answer the accompanying questions.

Greenwashing

1 Explain exactly what 'greenwashing' is.
2 What sort of association is Les Amis de la Terre?
3 Why did Renault/Dacia get the greenwashing prize?

Victory — an apartment

4 Why does the government want to reward these football players?
5 What was the score of the match?
6 What country were they playing against?
7 What was the value of each apartment?

Wrong move!

8 What nationality was Faye Pounder?
9 In what way was her friend Paul trying to help her?
10 a What was the good news?
    b What was the bad news?

3.10 Le coin des experts

VOUS AVEZ UN PROBLÈME ?

NOUS SOMMES LÀ POUR VOUS AIDER !

Écoutez les jeunes qui appellent pour discuter de problèmes écologiques avec des experts qui suggèrent des solutions. Remplissez la grille.

	Problem	Solution proposed
Bernard		
Christine		
Daniel		

LITTÉRATURE

3.11 *La Vie compliquée de Léa Olivier*, de Catherine Girard-Audet

A **Read the following extract from Catherine Girard-Audet's humorous novel and answer the questions that follow.**

Léa's world is turned upside down when the family have to move to Montréal, in Canada. Through chats and emails to her best friend, Marilou, and her boyfriend, Thomas, Lea tells us about the trials and tribulations of her new life. In this extract, Léa writes an article about her move for the school newspaper. She emails the article to Marilou for approval. Marilou offers her opinion in the last part of this extract.

Pièce jointe:

1 A comme Adaptation

Quand j'étais en quatrième année, une nouvelle élève est arrivée dans ma classe. Elle s'appelait Maryse et elle était très timide. Elle ne venait pas de notre village et ne connaissait personne. Je ne comprenais pas pourquoi elle avait tant de difficulté à parler aux autres et pourquoi elle était toujours seule. J'ai demandé à ma mère, et elle m'a dit : « C'est normal, Léa. Maryse vient de s'intégrer à un nouvel environnement. Laisse-lui le temps de s'adapter ».

2 Je crois que je n'ai jamais compris son attitude jusqu'à cet été, lorsque ma famille et moi avons quitté le village et la maison de mon enfance pour nous installer à Montréal. Personne ne sait à quel point c'est difficile de changer de milieu à moins de l'avoir vécu. Quand je songe aux gens qui émigrent d'un pays à un autre, qui abandonnent leur nationalité et doivent adopter une nouvelle langue, je me console et je les admire. Après tout, mes amis ne vivent qu'à quelques centaines de kilomètres, et je n'ai pas eu à sacrifier mes traditions et ma culture.

3 Il va sans dire que Montréal est très différente de l'endroit d'où je viens. C'est grand, c'est bruyant, c'est bilingue, c'est multiethnique et ça bouge. Ça bouge tout le temps ! C'est une ville ouverte aux différences et à l'intégration des nouveaux arrivants. S'adapter, ça veut dire de se déraciner d'un environnement confortable pour repartir à zéro. Ça veut aussi dire prendre le risque de s'ouvrir aux autres et aux différences sans porter de jugements trop rapides. Il faut laisser le temps aux gens de s'habituer à notre présence sans les brusquer tout en respectant leur environnement. Il faut marcher sur des œufs et éviter de faire des faux pas et il faut parfois perdre beaucoup pour éventuellement gagner plus.

Léa Olivier
Groupe 34

4 À :   Léa_jaime @ mail.com
De :   Marilou33@ mail.com
Date : 26 septembre, 20h40
Objet : Bravo

Wow ! C'est un super beau texte, Léa. Je suis sûre que l'équipe de ton journal va triper, et que même les cools de ton école vont t'admirer ! Lol ! Sérieusement, j'ai été vraiment touchée.

Promets-moi que tu m'emmèneras avec toi lorsque tu seras devenue une journaliste célèbre et que tu couvriras des évènements importants aux quatre coins de la planète !;)

Lou xx

Lexique

une pièce jointe	an attachment (to a letter or email)
tant	so much
laisse-lui le temps	give her time
l'enfance (f.)	childhood
le milieu	surroundings
se déraciner	to uproot oneself
s'habituer à	to get used to

ÉCRIVEZ

1 Qui est Maryse ? (*Section 1*)

2 Relevez la solution au problème de la solitude de Maryse d'après la mère de Léa. (*Section 1*)

3 Où habitait Léa avant de déménager ? (*Section 2*)

4 Pourquoi Léa admire-t-elle les gens qui émigrent d'un pays à un autre ? (*Section 2*)

5 Relevez l'exemple d'un adjectif au féminin singulier dans la section 2.

6 Citez un adjectif qui décrit Montréal. (*Section 3*)

7 Quel mot vous dit qu'on parle deux langues à Montréal. (*Section 3*)

8 Cherchez l'expression qui veut dire « continuer avec précaution ». (*Section 3*)

9 'Marilou is a wonderful friend to Léa.' Comment on this statement, referring to the last section of the text.   (*about 50 words*)

DÉFI

B Le mail de Léa : Using the layout of the email from Marilou to Léa as a guide, reply to Marilou's email.
(*75 mots*)

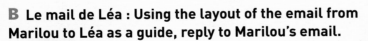

For help with writing an email, see pages 348–49.

3.12 Vocabulaire : Le logement

A Learn the following vocabulary off by heart.

La maison

un appartement	*an apartment*	un agrandissement	*an extension*
une maison individuelle	*a detached house*	un grenier	*an attic*
une maison jumelle	*a semi-detached house*	un porche	*a porch*
une maison mitoyenne	*a terraced house*	une porte d'entrée	*a front door*
un balcon	*balcony*	un sous-sol	*a basement*
une cour	*a courtyard*	un toit	*a roof*

Dans le jardin

une haie	*a hedge*
une pelouse	*a lawn*
une platebande / un parterre	*a flower bed*
une serre	*a greenhouse*

Dans le séjour

un canapé	*a sofa*
un clic-clac	*a sofa-bed*
une chaise	*a chair*
un coussin	*a cushion*
le plafond	*ceiling*
le plancher	*floor*
les rideaux (*m. pl.*)	*curtains*
un store	*a roller blind*

Dans la cuisine

un congélateur	*a freezer*
un évier	*a sink*
un four	*an oven*
une hotte	*an extractor fan*
un lave-vaisselle	*a dishwasher*
un micro-onde	*a microwave*
un placard	*a cupboard*
un réfrigérateur (*abrév.* le frigo)	*a refrigerator, fridge*
un robinet	*a tap*
un tiroir	*a drawer*

B Avec votre partenaire, à tour de rôle décrivez l'endroit où vous habitez, votre maison ou appartement et ce que vous avez dans chaque pièce.

> **Pour vous aider**
>
> Ma maison est …
> Dans le jardin, il y a …
> Dans le séjour, il y a …

3.13 Les verbes impersonnels

Impersonal verbs have only one form – the 3rd person singular il or ça / ce (= *it*).

> **À noter :**
> **Many impersonal verbs such as** avoir **and** être **can also be used personally.**

avoir	il y a	*there is / there are*
s'agir de	il s'agit de ...	*it's a question of ... / it's about ...*
être	il est (interdit)	*it is (forbidden)*
faire	il fait (du soleil)	*it is (sunny)*
falloir	il faut (réparer le toit)	*the roof has to be repaired*
indiquer	il indique que ...	*it indicates that ...*
montrer	il montre que ...	*it shows that ...*
neiger	il neige	*it is snowing*
pleuvoir	il pleut	*it is raining*
se passer	Il se passe	*it is happening*
rester	il reste (encore du gateau)	*there is still some cake left*
sembler	il me semble possible	*it seems possible to me*
suffire	Ça suffit !	*That's enough !*
valoir	il vaut ...	*it's worth ...*
vouloir	il veut dire ...	*it means ...*

You will notice that impersonal verbs are frequently used in weather expressions. See also Unité 18, page 318.

> **Pour vous aider**
>
> The following expressions are frequently used in comprehension questions:
>
> Il s'agit de ... (De quoi s'agit ... ?)
>
> C'est ... (Qu'est-ce qui est difficile pour ...)
>
> Ça veut dire ... (Citez l'expression qui veut dire ... ?)

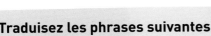

Traduisez les phrases suivantes en français.

1 There is a sink, freezer and dishwasher in the kitchen.

2 The fridge has to be repaired.

3 It is forbidden to smoke in the house.

4 It's a question of moving house now.

5 It's snowing outside.

6 There is still some work to be done!

7 It means that you have to sleep on the sofa bed.

8 It's worth €400.

9 It seems impossible to me!

10 There are still some renovations to be done.

3.14 Où habitent les célébrités ?

A Read the following magazine article and then answer the questions below.

1 Les stars voyagent à travers le monde. Mais avoir un petit nid douillet où se réfugier avec leur famille reste primordial.

Luxueuses villas, maisons de vacances, véritables châteaux, les stars vivent souvent comme des rois. Piscines, courts de tennis, gymnases ou encore pistes d'atterrissage d'hélicoptère, nos amies les stars ne se refusent rien.

2 **Brad Pitt et Angelina Jolie** vivent avec leurs six enfants à Miraval, dans le sud de la France, dans un château qu'ils ont acheté pour 44 millions d'euros. C'est une vieille bâtisse perdue au milieu de la forêt. Magique ! Les travaux de modernisation sont estimés à 10 millions d'euros.

3 **Colin Farrell** habite à Hollywood Hill. Sa jolie maison dispose de plusieurs chambres, quatre salles de bains, ainsi qu'une piscine et une terrasse à plusieurs niveaux. Impressionnant !

4 **Les joueurs du PSG (Paris Saint-Germain)** habitent la région de Paris. Certains comme Javier Pastore ont décidé de s'installer en plein cœur de la ville, face à la tour Eiffel. D'autres, comme les Brésiliens Alex, Motta et Maxwell, logent pour l'instant dans les hôtels de luxe du quartier de l'Opéra où la nuit coûte 400 euros. D'autres encore, comme Pauleta et Ronaldinho, ont opté pour le calme et se sont installés dans les Yvelines et à Chambourcy, en banlieue parisienne.

5 Le chanteur et producteur de musique **Pharrell Williams** possède un triplex de luxe à Miami en Floride. L'appartement offre cinq chambres, six salles de bains, une superbe salle de cinéma et une énorme piscine.

6 Fatiguée aussi par le harcèlement des fans, **Isabelle Adjani** a déménagé à Genève. D'après la star, la Suisse offre la possibilité à ses enfants d'avoir une meilleure qualité de vie et on peut aussi y faire du ski.

Lexique

un nid douillet	*a cosy nest*

ÉCRIVEZ

1 Trouvez la phrase qui dit qu'avoir une maison est important même pour les stars qui voyagent beaucoup. (*Section 1*)

2 Relevez l'expression qui explique que l'habitation de la famille Pitt est assez privée.
(*Section 2*)

3 Quel est le mot qui veut dire « rénovation » ? (*Section 2*)

4 Le jardin de Colin Farrell semble être très joli. Pourquoi ? (*Section 3*)

5 Certains joueurs du PSG n'ont pas acheté de maison. Comment le savez-vous ? (*Section 4*)

6 Relevez les mots qui veulent dire « au centre » dans la quatrième section.

7 Dans quel pays Pharrell Williams a-t-il acheté son appartement ? (*Section 5*)

8 Qu'est-ce que Pharrell a comme loisirs ? (*Section 5*)

9 For many stars, privacy is a key factor in choosing where they live. Comment on this, referring to the article as a whole.

DÉFI

B Décrivez votre maison idéale. À quel endroit serait-elle et qu'aurait-elle de particulier ? Vous pouvez utiliser le présent (e.g. *Ma maison idéale se trouve* **...).** (75 mots)

3.15 Les adjectifs possessifs

The following words are possessive adjectives (les adjectifs possessifs) and are the equivalent of the English *my, your, his, her, one's, our, your* and *their*. In French the form of the possessive adjective varies according to the **gender** (masculine or feminine) and **number** (singular or plural) of the thing possessed.

English	Masc. sing.	Fem. sing.	Plural
my	mon	ma	mes
your	ton	ta	tes
his/her/one's	son	sa	ses
our	notre	notre	nos
your	votre	votre	vos
their	leur	leur	leurs

Exemples : le sous-sol → mon sous-sol

la maison → ma maison

les rideaux → mes rideaux

Remember:

- These adjectives **agree with the word** (the noun) **they describe** (the thing owned, not the owner).

  Exemple : « Voilà mon frère Eric », dit Nathalie.

- Son, sa, ses **means both 'his' and 'hers'.**

  Exemples : son frère   *his brother* or *her brother*

  sa sœur   *his sister* or *her sister*

  ses frères   *his brothers* or *her brothers*

- When a **feminine word** starts with a **vowel** (a, e, i, o, u) or a silent h you use mon, ton, son instead of ma, ta and sa.

  Exemples : mon école   *my school* (even though école is feminine)

  son amie   *his* or *her friend* (even though amie is feminine)

> **Pour vous aider**
>
> Some comprehension questions involve manipulation of the possessive adjective. For example, in the first point above you might be asked 'Comment s'appelle le frère de Nathalie ?' and your reply would be 'Son frère s'appelle Eric.'

A Nick fait visiter sa maison à Sophie. Complétez les phrases avec les adjectifs possessifs.

Voici (1) _____ nouvelle maison. Nous avons emménagé ici il y a un mois. J'habite ici avec (2) _____ père, (3) _____ mère, mes trois frères et (4) _____ sœurs. Comme nous sommes une famille nombreuse, nous avons besoin d'espace. Papa adore le jardin et ici il a (5) _____ serre et (6) _____ fleurs. (7) _____ frères Séan et Barry partagent une chambre comme tu vois, ils ont assez d'espace pour (8) _____ livres et (9) _____ affaires. Ici, c'est ma chambre. Comme tu peux le voir, j'ai tout ce qu'il me faut ici : ____ lit, (10) _____ bureau, (11) _____ chaise et (12) _____ ordinateur.

3.16 Vocabulaire : Le logement (suite)

Label the following images in French using a dictionary if you need to. You can redraw the pictures in your copy if you prefer.

A Dans la chambre

1

2

3

4

5

6

7

8

B Dans le salle de bain

1

2

3

4

5

6

7

8

C Le mail : Vous allez avoir la visite de votre correspondant(e) français(e) au mois de juillet. Comme votre sœur sera dans le Gaeltacht, sa chambre sera libre et votre correspondant(e) pourra l'occuper. Écrivez-lui un mail pour décrire la chambre.

For help with writing an email, see pages 348–49.

3.17 Nick passe son oral

A Nick répond aux questions sur sa maison. Lisez puis écoutez.

1 Décrivez votre maison.

Ma maison est neuve et jolie. Chez moi, il y a une cuisine, un salon, une salle de bains, une cave, un grenier et trois chambres à coucher.

2 Est-ce que vous partagez votre chambre ?

Non, j'ai ma propre chambre depuis cinq ans. Avant ça, je devais la partager avec mon frère. Elle est bien meublée et assez grande. Ma chambre reflète ma personnalité.

3 Qu'est-ce que vous avez dans votre chambre ?

J'ai un lit, une armoire pour mes vêtements, un bureau et plusieurs étagères pour ranger mes livres et mes CD.

5 Votre chambre est-elle propre ou en désordre ?

Pendant la semaine, je suis toujours pressé et je n'ai pas le temps de ranger. Le weekend, c'est « l'opération ménage » à la maison. J'organise mes affaires et je nettoie ma chambre.

4 Qu'est-ce que vous faites dans votre chambre ?

Je joue de la guitare et de la batterie. Je joue aux jeux vidéo. Quand mes amis me rendent visite, nous restons toujours dans ma chambre. C'est plus cool ! Je fais également mes devoirs dans ma chambre.

Lexique	
une batterie	a drum kit

 Animation

B Et vous ? À deux, discutez de votre maison et de votre chambre. Posez-vous les questions suivantes :

1 Où habitez-vous ? *J'habite ...*

2 Décrivez votre maison. *Ma maison est ... / Il y a ...*

3 Combien de pièces y a-t-il dans votre maison ? *Il y a ...*

4 Partagez-vous votre chambre ? *Je partage ... / J'ai ma propre chambre ...*

5 Décrivez votre chambre. *Ma chambre est ...*

Unité 4 — Planète fun

- **Civilisation :** What young French people like to do in their free time

- **Expression libre :** French teenagers talk about their hobbies and pastimes: photography, being in the Scouts, skateboarding, and going out with friends

- **Le coin des experts :** Phone-in advice on friendship

- Talented young people with creative pastimes

- **Extrait de roman :** *La Vie compliquée de Léa Olivier* by Catherine Girard-Audet: Léa has boyfriend troubles.

- Christian Simon, stylist and creative director, gives his opinion on fashion trends.

- **C'est drôle !** Zany stories including the woman with an unusual approach to shoplifting

- Crazy stories about footwear

- **Le buzz sur la mode :** Fragrant undies, the top model grandad and a 'clothing library'

Grammaire
- Le futur proche
- Le passé proche
- L'impératif

Vocabulaire
- Clothing

Oral
- Roger talks about his love of music, games and going out with friends.
- Ciara talks about her love of vintage fashion.

Zoom examen
- Writing a note
- Giving your opinion about love and friendship
- Writing a diary

En ligne
- Écoutez ! : Temps libre
- Texte à trous : Le jean

4.1 Le temps libre, c'est quand ?

La plupart des Français sont très attachés à leur vie en dehors du travail ou de l'école. Le temps de travail est plus court en France que dans beaucoup d'autres pays européens : souvent 35 heures de travail par semaine, 5 semaines de congés payés par an et 11 jours fériés. Lorsqu'un jour férié tombe un jeudi ou un mardi, les entreprises ferment souvent leur bureau le vendredi ou le lundi pour permettre à leurs employés de « faire le pont », pour un weekend allongé.

L'industrie des loisirs

Cette industrie est un secteur en fort développement en France. Les Français consacrent 5 à 10 pour cent de leurs revenus pour les loisirs, les produits culturels, les jeux, ce qui représente une dépense importante.

Que font les jeunes ?

Le multimédia et les sorties avec des amis restent les occupations préférées des jeunes pendant leurs loisirs. D'après certaines études, ils adorent regarder la télé (93%), surfer sur Internet (91%), écouter de la musique (90%), regarder des DVD (87%) et aller au cinéma (84%). De préférence, ils font ces activités entre amis. 68 pour cent pratiquent un sport. On invite souvent des amis chez soi soit pour un repas ou pour un snack. On va aussi en boîte de nuit, surtout le weekend. Leur smartphone leur est indispensable pour organiser des rendez-vous avec leurs copains.

Disneyland et les parcs d'attractions

Les sites récréatifs attirent beaucoup de jeunes Français pendant les weekends. On adore Disneyland et le Parc Astérix à 30 kilomètres de Paris. Il y a aussi des parcs où on peut apprendre de nouvelles choses dans le domaine des sciences et de la technologie, le Parc de la Villette à Paris et le Futuroscope, près de Poitiers.

Créativité

Les loisirs, ce n'est pas seulement participer à des activités collectives, mais les Français sont aussi amateurs de création artistique. 32 pour cent jouent d'un instrument de musique, presque 20 pour cent font de la peinture ou du dessin, 14 pour cent font du théâtre amateur et 8 pour cent de la danse. Les loisirs créatifs sont de plus en plus à la mode comme le tricot, le crochet et la couture.

Lexique	
en dehors de	*outside of*
un weekend allongé	*a long weekend*
indispensable	*essential*

Now check that you have understood the text by completing the following statements.

1   Most French people consider that ...
2   The French expression faire un pont means ...
3   The leisure industry represents ...
4   The **two** most important leisure activities of young French people are ...
5   Ninety per cent of young French people like to ...
6   Young French people like to go to night-clubs at ...
7   To organise meeting up with their friends ...
8   Futuroscope is situated near ...
9   Thirty-two per cent ...
10 Knitting, crochet, dress design and model making are all ...

ÉTUDIANT ÉCOUTEZ

4.2 Expression libre : Que faites-vous de votre temps libre ?

4.1 Écoutez : Temps libre

Voilà la question que nous avons posée à cinq jeunes ados.

Listen to their replies and answer the questions below.

Anne
1   What does Anne say about her camera?
2   What group does she belong to?
3   Where did she take super photos last summer?

Christophe
4   What does Christophe say about being a Scout?
5   How often does his troop go on outings or activities?
6   Name any **two** things that his troop take along when they go on expeditions.

Éric
7   For how long has Éric been skateboarding?
8   What safety protection does he wear?

Nicole
9   Where does Nicole like to go with her friends on Saturday mornings?
10 What comment does she make about clubs?

4.3 Le futur proche
Formation

When you say what you are going to do, you use le futur proche (*the near future*). It is formed using the present tense of the verb aller (*to go*) followed by the infinitive of the main verb.

Here's a quick reminder of how to conjugate aller in the present tense:

aller			
je	vais	nous	allons
tu	vas	vous	allez
il/elle/on	va	ils/elles	vont

On va jouer du piano ensemble !

Elle va finir ses devoirs.	*She is going to finish her homework.*
Nous allons faire la vaisselle.	*We are going to do the dishes.*

A **Complétez les phrases suivantes en utilisant** le futur proche.

1 Je _____ me détendre.

2 Elle _____ aller aux magasins.

3 Nous _____ parler.

4 Il _____ rentrer de la disco à minuit.

5 Tu _____ faire du scoutisme.

6 Je _____ faire du snowboarding.

7 Est-ce que Jacques _____ jouer aux cartes?

8 Il _____ s'acheter un jean.

9 Julien et Stéphane _____ jouer du piano.

10 Elles _____ faire du théâtre demain.

B **Translate the following into French.**

1 I am going to go to the cinema.

2 Dominique and Claude are going to go jogging.

3 We are going to play video games.

4 He is going to do DIY.

5 We are going to sew.

Pour vous aider · · · · · · · · · ·

to go jogging	*faire du footing*
to do DIY	*faire du bricolage*
to sew	*coudre*

C **C'est vendredi soir. Faites une liste de cinq choses que vous allez faire pendant le weekend. Votre liste pourrait être réelle ou imaginaire.**

Exemple : *Je vais assister à un match de foot.*

4.4 Le passé proche
Formation

When you want to say what you have just done, you use le passé proche (the near past). It is formed by the present tense of the verb venir (*to come*) followed by de and the infinitive of the main verb.

Here's a quick reminder of how to conjugate venir in the present tense:

Le voleur vient de sortir !

venir

je viens
tu viens
il/elle/on vient
nous venons
vous venez
ils/elles viennent

Vous venez de lire le journal.	*You have just read the newspaper.*
Je viens de parler à Jean.	*I have just spoken to John.*
Il vient de voir un super film.	*He has just seen a great film.*

A Complétez les phrases suivantes en utilisant le passé proche.

1 Je _____ d'aller au centre commercial.

2 Elle _____ d'organiser une soirée superbe.

3 Nous _____ de préparer le dîner.

4 Ils _____ d'aller en vacances.

5 Elles _____ de ranger leur chambre.

6 Il _____ de sortir.

7 Marc et Sébastien _____ d'aller au café.

8 Elle _____ de jouer un match de foot.

9 Vous _____ de visiter Disneyland ?

10 Tu _____ de faire du patin à roulettes ?

B Translate the following into French.

1 I have just returned.

2 She has just gone out.

3 He has just gone skiing.

4 They have just organised a party.

5 He has just played video games.

6 She has just gone for a walk.

7 We have just taken a photo.

8 I have just won a match.

9 Marc has just turned 17.

10 Pascal and Thierry have just come home.

Pour vous aider

to go for a walk   *faire une promenade*

ÉTUDIANT LISEZ ÉCOUTEZ

4.5 Roger passe son oral

A Roger répond aux questions sur ce qu'il aime faire comme passe-temps, la permission de minuit et ses amis. Lisez puis écoutez.

1 Qu'aimez-vous faire pour vous détendre, Roger ?

Pour me détendre, je vais à mon cours de hip hop. C'est le moment de la semaine où je m'évade complètement. On fait des chorégraphies sur des chansons de rock.

2 Avez-vous d'autres passe-temps ?

Dès que je peux, je prends ma moto et je vais voir mes copains. On joue souvent aux cartes, aux échecs et à des jeux de société à la Maison des Jeunes. Ça me permet de me relaxer et d'oublier la pression de mes examens.

8 L'amitié entre une fille et un garçon, c'est possible à votre avis ?

De nos jours, on a tendance à rester entre garçons ou entre filles. Mais maintenant, comme j'ai une petite amie, quand je sors avec mes amis, ma copine se joint à nous. Et c'est réciproque, quand je sors avec elle et ses amies. C'est important d'avoir des amis du sexe opposé.

3 Pourquoi aimez-vous ces jeux ?

Rien de mieux pour s'amuser ! Il faut prendre des décisions et suivre des règles sans savoir comment cela va se terminer.

4 Aimez-vous sortir ?

Mes parents m'ont fixé une règle : aucune sortie en semaine parce que c'est l'année du Bac. Par contre, je peux aller chez mes amis le samedi soir à condition de rentrer avant minuit. Sinon ma mère vient me chercher en voiture.

7 Vous faites partie d'une bande ?

Oui, on est un groupe de quatre copains, et on se voit régulièrement. Je préfère être en groupe plutôt que de fréquenter une seule personne à la fois. Mes amis ont les mêmes goûts que moi. Nous avons confiance les uns envers les autres et si l'un de nous a un problème, il peut en parler.

5 Que faites-vous le samedi matin ?

Normalement, je vais au centre commercial avec ma copine. Elle aime faire les boutiques et essayer des vêtements à la mode. Mon quartier préféré, c'est le centre-ville où il y a des fast-foods, des cafés et où c'est très vivant.

6 Pensez-vous que la mode est un truc de filles ?

Non ! Beaucoup de garçons font très attention à ce qu'ils portent. Le look est très important pour la plupart des garçons.

▶ Animation

64

B **À deux, posez-vous les questions suivantes à tour de rôle :**

1 Votre passion, c'est quoi ? *Ma passion, c'est ...*

2 Avez-vous d'autres passe-temps ? *J'aime ...*

3 Aimez-vous les jeux de société comme le scrabble et les cartes ? *J'aime ... /
Je n'aime pas ...*

4 Aimez-vous sortir ? *Je sors / Je n'ai pas la permission de sortir ...*

5 Que faites-vous le samedi matin ? *Je vais ...*

6 Vous faites partie d'une bande ? *Moi, je fais ... / je ne fais pas ...*

7 L'amitié entre une fille et un garçon, c'est possible à votre avis ? *Je crois que ...*

C **« L'amitié est plus fort que l'amour » Lauren, 19 ans.
Qu'en pensez-vous ?** *(75 mots)*

> For help giving
> your opinion,
> see pages 331–32.

4.6 Un mot

You are staying with a French family in Quimper, Brittany. Your friend Valérie has just
phoned you to ask you to join her for the evening. Leave a note for the family telling
them that:

- Your friend has just phoned and asked you to meet her
- You are going to the shopping centre and will go to a café there
- You are going to return home at about two o'clock.

> For help with
> writing a note,
> see pages 343–44.

✳ Le futur proche **and** le passé proche **are
particularly useful for writing a note (**un mot**) as
you often need to say what you have just done
and what you are about to do.**

4.7 Le coin des experts

**Aujourd'hui nos experts répondent aux
questions sur l'amitié.**

*VOUS AVEZ
UN PROBLÈME ?*

*NOUS SOMMES
LÀ POUR VOUS
AIDER !*

**Listen to these problems and solutions
and fill in the grid below.**

Lexique

s'énerver	*to annoy*
pot de colle	*clingy*
en avoir marre	*to be fed up*

Person	Problem	Advice offered
Sandrine		
François		
Olivia		

4.8 *La Vie compliquée de Léa Olivier*, de Catherine Girard-Audet

A Read the following extract from *La Vie compliquée*, then answer the questions below.

In this further extract, Léa is at the receiving end of both Alex's and Éloi's attentions but she is still thinking fondly of Thomas, her boyfriend from whom she is separated owing to the family's recent house move.

À : Marilou33@mail.com
De : Léajaime@mail.com
Date : Samedi 23 novembre, 11h27
Objet : Soirée mouvementée

1 [...] Ensuite il y a eu un slow et Alex m'a invitée à danser. J'ai regardé par-dessus son épaule et j'ai vu Éloi qui dansait avec Marianne. Elle le serrait super fort et elle avait les yeux fermés, mais lui semblait mal à l'aise. Nos regards se sont croisés, et j'ai senti qu'il avait besoin de parler. Je me suis donc promis d'aller le voir un peu plus tard.

2 Après la danse, Alex m'a demandé de l'accompagner au premier étage pour aller chercher des chips dans la cuisine. Quand nous sommes arrivés en haut, la lumière était éteinte et j'ai trébuché sur ses pieds (niaiseuse). J'ai donc abouti contre sa poitrine. Il sentait encore les feuilles d'automne. Ça a eu tout un effet sur moi, parce qu'on s'est aussitôt embrassés. Au début, c'était doux et attentionné, mais au bout d'un moment, j'ai senti que quelque chose clochait et j'ai dû le repousser doucement.

3 Lui : Quoi ? Tu n'aimes pas ça ?

Moi : Oui ! Ce n'est pas ça, le problème. C'est juste que je pense encore à mon ex et ça fait bizarre d'embrasser quelqu'un d'autre.

Lui (en se rapprochant de moi) : On peut y aller doucement alors.

Moi : Ouais. On verra, OK ? J'ai besoin d'un peu de temps.

Lui : Pas de problème.

4 Il m'a embrassée doucement sur le front et il a allumé la lumière. On a pris les chips et on est redescendus au sous-sol. Comme si de rien n'était. Je ne pouvais en parler à personne au party, parce que ce n'était vraiment pas subtil, mais j'avoue que j'avais du mal à penser à autre chose. J'ai vraiment aimé l'embrasser, et même si je me sens un peu mieux et que je n'ai plus toujours le mal de vivre sans Thomas, je ne sais pas trop ce que je veux.

5 J'ai profité de ma confusion pour aller retrouver Éloi, qui était maintenant assis seul sur les marches de l'escalier. Marianne était en train de danser avec Maude, Lydia et Katherine.

Moi : Ça va ?

Lui : Pas pire.

Moi : Qu'est-ce qui ne va pas ?

Lui : Je ne sais pas trop … Je suis mélangé, je pense.

Moi : Mélangé par rapport à Marianne ?

Lui : Ouais … As-tu déjà eu l'impression d'être avec quelqu'un, mais de ne pas te sentir tout à fait à l'aise ?

Moi : Tu parles ! C'est comme ça que tu te sens avec elle ?

Lui : Des fois. J'ai l'impression d'avoir mélangé l'amitié et l'amour. Je ne pense pas que je l'aime de cette façon-là et je sens qu'elle m'étouffe. Et il y a autre chose aussi …

Moi : Quoi ?

Lui : Rien.

Moi : Ben là, tu ne peux pas commencer une phrase et pas la finir. En plus, on s'est promis d'être amis et de tout se dire.

Lui : Oui, mais le problème, c'est que t'es la seule personne à qui je ne peux PAS en parler.

Moi : Quoi ? J'ai quelque chose dans les dents ? Je pue de la bouche ? Les amies de ta blonde ont parlé dans le dos ?

Lui (en riant) : Ben non ! Ce n'est rien de tout ça. C'est juste que des fois, je compare ma relation avec Marianne et ma relation avec toi, et je réalise qu'avec toi, c'est beaucoup plus simple. C'est plus naturel, aussi.

Moi : C'est normal ! On est amis, alors que Marianne, c'est ta blonde. Mais je t'accorde qu'elle n'est pas simple comme fille.

Lexique

trébucher	*to stumble*
niaiseux(-se) (*expression québécoise*)	*naive/stupid*
aboutir	*to end up*
étouffer	*to suffocate*
puer	*to stink*
une blonde (*expression québécoise*)	*a girlfriend*

1 Relevez une expression qui vous dit que Marianne semblait aimer Éloi. (*Section 1*)

2 Pourquoi Léa et Alex sont-ils allés en haut ? (*Section 2*)

3 Pourquoi Léa est-elle tombée ? (*Section 2*)

4 Trouvez un mot qui décrit le baiser d'Alex (*Section 2*)

5 Pourquoi Léa a-t-elle repoussé Alex ? (*Section 3*)

6 Quelle est la solution d'Alex ? (*Section 3*)

7 Relevez la phrase qui dit que Léa ne pouvait pas demander de conseils aux autres à la soirée. (*Section 4*)

8 Citez la phrase dans la Section 5 qui dit que Léa est un peu confuse.

9 Éloi seems very uncertain about his relationship with Marianne. Discuss this with reference to the text. (*2 points, around 50 words*)

Le mail de Marilou

B Imaginez que vous êtes Marilou, la meilleure amie de Léa en France. Léa vous a expliqué par email ce qui s'est passé entre Alex et elle. Que lui conseillez-vous de faire ? Écrivez-lui un mail d'environ 75 mots.

For help with writing an email, see pages 348–49.

4.9 C'est moi qui l'ai fait !

Dessiner, bricoler, cuisiner et fabriquer. Nous avons rencontré des jeunes très talentueux qui nous confient leur plaisir de créer et nous donnent des conseils.

Listen to Stéphanie, Didier, René and Véronique and summarise what they have to say about their creative hobby.

Person	Details of hobby
Stéphanie	
Didier	
René	
Véronique	

4.10 L'impératif
Formation

- The imperative expresses **an order**. There are **two** main forms:

1 the tu form – this form is used with family and friends

2 the vous form – this form is both the plural and polite form.

- To form l'impératif use the tu and vous (2nd person singular and 2nd person plural) forms of the present tense and drop the subject pronouns (tu, vous).

Finis tes devoirs ! *Finish your homework!*	Rangez vos affaires ! *Tidy your belongings!*

- When using –er verbs in the imperative, drop the final s in the tu form.

Tu regardes la télévision. → Regarde la télévision !	Tu manges bien. → Mange bien !

- Another form of the imperative is the nous form (1st person plural).

Amusons-nous ! *Let's enjoy ourselves.*	Allons en France ! *Let's go to France.*

Sample conjugations

Regular verbs

Person	–er verbs	–ir verbs	–re verbs
2nd person sing.	Parle !	Finis !	Rend !
1st person pl.	Parlons !	Finissons	Rendons !
2nd person pl.	Parlez!	Finissez !	Rendez !

Irregular verbs

Person	avoir	être	savoir
2nd person sing.	Aie !	Sois!	Sache !
1st person pl.	Ayons !	Soyons !	Sachons !
2nd person pl.	Ayez!	Soyez!	Sachez !

> The imperative of vouloir exists only in the 2nd person plural – veuillez. You will find this used a lot for making polite requests in letters :
>
> Exemple : Veuillez trouver ci-joint ... (*Please find attached ...*)

Reflexive verbs

Here the reflexive pronoun follows the verb – with a hyphen in between. Note that te becomes toi.

Person	s'amuser
2nd person sing.	Amuse-toi !
1st person pl.	Amusons-nous !
2nd person pl.	Amusez-vous !

Fais tes devoirs !

A Write the following verbs in the impératif form, second person singular:

1	donner	6	faire
2	savoir	7	avoir
3	se dépêcher	8	chercher
4	monter	9	bâtir
5	écrire	10	lire

B Write the following verbs in the impératif form, second person plural:

1	aller	6	savoir
2	manger	7	se détendre
3	faire	8	descendre
4	sortir	9	être
5	partir	10	rendre

In formal or official contexts, a straight infinitive is sometimes used as an imperative. It's often also used for instructions in recipes.

Exemples :

Ne pas se pencher au-dehors.	*Do not lean out of the window.*
Ne pas marcher sur la pelouse.	*Do not walk on the grass.*
Fouetter le chocolat fondu.	*Beat the melted chocolate.*

Note that in the negative ne ... pas comes before the infinitive.

C Léa fait une liste de ce qu'elle doit faire dans son journal intime. Imaginez que vous êtes Léa et faites cette liste. Utilisez l'infinitif !

Exemple :

- *Parler à Marilou sur Skype.*
- *Essayer de découvrir si Marianne est amoureuse de Éloi …*

D Journal intime : Imaginez que vous êtes Éloi. Vous pensez que Léa est la fille de vos rêves. Vous vous sentez coupable vis-à-vis de Marianne. Qu'est-ce que vous notez dans votre journal intime ? (50 mots)

ÉTUDIANT LISEZ ÉCOUTEZ

4.11 Ciara passe son oral

A Ciara répond aux questions sur la mode. Lisez puis écoutez.

1 Ciara, je vois que vous avez préparé un document sur la mode. Pouvez-vous m'en parler ?

Oui, bien sûr. Alors, mon style est plutôt minimaliste. J'aime porter des vêtements assez simples. Je préfère les matières naturelles et mes couleurs préférées sont le noir, le gris et le blanc. Comme chaussures, j'aime les bottes à la mode mais je porte aussi des baskets.

2 Aimez-vous les bijoux ?

Pas trop ! Mes amies adorent les accessoires branchés. Moi, par contre, j'adore le maquillage. Je trouve ça très joli et hyper cool !

3 Les marques sont importantes pour vous ?

Je n'achète que des marques, si possible. Comme ça, je suis sûre de porter des vêtements bien coupés. Mais je n'en achète pas beaucoup et je ne suis pas une victime de la mode. C'est très important pour moi d'être d'abord à l'aise dans ce que je porte.

6 Il y a un look que vous n'aimez pas ?

Je déteste les « onesies », appelés aussi des grenouillères, et pourtant, même les célébrités en portent ! C'est une sorte de pyjama en une pièce pour adulte. Ce pyjama de ville a séduit toute une légion de jeunes adultes mais pas moi. J'ai même entendu parler de « onesies parties ». Personnellement, il est hors de question que j'en porte un, j'aurais l'impression de me déguiser en lapin géant !

4 Que pensez-vous des imitations ?

Ce sont des produits qui sont moins chers que les marques, mais personnellement, je n'en achète pas car je préfère des vêtements de marque de bonne qualité qui me vont bien, même si j'en achète moins car ils coûtent plus cher.

5 Quel est votre look préféré ?

J'adore la mode vintage. Rien n'est plus trendy que de faire du neuf avec du vieux. J'achète aussi sur Internet. J'adore le style de vêtements que créait la couturière Coco Chanel. Elle adorait le look simple et classique. Elle proposait des tenues simples et confortables, des matières souples pour faire du sport, travailler et conduire une voiture. Elle adorait l'équitation et elle a été l'une des premières femmes à oser porter un pantalon.

 Animation

B Et vous ? À deux, posez-vous les questions ci-dessous à tour de rôle, puis écrivez vos réponses.

1 Quel est votre style préféré ? *Mon style préféré ...*
2 Quelle est votre couleur préférée ? *Je préfère le ...*
3 Vous achetez des vêtements de marque ? *Oui j'aime ... / Non, ils sont trop ...*
4 Que pensez-vous des imitations ? *Je crois que ...*
5 Quel est votre look préféré ? *J'adore le look ...*
6 Il y a un look que vous n'aimez pas ? *Je n'aime pas ...*

4.12 Vocabulaire : La mode

A **Learn the following clothing items** par cœur.

Les vêtements *(clothes)*	
un blouson	*a bomber jacket*
une chaussette	*a sock*
une chemise	*a shirt*
un imperméable	*a rain mac*
un jean	*a pair of jeans*
une jupe	*a skirt*
un pantalon	*a pair of trousers*
un pull	*a sweater*
une robe	*a dress*
un tee-shirt	*a tee-shirt*
une veste	*a jacket*

Les tissus *(fabrics)*	
le coton	*cotton*
la laine	*wool*
le cuir	*leather*
la soie	*silk*
le plastique	*plastic*

 To say something is made out of a material, use en (without the article):

Exemple : **une robe en soie** *a silk dress*

Les chaussures *(footwear)*

une botte	*a boot*
une chaussure	*a shoe*
une chaussure à talon	*a high-heeled shoe*
une chaussure en cuir	*a leather shoe*
une tong	*a flip-flop*

Les sacs *(bags)*

un sac à bandoulière	*a shoulder bag*
un sac à dos	*a backpack*
un sac à main	*a handbag*
une serviette	*a briefcase*

Les accessoires *(accessories)*

des bijoux *(m. pl.)*	*jewellery*
une ceinture	*a belt*
un chapeau	*a hat*
une écharpe	*a scarf*

Les vêtements de sport *(sports clothes)*

des baskets *(m. pl.)*	*running shoes*
une combinaison de ski	*a ski suit*
un jogging	*a jogging suit*
un maillot de bain	*a swimsuit*
un short	*a pair of shorts*
un survêtement	*a tracksuit*
des tennis *(m. pl.)*	*tennis shoes*

ÉCRIVEZ

B **Jeu sur la mode. Regardez bien le mot clef. Inscrivez les lettres identifiées par le mot clef partout où vous les voyez dans les autres mots de la liste. Ensuite essayez de deviner les autres lettres grâce aux numéros et déchiffrez les cinq mots qui figurent tous dans les listes précédentes.**

1 1 2 3 4 2
   v e s t e (mot clef)

2 5 6 7 2
   j _ _ _

3 3 3 8 9 10 4
   _ _ _ _ _

4 5 2 11 12
   _ _ _ _

5 3 11 13
   _ _ _

6 13 2 14 12 4 6 10 2
   _ _ _ _ _ _ _ _

4.13 Question de tendances

Christian Simon est rédacteur pour un bureau de style et expert dans les nouvelles tendances vestimentaires. Écoutez cette interview et répondez aux questions ci-dessous.

1 What do young people tend to wear?
2 What did the designer Yves Saint Laurent say?
3 Who invented jeans?
4 Where did the name 'denim' come from?
5 What are the latest fashion trends?

Yves Saint Laurent

 4.2 Texte à trous : Le jean

4.14 C'est drôle !

Listen to these amusing stories about clothes and answer the following questions.

Ten layers of clothes in a heat wave!
1 What sort of shop was this lady leaving?
2 Name **three** different articles of clothing she was wearing.

Skirt or shorts?
3 In what country did this event take place?
4 What were the train drivers protesting about?
5 How did they protest?

GPS shoes
6 What nationality is Dominic Wilcox?
7 What do you have to do before you set out on your journey?

Big feet!
8 What age is Carla Griffiths?
9 What size are her feet?
10 Where does she get her shoes made?

4.15 Chaussures : C'est le pied !

1 Les femmes et les chaussures

Les Françaises sont les championnes des chaussures avec six paires achetées par an. L'Irlande se trouve en quatrième place dans le hit-parade. En Allemagne, on opte pour les modèles confortables et faciles à porter ! Les Espagnoles préfèrent les sandales et les Hollandaises restent attachées à leur réputation d'écolos et préfèrent les sandales Birkenstock.

2 Les Anglaises ont des talons !

Les Britanniques sont les Européennes les plus haut perchées ! Elles portent des talons d'environ 8,4 centimètres, devant les Danoises (7,6 cm) et les Françaises (6,1 cm). Aux États-Unis et en Grande-Bretagne, une opération, le « Loub job », permet aux femmes de se faire injecter du collagène dans les pieds de façon à pouvoir porter les chaussures à hauts talons de Christian Louboutin !

3 Les tongs Havaianas

Tout le monde sait que les fameuses Havaianas sont brésiliennes. Quand elles ont été inventées en 1962, les Havaianas étaient seulement décorées avec des grains de riz. Maintenant, on a l'embarras du choix ! Pour fêter leur succès, on a lancé une édition limitée : 100% des bénéfices des ventes seront versés à l'Unicef pour financer des projets au Brésil.

A Summarise each of these articles in simple English.

B Et vous ? Vous aimez les chaussures ? Vous achetez combien de paires par an ? Vous aimez les bottes Doc Martens ? Vous portez des Havaianas ? À deux, posez-vous ces questions à tour de rôle.

Le saviez-vous ?

Les bottes Doc Martens ont été inventées par Klaus Märtens, un médecin allemand qui voulait remarcher après un accident de ski.

4.16 Le buzz sur la mode !

A **Lisez ces histoires sur les accessoires de mode dernier cri et répondez aux questions qui suivent.**

1 Le slip parfumé

Malgré la crise économique, une entreprise tout à fait française fait un très bon chiffre d'affaires. Le patron, Guillaume Gilbert, a lancé le slip *Indomptable* – un slip parfumé qui émet un parfum quand on bouge. Ce parfum dure pendant au moins 30 lavages et le slip coûte €35. L'entreprise a été financée avec l'aide de MyMajorCompany. L'entreprise emploie déjà cinq personnes. L'élastique vient de Normandie, ses étiquettes viennent de Paris, on tricote le coton à Lille et on confectionne le produit en Dordogne.

2 Merci, Papy !

Lu Qing, créatrice de mode pour ados, a seulement 24 ans. Elle n'avait pas assez d'argent pour se payer de top modèles pour lancer sa collection. Son grand-père (72 ans) s'est alors amusé à prendre la pose portant les vêtements de la collection. C'est le buzz sur internet. Il est devenu une star et les ventes explosent !

3 On peut louer des vêtements dans une « vêtithèque »

Voici une nouvelle façon de renouveler sa garde-robe à moindre prix ! La Vêtithèque propose à ses clients de louer des vêtements pour un abonnement de 30 à 50€ par mois. On peut prendre trois pièces à la fois pour 15 jours au maximum. Ce concept, né en Suède, offre la possibilité de profiter de la mode sans se ruiner.

1 **a** Pourquoi la situation est-elle difficile pour les entreprises en ce moment ?

   b Relevez la phrase qui vous dit que l'odeur ne disparaît pas quand on lave le slip.

   c Ce slip est tout à fait français. Expliquez sans copier le texte.

2 **a** Pourquoi Lu Qing a-t-elle utilisé son grand-père comme top model ?

   b Quel âge a-t-il (en toutes lettres) ?

   c Comment sait-on que sa campagne publicitaire a été un succès ?

3 **a** Qu'est-ce que c'est, une vêtithèque ?

   b Dans quel pays cette idée est-elle née ?

   c The vêtithèque seems like an excellent idea for someone who loves clothes. Comment on this referring to the text.

B Pensez-vous que la mode soit un truc de filles ?

(75 mots)

For help giving your opinion, see pages 331–32.

- **Civilisation :** French people and their sporting habits, their favourite sports and why they play sport

- **Expression libre :** The champions of tomorrow

- **L'info du sport :** Rory McIlroy, the Robot tournament, Tom Daley, the youngest referee ever and Patrick Chan, ice-skating champion

- New sports including ground surfing and slackline

- Sportspeople with a big heart: Vincent Clerc and Rio Mavuba

- Favourite sporting idols: Cristiano Ronaldo, Lionel Messi, Teddy Riner, Christine Janin, Tony Parker and Katie Taylor

- **Extrait de roman :** *À tout prix* by Christian Lause: Journalist Alain Leroc suspects that a famous tennis star has a terrible secret.

- History and development of the Tour de France

- **C'est drôle !** Zany stories from the world of sport including the recycled kayaks, the running race in stilettos and the gold Hermès basketball

Grammaire

- jouer à / jouer de / faire de

Vocabulaire

- Sports
- Sporting equipment
- Types of sport
- Revision of numbers (continued)

Zoom examen

- Writing a postcard about the sports you play
- Filling in a form for a sailing course
- Giving your opinion about doping in sport

En ligne

- Reliez ! : Le sport et l'équipement
- Texte à trous : Alimentez votre effort

5.1 Les Français et le sport

Le sport est devenu un phénomène en France. À la fin des années soixante, seulement 28 pour cent de plus de 15 ans pratiquent un sport. Ce pourcentage est passé à 38 pour cent au début des années quatre-vingts et à plus de 50 pour cent aujourd'hui. Parmi les ados, on estime que 75 pour cent font du sport régulièrement et le nombre continue d'augmenter.

Les sports les plus populaires en France

Le football reste le sport préféré des Français puis viennent le cyclisme, le tennis, le judo, l'équitation, le basket, la pétanque, le golf, le handball, le canoë-kayak, la voile, la natation, la gymnastique, le rugby, le karaté, les arts martiaux et le ping-pong. On fréquente de plus en plus les clubs de sport et les fédérations sportives accueillent de plus en plus de membres.

Avec 25 pour cent de licenciés parmi la population, la France est l'un des pays les plus sportifs, la moyenne de l'Union européenne étant de 15 pour cent. L'été est la saison idéale pour faire des activités sportives mais les sports d'hiver comme le ski, le snowboarding et la luge occupent aussi une place importante. Un certain nombre de jeunes adorent les sports de sensation comme le parachutisme, le deltaplane, le saut à l'élastique et l'escalade.

Pourquoi faire du sport ?

Tout d'abord, c'est le plaisir qui attire les jeunes vers le sport. Ils veulent aussi rester en forme et souvent perdre du poids. En ce moment, dans certains endroits de France, on teste une nouvelle idée : le gouvernement incite les médecins à recommander des activités physiques et sportives. 15 pour cent des décès en France sont effectivement dus à l'absence totale d'exercice. Ainsi, on propose par exemple des séances de vélos payées par la ville ! On considère aussi que le sport aide les jeunes à mieux résister au stress de la vie quotidienne et que c'est pour tous une façon de rester beau et jeune plus longtemps.

Le sport spectacle

Les Français passent beaucoup de temps à regarder des émissions sportives à la télévision, des émissions de football et de rugby notamment. Les évènements sportifs français comme le tournoi de tennis de Roland-Garros au mois de juin, la course cycliste du Tour de France au mois de juillet, la Coupe d'Europe et la Coupe du Monde de football et, bien sûr, les Jeux olympiques offrent à tout le monde la possibilité d'admirer du sport de haut niveau.

Lexique	
augmenter	to increase
la pétanque	a game similar to bowls
un/une licencié(e)	a member
la luge	sledding
l'escalade (f.)	climbing
la vie quotidienne	daily life

A **Now check that you have understood the gist of this text.**

1 To what does the figure 28 refer?

2 To what does the figure 75 refer?

3 What is the most popular sport in France?

4 What percentage of the French population are members of a sports club?

5 How does this compare to the average in Europe?

6 Name any **two** reasons mentioned here why young people play sport?

7 Explain the new government initiative.

8 Explain the French term sport spectacle.

9 What exactly is Roland-Garros?

10 When does the Tour de France take place?

5.2 Vocabulaire : Le sport

A **Make a list of all the sports mentioned in the article in 5.1, with their English translation.**

B **The names of many sports are the same in French as in English, as you can see from the following. Use a dictionary or the web to look up meanings of any sports that you don't know.**

l'aérobic (m.)	le cricket	le karaté	la plongée
l'athlétisme (m.)	l'escrime (f.)	la lutte	le rafting
le baseball	le fitness	la marche	le rallye (automobile)
le basket	le football américain	le motocross	la randonnée
le billard	le footing	le parachutisme	le rugby
le billard américain	la gymnastique	la pêche	les roulettes (f. pl.)
la course	le hockey	le patinage	le ski nautique
la course automobile	le jet-ski	la planche à voile	le tir à l'arc

C Les catégories de sports

Vous avez rencontré beaucoup de noms de sports. Classez ceux que vous connaissez par catégorie. Vous pouvez classer certains sports dans plusieurs catégories.

A Les sports individuels

B Les sports d'équipe

C Les sports qu'on pratique à l'école

D Les sports extrêmes

E Les sports aquatiques

F Les sports d'hiver

5.1 Reliez : Le sport et l'équipement

D Et vous ? À deux, discutez ensemble en disant les catégories de sport que vous aimez et pourquoi.

Exemple : Quelle catégorie de sport préférez-vous ? *Moi, je préfère …
parce que …*

Pour vous aider

J'aime jouer avec mes amis.

les sensations fortes *(exciting sensations)*

J'adore l'eau.

J'ai l'esprit de compétition.

J'adore gagner.

Je m'éclate dans le/la + *sport* …

La voile, c'est ma passion.

5.3 Expression libre : Les champions de demain

Alex, Céline, Chantal et René figurent parmi les meilleurs sportifs dans leur discipline et rêvent d'avoir une médaille autour du cou. Découvrez leur passion en les écoutant et complétez la grille ci-dessous.

	Sport	Training regime	Future ambitions
Alex			
Céline			
Chantal			
René			

... mille
quatre-vingt-trois ...
mille quatre-vingt-quatre ...
mille quatre-vingt ...
Zut ! Un ... deux

Le sport au top !

5.4 Révision des nombres (suite)

Vous avez déjà appris les nombres de 1 à 50. Apprenez maintenant les autres nombres.

For numbers below 50, see page XX.

50	cinquante	70	soixante-dix	90	quatre-vingt-dix	100 cent
51	cinquante-et-un	71	soixante-et-onze	91	quatre-vingt-onze	1 000 mille
52	cinquante-deux	72	soixante-douze	92	quatre-vingt-douze	10 000 dix-mille
53	cinquante-trois	73	soixante-treize	93	quatre-vingt-treize	100 000 cent-mille
54	cinquante-quatre	74	soixante-quatorze	94	quatre-vingt-quatorze	1 000 000 un million
55	cinquante-cinq	75	soixante-quinze	95	quatre-vingt-quinze	1 000 000 000
56	cinquante-six	76	soixante-seize	96	quatre-vingt-seize	un milliard
57	cinquante-sept	77	soixante-dix-sept	97	quatre-vingt-dix-sept	
58	cinquante-huit	78	soixante-dix-huit	98	quatre-vingt-dix-huit	
59	cinquante-neuf	79	soixante-dix-neuf	99	quatre-vingt-dix-neuf	

60	soixante	80	quatre-vingts
61	soixante-et-un	81	quatre-vingt-un
62	soixante-deux	82	quatre-vingt-deux
63	soixante-trois	83	quatre-vingt-trois
64	soixante-quatre	84	quatre-vingt-quatre
65	soixante-cinq	85	quatre-vingt-cinq
66	soixante-six	86	quatre-vingt-six
67	soixante-sept	87	quatre-vingt-sept
68	soixante-huit	88	quatre-vingt-huit
69	soixante-neuf	89	quatre-vingt-neuf

✱ In French when writing numbers in figures, spaces are used for bigger numbers where English uses a comma.
The comma is used for the English decimal point.

Exemples : 1 000 000
(= un million)
1,25
(= un et un quart)

- Compound numbers can all be spelled with hyphens (un trait d'union) between every number, with the exception of million and milliard (which are considered to be nouns):

  Exemples : quatre-vingt-dix-huit
  cinq-cent-vingt-et-un
  trois millions

- When followed by another number quatre-vingts (80) drops the s:

  Exemples : quatre-vingts sportifs
  quatre-vingt-neuf cyclistes

- The same applies to cent (100):

  Exemples : deux-cents
  deux-cent-vingt

- mille (1,000), however, never adds an s:

  Exemples : deux-mille
  deux-cent-mille

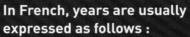

In French, years are usually expressed as follows :

1800	mille-huit-cents
1998	mille-neuf-cent-quatre-vingt-dix-huit
2016	deux-mille-seize

Note that mille can be written as mil. To say 'in 2018' etc., use en.

A Écrivez les chiffres suivants en toutes lettres.

1 77
2 89
3 240
4 305
5 49
6 2 567
7 178
8 908
9 7,25
10 5 000

B Écrivez les dates suivantes en français.

Exemple : 6 May 1988

le six mai mille-neuf-cent-quatre-vingt-huit

1 1 August 2050
2 2 June 1914
3 27 December 1957
4 4 March 1824
5 19 February 2014
6 30 July 2020
7 13 December 1951
8 3 May 2018
9 20 January 2031
10 9 June 1724

C À deux, posez-vous des questions qui utilisent les nombres.

Exemple : Combien de frères avez-vous ? *J'en ai deux.*

Quelle est la date de ton anniversaire ? *C'est le 24 avril.*

5.5 L'info du sport

Listen to the following sporting stories and answer the questions.

Rory McIlroy, the best golfer in the world

1 What age was McIlroy when he had won all four majors?
2 Name some other golfers who are also reputed to be the best golfers ever?
3 How much was McIlroy's Nike contract worth?
4 What happened initially when McIlroy changed his golfing equipment?

The biggest robotic tournament

5 How many engineers participated in this event?
6 How many robots were involved?
7 How many countries took part?
8 Name any **one** event mentioned.

The youngest football referee

9 What age was Daisy Goldsmith when she received her qualification as a football referee?
10 How many football referees are there according to this article?
11 How many female referees are there?

Tom Daley, champion diver

12 Why did Tom Daley say he made his announcement?
13 In what year did he become European diving champion?
14 What age was he then?

Patrick Chan, ice-skating champion

15 What score did Patrick Chan achieve at the world skating championships?
16 What was his previous record score?

5.6 Les nouveaux sports

Read these interesting articles about new sports and summarise each in English.

Le surf tout-terrain

Normalement, on fait du surf sur l'eau mais c'est également possible d'en faire sur le sable. Quelques amateurs de sensations fortes ont fait du surf sur les dunes du désert de Namibie en Afrique. Vive le nouveau sport de glisse !

Le slackline

Ce sport est simple comme bonjour ! Il faut deux arbres, une sangle et c'est parti ! On doit monter sur cette bande de 5 centimètres et y marcher en équilibre. On peut tricher un peu en s'agrippant à l'arbre. Pour ce sport, il faut savoir bien se concentrer et bien contrôler sa respiration. Une fois cela bien maîtrisé, quelle sensation fantastique que de pouvoir marcher dans les airs!

Le Sporthocker (ou tabouret acrobatique)

Faire du sport avec un tabouret ? Oui, c'est possible ! Venue d'Allemagne, cette nouvelle discipline est cool et branchée. Le principe : faire des figures avec un tabouret spécialement conçu. Si vous ne réussissez pas, vous pouvez toujours vous asseoir !

Le kitesurf

C'est un mélange entre le surf et la voile. On porte un harnais et il faut très vite trouver son équilibre. Il y a une sensation de liberté totale. C'est beaucoup plus simple que le windsurf. On dit qu'il y a 30 000 adeptes réguliers de ce sport.

La trottinette version sport

C'est une sorte de pédicycle. Ce véhicule ressemble un peu aux bicyclettes du début du 20ème siècle, sans le pédalier ni la selle. C'est entre un vélo et une trottinette classique. On le pousse avec le pied comme une bonne vieille trottinette, mais on alterne pied gauche et pied droit. Les sensations de vitesse sont particulièrement bonnes dans les descentes. Ça peut être dangereux donc le port du casque est conseillé.

Lexique	
glisser	*to slide*
une sangle	*a strap*
branché	*'with it'*

5.7 Le coin des experts

A Trois jeunes ont téléphoné pour parler de leurs problèmes concernant le sport et nos experts répondent.

Écoutez les problèmes et les solutions et remplissez la grille.

Person	Problem	Advice offered
Vincent		
Jeanne		
Patricia		

B Parfois, nos experts reçoivent des lettres de jeunes qui parlent de leurs problèmes. Regardez les extraits de ces lettres et à deux ou en groupes discutez pour trouver des solutions et écrivez une réponse.

Exemple :

La montagne, c'est un espace de liberté mais qui peut être dangereux. Comment puis-je skier en toute sécurité ? *Béatrice, 16 ans*

Béatrice, Il faut t'informer sur la météo, t'équiper correctement et te protéger du soleil. Il est important de maîtriser ta vitesse et de faire attention aux autres skieurs. Surtout, utilise les pistes qui correspondent à ton niveau.

Problème 1
Ce que je n'aime pas dans le sport, c'est l'esprit de compétition. Je suis membre d'un club de rugby et les autres joueurs de l'équipe se prennent trop au sérieux, comme s'ils jouaient à la Coupe du Monde … *Robin, 17 ans*

Problème 2
Je n'aime pas faire du sport car je déteste qu'on me regarde quand je fais un effort. Je ne suis pas très douée. J'ai la peau très blanche et je deviens toute rouge … *Annie 18 ans*

Problème 3
Je fais mon Leaving Cert cette année et je n'ai pas beaucoup de temps libre. J'ai quand même besoin de faire de l'exercice. Que faire ? *Sophie, 18 ans*

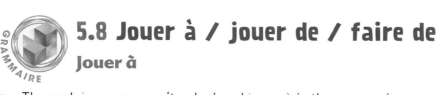

5.8 Jouer à / jouer de / faire de

Jouer à

- The verb jouer means 'to play' and jouer à is the expression used to say you play a game or sport.

- Since most sports are masculine, you most often say je joue **au** …

Je joue au golf.

Je joue au foot.

Je joue au tennis.

Jouer de

However, when you want to say you play a musical instrument, you use je joue de …

Je joue du piano.

Je joue de la guitare.

Faire du sport

The verb faire is frequently used to indicate playing/practising a sport (or activity). It is followed by de plus the name of the sport. You use du, de la, de, l' or des, depending on whether the name of the sport is masculine or feminine, starts with a vowel or is plural.

je fais du hockey (*m.*)

je fais de la natation (*f.*)

je fais de l'escrime (*vowel*)

je fais des activités (*pl.*)

A quick reminder about how to conjugate faire in the present tense:	
je fais	nous faisons
tu fais	vous faites
il/elle/on fait	ils/elles font

A Complétez les phrases suivantes.

1 Je fais _____ ski.

2 Nous jouons _____ guitare.

3 Faites-vous _____ athlétisme ?

4 Jo et Élise jouent _____ piano.

5 Elle fait _____ judo.

6 Vous faites _____ escalade.

7 Ruby joue _____ hockey.

8 Paul et Laure font _____ voile.

9 Je fais _____ natation.

10 Il fait _____ sport.

B Traduisez en français.

1 We go ice-skating.

2 Sophie and Marie play the piano.

3 She goes swimming.

4 Michel and Nathalie do athletics.

5 Jean and his dad go fishing.

6 They play American football.

7 She goes skateboarding.

8 He does archery.

9 She does aerobics.

10 We play the guitar.

5.9 Carte postale

Write a postcard to your French penpal telling him/her all about the sports that you are playing this year. Say that:

- you play a lot of sport even though you don't have much free time
- you play football and do athletics every day
- you swim once a week
- your sister doesn't like sport but does play the piano.

For help with writing postcards, see pages 339–40.

87

ÉCRIVEZ

5.10 Formulaire

Vous vous appelez Jane/James Murphy. Vous voulez faire un stage de voile en Bretagne. Remplissez le formulaire suivant.

Répondez aux questions 6, 7, 8 et 9 par des phrases complètes.

1 Nom : _____   2 Prénom : _____

3 Date de naissance : _____

4 Nationalité : _____

5 Langue(s) parlée(s) : _____

6 À part le français, quelles autres matières étudiez-vous à l'école ?

7 Décrivez brièvement votre personnalité.

8 Quels sports pratiquez-vous ?

9 Pourquoi voulez-vous faire ce stage de voile ?

5.2 Texte à trous : Alimentez votre effort

ÉCOUTEZ

5.11 Les sportifs qui ont du cœur

Bien sûr, il faut énormément d'énergie pour faire un sport de haut niveau. Mais beaucoup de sportifs et sportives mettent une partie de cette énergie au service des autres. Aujourd'hui, nous avons rendez-vous avec deux sportifs au grand cœur.

Listen to these two famous sportsmen and answer the questions below.

Vincent Clerc, rugbyman d'exception

1 Why has Vincent chosen to work with the « Dessinez-moi une maison » Association?

2 What is the aim of the association?

3 Explain the work of the association « Entendre le monde ».

4 How does Vincent describe himself as a teenager?

5 What does Vincent say about his dad?

Rio Mavuba, champion de l'équipe de Lille et défendeur des orphelins

6 Why did Rio decide to set up an orphanage in Kinshasa?

7 What happened to Rio when he was two years old?

8 Why did Rio never feel like an orphan himself?

9 Where was Rio born?

10 Explain the work of the orphanage.

5.12 Mia passe son oral

A Mia adore le sport et elle a apporté quelques photos à son épreuve orale. Lisez puis écoutez.

1 Êtes-vous sportive, Mia ?

J'aime le sport en général. J'ai besoin de me défouler, j'ai envie de transpirer, de me dégourdir les jambes. Ce qui me plaît surtout dans le sport, c'est l'esprit de compétition.

2 Quels sont vos sports préférés ?

Je me passionne pour le football. Je suis membre d'un club près de chez moi à Cork. L'année dernière, j'ai été sélectionnée pour faire partie de leur équipe. Je m'entraîne plusieurs fois par semaine. La concurrence est féroce et il faut se maintenir en forme.

7 Vous avez le look de Katniss dans *Hunger Games* !

Oui, je me coiffe comme ce personnage. Katniss est très active, elle chasse et elle bouge beaucoup. C'est pratique d'avoir une tresse comme Katniss. J'ai vu ce look sur YouTube et je l'aime bien.

3 Vous êtes un garçon manqué ?

Non, au contraire je suis très féminine ! On peut faire du football et être à l'aise dans son corps de fille. C'est important pour moi de me détendre et de libérer la tension nerveuse et aussi d'oublier le stress des études et des examens.

6 Pratiquez-vous d'autres sports ?

Je fais du tir à l'arc. J'ai essayé ce sport pour la première fois dans un camping près du Cap-Ferret. En rentrant chez moi, j'ai trouvé un club formidable et je fais du tir à l'arc une fois par semaine. C'est un sport qui développe le sens de l'observation, la concentration et la maîtrise du corps. En même temps ça permet de faire le calme à l'intérieur de soi. La satisfaction de pouvoir mettre une flèche dans la cible, c'est extra !

4 Est-ce que c'est dangereux de faire du sport ?

Le sport apprend la solidarité, le fair-play et le respect envers les autres. Il faut savoir être bon joueur et contrôler son agressivité. C'est vrai que les sports de contact posent un risque de violence bien plus important que d'autres. C'est pour cette raison que je n'aime pas voir ma meilleure amie Brigitte faire de la boxe.

5 Pourquoi êtes-vous contre la boxe ?

Le but de la boxe est de blesser son adversaire pour l'empêcher de combattre. J'ai aussi peur des conséquences des coups portés à la tête. Mais Brigitte me dit que la boxe est un bon sport et que ce n'est pas violent. Elle s'est fait quelques petits bleus mais rien de méchant.

▶ **Animation**

90

Lexique

un garçon manqué	*a tom boy*
une flèche dans la cible	*a bull's eye*

B À deux, posez-vous les questions suivantes à tour de rôle, puis écrivez vos réponses.

1 Vous êtes sportif /sportive ? *Je (ne) suis (pas) ...*
2 Quel est votre sport préféré ? *Moi, je préfère ...*
3 Êtes-vous membre d'un club de sport ? *Je suis membre ...*
4 Vous entraînez-vous souvent ? *Je m'entraîne deux fois par ...*
5 Préférez-vous les sports individuels ou les sports d'équipe ? *Je préfère ...*
6 Aimez-vous regarder le sport à la télé ? *J'aime regarder ...*
7 Quelle est votre équipe de foot préférée ? *Mon équipe préférée est ...*
8 Êtes-vous déjà allé(e) à un match ou un évènement sportif ? *Je suis allé(e) ...*
9 Qui est votre sportif préféré ? *Je préfère ...*
10 Quels sont les sports les plus dangereux à votre avis ? *Moi, je crois que ...*

5.13 Les sportifs préférés des ados

Listen to Marc, Julie and Robert talk about their favourite sports stars and answer the questions below.

Marc

1 How does Marc describe Cristiano Ronaldo and Lionel Messi?
2 Name **one** quality he admires.
3 What does his girlfriend think?

Julie

4 What accomplishment has Teddy Riner achieved, according to Julie?
5 What is his nickname?
6 Why does she admire Christine Janine?
7 What are you told about Christine's family?

Robert

8 What does Robert tell you about Tony Parker's sporting achievement?
9 What are you told about Eva Longoria?
10 What is Katie Taylor's date of birth?

5.14 Le Tour de France – tous en selle !

A Read about the development of the Tour de France since its foundation in 1903 and about some of the personalities who have shaped its history, then answer the questions opposite.

Le début du Tour

Henri Desgrange, journaliste et cycliste, a organisé le premier Tour de France. Au départ, il y avait soixante cyclistes mais seulement vingt-et-un ont passé la ligne d'arrivée.

Les maillots

Après la Première Guerre mondiale, Henri Desgrange a l'idée de fêter le retour du Tour en remettant au gagnant un maillot jaune. C'était la couleur du papier sur lequel était imprimé son journal !

La télévision

Pendant les années trente, les Français se passionnent pour le Tour et suivent les étapes à la radio. Après la Seconde Guerre mondiale, en mille-neuf-cent-quarante-huit, l'exploit des coureurs s'est joué pour la première fois en noir et blanc sur le petit écran. Aujourd'hui, près de cent-soixante-dix pays, soit deux milliards de téléspectateurs, regardent le Tour en couleur.

Les Champs-Élysées

En mille-neuf-cent-soixante-quinze, malgré des difficultés d'organisation, un journaliste, Yves Mourousi, propose et obtient une fin de course sur les Champs-Elysées. La grande avenue est ainsi réquisitionnée depuis pour l'étape finale du Tour.

Les faux exploits de Lance Armstrong et le dopage

En deux-mille-cinq, l'Américain Lance Armstrong, gagne le Tour pour la septième fois. Mais, plus tard, accusé de dopage Lance a dû rendre les titres qu'il avait acquis et rembourser la dizaine de millions d'euros qu'il avait gagnés. On estime que beaucoup d'autres coureurs ont utilisé des produits non autorisés. Le dopage est devenu le véritable fléau du Tour.

Les vélos qui changent

Les vélos modernes sont ultra légers et fabriqués sur mesure. Les premiers coureurs réparaient eux-mêmes leur matériel et n'avaient pas le droit d'avoir de l'aide.

La caravane

En mille-neuf-cent-trente, Henri Desgrange avait besoin d'argent pour organiser le Tour. Il a invité les marques à venir faire de la pub pendant le Tour et la caravane est née. Maintenant, deux heures avant le passage des coureurs, plus de cent-soixante véhicules et trente marques distribuent, sur plusieurs kilomètres, des boissons et des gadgets publicitaires. C'est un énorme succès et le Tour de France est l'évènement sportif auquel assiste le plus grand nombre des spectateurs.

Et maintenant

Et les cyclistes ? On dit que ces sportifs vivent en moyenne dix ans de plus que le reste de la population. Pourquoi ? La plupart continuent de faire du vélo après leur carrière de coureur et gardent une bonne hygiène de vie.

1 How many cyclists started and how many finished the first tour?
2 Why did Henri Desgrange choose the colour yellow as the colour of the leader jersey?
3 In what year was the Tour first shown on TV?
4 What happened in 1948?
5 How many viewers are said to watch the Tour today?
6 What change was made to the Tour in 1975?
7 What is mentioned here as Lance Armstrong's punishment for cheating in the Tour?
   a He had to give back his prize money.
   b He had to return his jerseys.
   c He had to return his medals.
   d He was disgraced.
8 In what way have bicycles used in the Tour changed?
9 Explain exactly the impact of the caravan on the Tour?
10 In what way are the Tour de France cyclists said to be healthy?

B À deux ou en groupes, posez-vous les questions suivantes et donnez votre opinion.

1 Regardez-vous le Tour de France ? *Je regarde / Je ne regarde pas …*
2 Regardez-vous les évènements sportifs comme la Coupe du Monde ou les Jeux olympiques ? *Pourquoi ? / Pourquoi pas ? Parce que …*
3 Voudriez-vous participer à un grand évènement sportif ? *Je voudrais / Je ne voudrais pas …*
4 Pourquoi faites-vous du sport? *Pour rester en forme./ Pour me détendre …*
5 L'éducation physique est-elle obligatoire dans votre école ? *L'éducation physique …*

C Faites un document sur un autre évènement sportif français comme Roland-Garros, le Paris–Dakar, le Tournoi des Six Nations ou les 24 Heures du Mans.

D « Le sport est pourri par le dopage. » *Neil, 17 ans*

Qu'en pensez-vous ?

(75 mots)

For help giving your opinion, see pages 331–32.

5.15 *Alex Leroc, journaliste : À tout prix,* de Christian Lause

Read the following extract from one of Christian Lause's gripping detective novels about Alex Leroc and then answer the questions below.

Alex Leroc and his colleagues at L'Avis magazine are doing a report on Pierrick Martin, a famous French tennis star. L'Avis wants to be the first paper to reveal the secrets of this star's success.

1 En effet, notre interview de Pierrick Martin à l'hôtel Métropole a été un grand succès pour *L'Avis* : le public aime ce nouveau champion qui gagne tous ses matchs et qui est beau comme un acteur de cinéma. Dulac commence la réunion :

–Alors Jacky, comment va Pierrick Martin ? Je veux voir vos dernières photos.

–Je suis très attentif, explique Jacky. Je l'observe tout le temps. Ici, j'ai un bon cliché de Pierrick à la fin du match de préparation contre Yoshino, le numéro 2 russe. Pierrick sourit, il est de bonne humeur. Ça n'arrive pas tous les jours, dit Jacky.

–Ouais, c'est pas mal, mais c'est pas très intéressant, dit Dulac.

–Ici, continue Jacky, il monte dans sa voiture, une superbe Porsche. Belle voiture, pas vrai ?

–Écoutez, vous n'avez pas de photos plus excitantes ? Une histoire d'amour, une révélation secrète ?

2 –Non. Il passe tout son temps à s'entraîner pour Roland-Garros. Je sais exactement ce qu'il fait, je vais où il va. Avec ma vieille Renault 5, c'est compliqué de suivre sa Porsche mais je fais ce que je peux. Je connais maintenant toutes ses habitudes. Il a une vie normale pour un sportif. Chaque jour, il se lève tôt, il sort rapidement de son hôtel et il va en voiture à Roland-Garros. Il prend son petit-déjeuner au club VIP. Il s'entraîne de 10 h à 13 h, ensuite il déjeune …

–Assez, assez ! interrompt Dulac. Pierrick Martin doit avoir des secrets. Je veux des photos plus « personnelles », des informations plus secrètes. C'est votre travail, oui ou non ?

–Euh … oui, répond Jacky

–J'ai peut-être une piste pour vous, dit alors Dulac. Je voudrais vous montrer à tous les trois une lettre anonyme que j'ai reçue. Lisez ça.

> Pierrick Martin va mourir.

3 –Je ne sais pas ce que ça signifie mais c'est une piste intéressante. Alex, vous allez accompagner Jacky à Paris. Vous allez suivre Pierrick Martin, jour et nuit si nécessaire, jusqu'au tournoi de Roland-Garros. Essayez de savoir où est le danger.

–D'accord, dis-je enthousiaste.

–Une semaine sans dormir, dit Jacky.

–Eh oui, Jacky : *L'Avis*, c'est la vie ! conclut Dulac.

Dulac répète tout le temps cette phrase et ça m'énerve !

4 –Et ensuite, je suppose que nous allons travailler sans interruption pendant toute la durée du tournoi de Roland-Garros, dit Jacky.

–Exact. Avec Nina. Ça commence le 26 mai et ça se termine le 15 juin.

Sur une des photos prises par Jacky, le visage d'un homme attire mon attention. Je les interromps.

–Jacky, est-ce que tu sais qui est ce type que tu as photographié ici, à côté de Pierrick ?

–Non, mais ce n'est pas compliqué à savoir. Je me rappelle très bien la maison. C'est une très belle maison à Fontainebleau, dit Jacky.

5 Dulac et moi, on observe attentivement la photo. On voit clairement Pierrick qui sort de sa voiture. Un homme l'attend devant une maison magnifique.

–Moi, je sais qui est le type à côté de Pierrick, dit Dulac. C'est le docteur Van der Warren, appelé aussi docteur Frankenstein.

–Pourquoi Frankenstein ? demande Jacky.

–C'est un chirurgien esthétique. Il a opéré des clients célèbres dans le show-business. Il a accumulé les erreurs médicales et les procès en justice. Van der Warren a été condamné. Il ne peut plus pratiquer aucune opération chirurgicale.

–Et c'est peut-être un bon sujet pour un reportage, dis-je.

–Non, dit Dulac, si Frankenstein a opéré illégalement le nez de Pierrick Martin mais que personne ne voit la différence, ça n'a pas d'intérêt pour ses admirateurs. Cherchez autre chose.

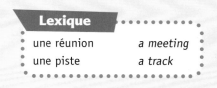

Lexique

une réunion	*a meeting*
une piste	*a track*

1 Relevez une phrase qui vous indique que Pierrick est populaire. (*Section 1*)

2 Pourquoi Dulac n'est-il pas content des photos que Jacky a prises ? (*Section 1*)

3 Pourquoi Jacky a-t-il eu des problèmes à suivre Pierrick Martin ? (*Section 2*)

   a Il avait une vieille voiture.

   b Il avait peur que Pierrick le découvre.

   c Il ne connaît pas les habitudes de Pierrick.

   d Il ne pouvait pas entrer dans le club VIP.

4 Quel est le mot qui vous indique que la lettre que Dulac a reçue n'était pas signée? (*Section 2*)

5 Quelle expression utilisée par son patron, Alex déteste-t-il ? (*Section 3*)

6 Qu'est-ce qui attire l'attention d'Alex sur la photo que Jacky a prise ? (*Section 4*)

7 Comment savez-vous que l'habitation du Docteur Frankenstein était impressionnante ? (*Section 5*)

8 Pourquoi le docteur a-t-il été condamné ? (*Section 5*)

9 There seems to be huge pressure on Alex to get a scoop on Pierrick Martin. Comment on this with reference to the text. (*2 points, about 50 words*)

5.16 C'est drôle !

Écoutez ces informations étranges sur le sport. Elles sont toutes absolument vraies !

Rafael Nadal and Serena Williams play on water!

1   Where precisely did Nadal and Williams play this game?

2   How long did it take to install this special structure?

3   What was the connection with Sony Ericsson?

Running in stilettos

4   What nationality were the runners?

5   On what date did the race take place?

6   What was the winner's prize?

Hermès basketball

7   For how much was the gold basketball sold?

8   What event was it celebrating?

Lionel Messi's foot

9   How much did the statue of Lionel Messi's foot weigh?

10   What was done with part of the proceeds?

Upside down

11   Why did Remus Medley decide to walk on his hands?

12   In what sporting event was he taking part?

13   Why was this an exceptional feat?

Seen in an Australian library

14   What Australian trait is mentioned here?

15   Where will the Lance Armstrong book be found from now on?

Surfing in a swimming pool

16   For whom is this invention ideal?

17   Describe this invention.

18   What can you now do while swimming?

- **Civilisation :** The French school system, school reports, school personnel, day students and half-borders

- How to combat school-related stress

- School timetables and the school calendar in France

- **Le buzz sur les stars :** Matt Pokora, Emma Watson and Grégoire remember their school days.

- School rules and school sanctions

- **Le coin des experts :** Phone-in advice on school-related problems

- **Extrait de roman :** *Qui es-tu, papa ?* by Allan Stratton: The hero, a 16-year-old Iranian immigrant, is being bullied at his new school ...

- **C'est drôle !** Find out about the pen that corrects your mistakes, the parents who get fined by their children's school, the fake kidnapping and the students who are literally 'on the ball'!

Grammaire

- Adverbes
- Les noms au pluriel

Vocabulaire

- School and school subjects

Oral

- Ryan talks about his experience of school and his favourite subjects.

Zoom examen

- Writing a diary entry about having to repeat a school year
- Writing an informal letter about school rules
- Textes à trous : How to combat stress
- Giving your opinion about school uniforms

En ligne

- Écoutez ! : Différences entre la vie scolaire en France et en Irlande
- Reliez : Les autres matières scolaires
- Quiz : Testez vos connaissances !

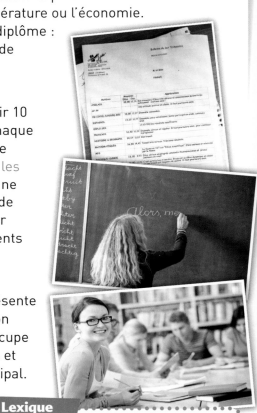

6.1 Le système scolaire en France

En France, l'école est gratuite, laïque et obligatoire de six ans à 16 ans. La grande majorité des enfants sont placés dès l'âge de trois ans dans une école maternelle. Les élèves français entrent au collège après l'école primaire, à 11 ans. Le collège dure quatre ans. À la fin du collège, les collégiens passent un examen : le Brevet des collèges. Ensuite ils vont au lycée. Au lycée, après une année de seconde, l'élève, âgé normalement de 16 ans, doit choisir un enseignement spécialisé pour son entrée en première. La spécialité la plus choisie est la filière scientifique mais beaucoup d'entre eux choisissent la littérature ou l'économie. Au terme de la dernière année (la terminale), l'élève passe un diplôme : le Baccalauréat. Le « bac » en poche, l'élève peut alors choisir de continuer à étudier la spécialité de son choix à l'université.

Les notes

Les élèves sont notés sur 20. Pour avoir la moyenne, il faut avoir 10 sur 20. L'année scolaire est divisée en trimestres : à la fin de chaque trimestre, tous les professeurs font le bilan du travail de chaque élève. Ceux-ci reçoivent un bulletin de notes : les très bons ont les félicitations, les moyens ont les encouragements et si un élève ne travaille pas bien, il peut recevoir un avertissement. Si, à la fin de l'année, les professeurs pensent qu'on n'est pas assez bon pour passer dans la classe supérieure, on doit redoubler (si ses parents sont d'accord).

Le personnel du lycée

Le proviseur c'est le chef d'établissement d'un lycée, et il représente le ministre de l'Éducation nationale. Le proviseur-adjoint est son numéro deux. Il remplace le principal en cas d'absence, et s'occupe des emplois du temps des élèves et des professeurs, des notes et des bulletins trimestriels. Chaque classe a un professeur principal. Il coordonne tous les professeurs de la classe et il est en relation avec la famille des élèves. Le documentaliste reçoit les élèves au CDI (Centre de documentation et d'information) et il aide à la préparation des cours. Les surveillants (dits aussi pions) surveillent les élèves au collège et pendant les activités culturelles ou sportives.

Les internes et les externes

Les élèves internes restent au collège du lundi au vendredi et ils logent à l'internat. Les élèves demi-pensionnaires mangent à la cantine et les externes rentrent à la maison à l'heure du déjeuner.

Lexique

gratuit(e)	*free*
laïque	*lay (non-religious)*
une école maternelle	*a kindergarden school*
au terme de	*at the end of*
la moyenne	*average*
un trimestre	*a term*
faire le bilan	*to calculate*
les félicitations (f. pl.)	*congratulations*
redoubler	*to repeat a year*
un bulletin trimestriel	*an end-of-term report*
un/une surveillant(e)	*a supervisor*

A **Now check that you have understood the text by completing the following statements.**

1 In France, schools are …

2 At the end of their final year students …

3 If you fail a year, you usually …

4 The assistant principal looks after …

5 The boarders …

Now answer the following questions.

6 At what age do students typically chose specialist studies?

7 What is the most popular specialism?

8 Whom does the school principal represent?

9 What do the principal teachers do?

10 Where do the half-boarders eat?

> **Le saviez-vous ?**
>
> L'homme politique Jules Ferry (1832–93) est souvent considéré comme le père fondateur de « l'école gratuite, laïque et obligatoire » ainsi que de l'identité républicaine.

B **Testez-vous ! Faites ce petit test sur l'école en France.**

1 l'examen à la fin de la terminale

2 l'équivalent du Junior Cert

3 pas religieuse

4 l'école pour les 11–15 ans

5 l'école pour les 15–18 ans

6 la filière la plus populaire pour le Bac

7 souvent après avoir réussi le Bac, on va à l' …

8 on reçoit un bulletin scolaire à la fin de chaque …

9 si on ne réussit pas aux examens, on doit …

10 le CDI est une sorte de …

11 surveillant

12 un élève qui vit au sein de l'école

13 on les reçoit pour les bonnes notes

14 on le reçoit pour une mauvaise note

15 la dernière année au lycée

6.2 Différences entre la vie scolaire en France et en Irlande

Voici les étapes du système scolaire français.

Examen : Le baccalauréat (le bac)

Lycée – Terminale (17–18 ans)

Lycée – Première (16 ans)

Lycée – Seconde (15 ans)

Examen : Le brevet des collèges

Collège – Troisième (14–15 ans)

Collège – Quatrième (13 ans)

Collège – Cinquième (12 ans)

Collège – Sixième (11 ans)

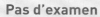

Pas d'examen

École primaire – Cours moyen 2 (10 ans)

École primaire – Cours moyen 1 (9 ans)

École primaire – Cours élémentaire 2 (8 ans)

École primaire – Cours élémentaire 1 (7 ans)

École primaire – Cours préparatoire (6 ans)

École maternelle (3 à 5 ans)

A Leigh a passé un trimestre en France en année de Transition l'année dernière. Le prof lui demande d'expliquer le système français à la classe pendant le cours de français. Écoutez Leigh et répondez aux questions.

1 How does Leigh describe the school day in France?

2 At what time does the bell for the end of day ring?

3 At the end of which month does the school year end?

4 Name some lunchtime activities that took place in the school where Leigh went.

5 Where do most students eat?

6 Where did most students go when they had free classes?

7 What happens at the end of the term?

8 Why is life in French schools more stressful?

9 What do students wear to school?

10 What conclusion does Leigh come to?

 6.1 Écoutez ! Différences entre la vie scolaire en France et en Irlande

B Imaginez que vous aussi, vous passez un mois dans une école en France. Vous écrivez une lettre à votre classe de français pour leur décrire comment vous allez en France et les différences entre l'école en France où vous êtes et votre école en Irlande.

For help with writing une lettre informelle, **see pages 348–49.**

C Imaginez que vous rentrez en Irlande après avoir passé un mois dans un lycée en France. Une chose que vous avez beaucoup appréciée là-bas, c'était la liberté de sortir du lycée quand il y avait un « trou » entre deux cours (par exemple, un prof absent). Comme le directeur de votre école est aussi prof de français, on vous propose d'écrire un email au directeur en français en lui demandant la permission de sortir pour tous les élèves de terminale.

> **Pour vous aider** • • • • • • • • • • •
>
> en cas d'absence d'un prof
> à condition que les parents soient d'accord
> nous sommes mûrs et responsables

For help with writing un email, **see pages 348–49.**

6.3 Texte à trous : Combattre le stress !

Leigh a dit que le système scolaire en France crée beaucoup de stress. Mais que faire contre le stress ?

Complétez l'article ci-dessous en écrivant les mots suivants dans les espaces appropriés.

devoir	*est*	*musique*	**votre**
stressés	**enfants**	les	choisissez
	des	son	

On dit que 52 pour cent des parents sont stressés par la réussite de leurs (1) _____ quel que soit leur âge. D'après le même sondage, 31 pour cent des enfants sont eux-mêmes (2) _____. Mais que faire pour régler ce stress ? D'après le sociologue Docteur Jean Dumont, il faut premièrement alléger (3) _____ sac. Le sac moyen d'un lycéen pèse 8 kilogrammes. C'est trop ! Tous les soirs, (4) _____ les affaires dont vous aurez besoin le lendemain. Utilisez votre agenda. C'(5) _____ la clef de votre organisation. Rangez votre bureau ou (6) _____ chambre. Accrochez votre calendrier au mur et notez (7) _____ dates des rédactions, (8) _____ exposés, etc. Profitez des cours. Adoptez une attitude attentive et n'hésitez pas à poser des questions. Quant aux devoirs, ne travaillez jamais à moitié en faisant le (9) _____ devant la télé. Il vaut mieux se promettre une récompense (comme une demi-heure de (10) _____) après un bon effort.

ÉTUDIANT LISEZ ÉCOUTEZ

6.4 Ryan passe son oral

A Ryan répond à quelques questions sur son école.
Lisez puis écoutez.

1 Vous aimez l'école ?

J'aime l'école parce que j'aime apprendre de nouvelles choses et chaque jour est différent. L'école, ça me motive parce que j'ai l'esprit de compétition, j'aime être le meilleur. Je suis content de retrouver mes copains et j'aime beaucoup l'ambiance. La vie à l'école est un peu comme la vie à l'extérieur avec ses joies et ses peines.

2 Décrivez votre école.

Mon école est grande et moderne. Il y a une bibliothèque, une cafétéria, une salle multimédia et plusieurs laboratoires pour les cours de sciences. Il y a aussi deux salles d'informatique et un foyer pour les élèves. Il y a aussi un grand gymnase et une piscine juste à côté du lycée.

6 Vous détestez les devoirs ?

À vrai dire, ils m'aident à avoir de bonnes notes. Mais certains soirs, je suis fatigué et j'aimerais bien ne rien avoir à faire.

3 C'est une école mixte ?

Oui, je pense que c'est bien car je trouve ça plus naturel et bien mieux pour tout le monde. Ça équilibre les relations entre les filles et les garçons. À mon avis, il faut lutter contre les stéréotypes et la mixité est un bon moyen de le faire.

5 Quelle est votre matière préférée à l'école ?

J'aime presque toutes les matières sauf l'éducation physique au gymnase. Mes matières préférées sont les matières scientifiques, la physique, la chimie et aussi les langues. Je voudrais être pilote d'avion plus tard, donc, toutes ces matières sont importantes pour moi. L'ambiance est plutôt studieuse dans l'école et tout le monde est obligé de faire au minimum deux heures de devoirs chaque soir.

4 En quoi les filles et les garçons sont-ils différents à l'école ?

Je crois que les filles sont plus mûres et elles obtiennent de meilleurs résultats scolaires mais je n'imagine pas mon école sans garçons. Nous, on aime plaisanter : notre sens de l'humour et notre énergie mettent de l'ambiance !

▶ Animation

B À deux, posez-vous les questions suivantes à tour de rôle, puis écrivez les réponses.

1 Vous aimez l'école? *J'aime ... / Je n'aime pas ...*

2 Décrivez votre école. *Mon école est ...*

3 C'est une école mixte ? *C'est une école de garçons / de filles ...*

4 En quoi les filles et les garçons sont-ils différents à l'école ? *Je crois que ...*

5 Citez toutes les matières que vous étudiez pour le Leaving Cert. *J'étudie ...*

6 Quelle est votre matière préférée à l'école ? *Ma matière préférée ...*

7 Y a-t-il une matière que vous n'aimez pas ? *Je n'aime pas ...*

8 Pourquoi ? *Parce que ...*

9 Vous détestez les devoirs ? *Je pense que ...*

10 Aimez-vous votre emploi du temps ? *J'aime / Je n'aime pas mon emploi de temps ...*

> **You are encouraged to give full answers in the oral exam. An easy way to do this is to think in terms of lists:**
>
> **Exemples :   Dans mon école, il y a ... (1), (2), (3) et (4).**
> **Mes matières préférées sont ... (a), (b) et (c).**

6.5 Vocabulaire : Au lycée

A Learn the following school-related vocabulary in French. You should already know most of these words!

Les matières

l'allemand (*m.*)
l'anglais (*m.*)
les arts plastiques (*art*)   le français
la biologie   la géographie
le business   l'ingénierie (*f.*)
la chimie   les maths (*f. pl.*)
l'économie (*f.*)   la musique
l'éducation (*f.*) physique et sportive (EPS) la philosophie
l'éducation (*f.*) religieuse   la physique

 6.2 Reliez : Les autres matières scolaires

les arts (*m. pl.*) ménagers	*home economics*
la comptabilité	*accountancy*
le dessin	*design*
la gestion	*management*
l'histoire (*f.*)	*history*
l'informatique (*f.*)	*computer studies*
les lettres (*f. pl.*)	*literature*
la technologie	*technology*

une bibliothèque	*a library*
une cafétéria	*a cantine*
un bureau du proviseur	*a principal's office*
un casier	*a locker*
un gymnase	*a gym*
une salle de classe	*a classroom*
une salle de conférence	*a hall*
un terrain	*a sport's pitch*

un/une conseiller(-ère) d'orientation	*a career guidance teacher*
un/une examinateur(-trice)	*an examiner*
un/une professeur principal(e)	*a year head*
un/une proviseur(e)	*a principal*
un/une proviseur(e)-adjoint(e)	*a deputy principal*
un/une secrétaire	*a secretary*
un/une surveillant(e)	*a supervisor*

 6.3 Quiz: Testez vos connaisssances !

B **Cherchez l'intrus : trouvez le mot qui n'appartient pas à la série. Expliquez votre choix en français.**

Exemple : 1 = les arts ménagers – ce n'est pas une matière obligatoire en Irlande.

1 l'anglais, les maths, les arts ménagers, l'irlandais
2 janvier, mars, mercredi, août
3 le stylo, le cahier, la porte, le taille-crayon
4 le français, l'allemand, la physique, l'espagnol
5 la chimie, la biologie, la comptabilité, la physique
6 le bac, le brevet, les examens blancs, le contrôle continu
7 l'école, la terminale, la première, la seconde
8 le lycée, le collège, le collage, l'école maternelle
9 le directrice, le prof principal, le pion, le gymnase
10 la cantine, le CDI, le gymnase, le car scolaire

C Copiez votre emploi du temps en français.

Pour vous aider

la pause
la récréation (*break*)
l'heure (*f.*) du déjeuner

Le saviez-vous ?

Le calendrier des vacances scolaires en France diffère selon les zones. Il y a trois zones : zone A, zone B et zone C. En Corse, comme dans les départements d'outre-mer (DOM), les dates sont décidées indépendamment.

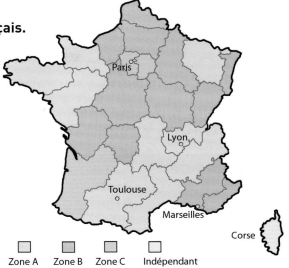

Zone A   Zone B   Zone C   Indépendant

6.5 L'uniforme scolaire

A Leigh a dit qu'elle aimait le fait qu'il n'y avait pas d'uniforme en France. En groupe ou à deux, regardez les idées ci-dessous et groupez-les selon qu'elles expriment une opinion pour ou contre l'uniforme. Dites vos propres opinions.

1 C'est un moyen de sortir du culte des marques.

2 Les uniformes peuvent être glamour.

3 Je préfère la liberté de choisir ce que je veux porter.

4 On a l'impression d'être en prison.

5 Porter ses propres vêtements, ça permet d'affirmer son style personnel.

6 Ça masque les inégalités sociales.

7 J'aime la couleur de l'uniforme.

8 En portant tous la même chose, on évite la jalousie.

9 L'uniforme encourage le travail scolaire.

10 L'uniforme indique à quelle école on va et je suis très fier/fière de mon lycée.

B « Je suis contre l'uniforme. Je ne veux pas ressembler à tout le monde. Je suis très attachée à mon style. En terminale, on devrait avoir le droit de porter ses propres vêtements. » *Lexie, 17 ans*

Donnez votre réaction.   *(75 mots)*

6.6 Les adverbes
Formation

- An adverb is a word that tells you more about a verb – how an action is carried out.

- In English, most adverbs end in *-ly* (words like quick*ly* and slow*ly*).
  In French, adverbs are usually formed by adding -ment to the **feminine** form of the adjective.

Masculine adj.	Feminine adj.	Adverb	English
doux	douce	doucement	*gently*
facile	facile	facilement	*easily*
heureux	heureuse	heureusement	*happily*

- There are some exceptions to this rule, however:

  - If the masculine form of the adjective ends in a vowel, just add -ment.

Masculine adj.	Adverb	English
absolu	absolument	*absolutely*
poli	poliment	*politely*
vrai	vraiment	*really, truly*

  - If the adjective ends in -ant, change the ending to -amment. If the adjective ends in -ent, change the ending to -emment.

Masculine adj.	Adverb	English
constant	constamment	*constantly*
récent	récemment	*recently*

  - The following adjectives take an é before the ending:

Masculine adj.	Adverb	English
aveugle	aveuglément	*blindly*
énorme	énormément	*enormously*
exprès	expressément	*on purpose*
profond	profondément	*deeply*

  - There are some irregular adverbs. You will need to learn these by heart.

Masculine adj.	Adverb	English
bon	bien	*good/well*
bref	brièvement	*briefly*
gentil	gentiment	*nicely*
mauvais	mal	*badly*
meilleur	mieux	*better/best*

- Other important adverbs are not formed from adjectives:

d'abord	*at first*	pourtant	*however*
ailleurs	*elsewhere*	quelquefois	*sometimes*
cependant	*however*	sinon	*otherwise*
davantage	*more*	soudain	*suddenly*
déjà	*already*	souvent	*often*
ensuite	*then*	toujours	*always*
néanmoins	*nevertheless*	vite	*quickly*

> ✳ These adverbs are important and should be learned off by heart. They are particularly useful when you are giving your opinion.

Position of adverbs

▪ Adverbs normally **follow** the verb.

Exemple : Il parle bien. *He speaks well.*

▪ However, in compound tenses like le passé composé, the adverb often comes **between** the **auxiliary verb** and the **past participle**.

Exemple : Il a bien parlé. *He spoke well.*

A Formez un adverbe à partir de chacun des adjectifs suivants.

1 clair
2 heureux
3 premier
4 régulier
5 difficile
6 patient
7 précis
8 uniforme
9 sûr
10 mauvais

B Traduisez en français.

1 Unfortunately, my brother is sick.
2 However, they always arrive early.
3 Sometimes, the students answer politely and correctly.
4 Often, the homework is well done.
5 Nevertheless, the teacher writes a note in the student's journal.

6.7 Le buzz sur les stars à l'école

Aujourd'hui, nous parlons de nos stars préférées quand elles étaient ados. Écoutez notre interview avec Ben Guilhem, journaliste au magazine *Star Gossip* et répondez aux questions.

Matt Pokora

1 Did Matt get on well with his studies?
2 What was he particularly good at?

Emma Watson
3 What was Emma's learning difficulty?
4 How did she make up for the time spent on the Harry Potter films?

Grégoire

5 What colour did Grégoire wear in school?
6 How did Grégoire help out his friend?

6.8 Le règlement dans mon école

A Grace asks her penfriend Jean, who is a student in the Lycée Raspail in the Vaucluse area, to explain the disciplinary system in his school.

Chère Grace,

Tu m'as demandé de décrire le règlement dans mon lycée. Il est assez strict. Si on parle en classe et si on ne fait pas les devoirs, le professeur écrit un mot dans le carnet de correspondance de l'élève ou bien on lui donne des devoirs supplémentaires. Si on arrive en retard à l'école, on est obligé de rester en colle après les cours. Les élèves qui fument dans les toilettes doivent payer une amende ou ils sont renvoyés à la maison.

Il y a aussi un système de points, inspiré du permis de conduire. Une faute de l'élève entraîne immédiatement un retrait de points sur sa carte (qui comprend 36 points au début de l'année). Par exemple, mâcher du chewing-gum en classe, c'est un point en moins, tandis qu'un acte de violence envers un autre élève vaut quatre points. Après quatre semaines de bonne conduite, on peut récupérer ses points perdus. Quand un élève a épuisé son capital de points, il passe en commission de discipline en vue d'une exclusion possible.

L'ambiance dans l'école est très bonne et tout le monde se respecte. Écris-moi, Grace, et explique-moi le système de discipline dans ton école.

Amicalement,

Jean

Lexique	
un carnet de correspondance	a school notebook (for results, notes, etc.)
les devoirs (m. pl.) supplémentaires	extra homework
la colle	detention
payer une amende	to pay a fine
un retrait de points	a withdrawal of points
une bonne conduite	good behaviour
récupérer	to win back
une commission de discipline	a discipline committee
l'exclusion (f.)	suspension

B À deux, expliquez comment sont punis les comportements suivants dans votre école :

- on fait l'idiot en classe
- on dérange la classe
- on manque un cours
- on oublie son devoir
- on fume
- on mange en classe
- on ne travaille pas assez
- on jette un papier par terre
- on rate un examen.

C Répondez à la lettre de Jean : décrivez le règlement ainsi que les punitions dans votre lycée. *(75 mots)*

For help writing une lettre informelle, see pages 348–49.

6.9 Le coin des experts

A Vous avez des problèmes en relation avec l'école ?
Nos experts vous répondent.

Écoutez les problèmes et remplissez la grille.

VOUS AVEZ
UN PROBLÈME ?

NOUS SOMMES
LÀ POUR VOUS
AIDER !

Person	Problem	Advice offered
Guillaume		
Sophie		
Louis		

B Parfois, nos experts reçoivent des lettres de jeunes qui parlent de leurs problèmes. Regardez les extraits de ces lettres et à deux ou en groupes, discutez pour trouver des solutions .

Problème 1
J'ai toujours de mauvaises notes. Même quand je bosse, mes notes sont mauvaises. **Adèle, 17 ans**

Problème 2
Comment bien dormir avant un examen important ?
Annie, 18 ans

Problème 3
Les profs m'ont dit que je dois redoubler. Je ne veux pas me retrouver dans une nouvelle classe, sans mes amis.
Quentin, 17 ans

C Choisissez un problème et écrivez une réponse.   *(75 mots)*

Pour vous aider

Ca sera difficile de repartir à zéro !
Je ne veux pas perdre une année.
Mes amis vont me manquer.
J'ai honte d'être le plus vieux / la plus vieille de la classe.

D Journal intime : En France, un élève sur trois doit redoubler une année. Imaginez : vous avez eu de mauvais résultats. Vos parents et vos profs vous disent que vous devez redoubler. Qu'est-ce que vous notez dans votre journal intime ?

For help writing un journal intime, see pages 341–42.

6.10 Les noms au pluriel

- For making nouns **plural** (more than one), you generally add an -s to the singular, as in English.

l'école	→	les écoles
le règlement	→	les règlements

Les règles me font peur !

- There are some exceptions to this rule:
  - Nouns ending in -s, -x or -z do not change.

le fils	→	les fils
le houx	→	les houx
la voix	→	les voix
le nez	→	les nez

- Nouns ending in -eu and -eau add an -x to form the plural.

le jeu	→	les jeux
le cadeau	→	les cadeaux

- Most nouns ending in -al change to -aux.

le journal	→	les journaux
un mal	→	des maux

- Most nouns ending in -ou follow the normal rule and take -s. However, the following words take -x.

le bijou (*jewel*)	→	les bijoux
le caillou (*pebble*)	→	les cailloux
le chou (*cabbage*)	→	les choux
le genou (*knee*)	→	les genoux
le hibou (*owl*)	→	les hiboux
le joujou (*toy*)	→	les joujoux
le pou (*louse*)	→	les poux

Ils ont les genoux noueux !

■ Here are some **irregular** plurals.

l'œil (*the eye*) → les yeux

le travail → les travaux

✳ **Note the following:**
monsieur → **messieurs**
madame → **mesdames**
mademoiselle → **mesdemoiselles**

✳ **You do not put an -s on a family name:**
Exemples : **les Fabien**
les Murphy

Mesdames ...

A **Écrivez la forme correcte des mots entre parenthèses.**

1 Il y avait beaucoup de (hibou) _____ dans les (bâtiment) _____.

2 Les (Martin) _____ étaient choqués de trouver des (pou) _____ sur leur chien.

3 Les (pion) _____ surveillent les (classe) _____.

4 Les (rideau) _____ sont bleus et les (chaise) _____ blanches.

5 Marc lit les (résultat) _____ de ses (examen) _____.

6 Après les (match) _____ les (genou) _____ de Marc sont toujours blessés.

7 Ses (cadeau) _____ préférés sont les (jeu) _____ vidéo.

8 Les (étudiant) _____ travaillent dur pour les (contrôle) _____.

9 Les (Robin) _____ visitent les (château) _____.

10 Elle a les (œil) _____ verts et les (cheveu) _____ blonds.

11 Avant de m'offrir le cadeau, il m'a demandé de fermer les (œil) _____.

12 Attention, (travail) _____ en cours !

B **Traduisez les phrases suivantes en français.**

1 Goodnight, ladies and gentlemen.

2 The horses are brown.

3 The jewels and stones are amazing.

4 Thomas and Eric are her sons.

5 We have two pets.

6 Marie and Zoë are her daughters.

7 Roger reads the newspapers.

8 The teachers are kind but strict.

9 The students study seven subjects.

10 Conscientious pupils work hard.

6.11 *Qui es-tu, papa ?* de Allan Stratton*

Traduit de Sidonie Van den Dries

A **Lisez l'extrait suivant et répondez aux questions qui suivent.**

Sami Mohammed Sabiri is a 16-year-old American boy. His father has fled from Iran and is the director of a biological research laboratory. Sami has been brought up according to strict Muslim principles. In this passage Eddy and his gang are bullying Sami. Andy is Sami's friend.

1 Je survis aux cours du matin. Mais à peine entré à la cafétéria, je flaire les embrouilles. Eddy et sa bande, installés à leur table, me fixent avec insistance. Pour une fois, je suis content que maman m'ait préparé un repas halal ; pas besoin de faire la queue au self, où je serai une cible vivante.

Je me dirige vers le coin reculé qu'affectionne notre bande de losers du midi. En général, les mecs mangent à toute vitesse, puis filent se réfugier à la bibliothèque avant que les sacs en papier ne se mettent à voler. Aujourd'hui, ils sont tous absents. Il n'y a que Mitchell, le nez dans son livre, qui fait semblant de ne pas me voir.

2 En arrivant à ma place, je comprends pourquoi. Un message est gravé dans le bois de la table :

SABIRI = ABRUTI

Les mots sont soulignés au marqueur. Pas moyen de les effacer. Ils seront là éternellement. J'ai envie de vomir. J'ai toujours su qu'on ne m'aimait pas, mais soudain ça devient concret. [...]

3 Quand la cloche sonne, je traverse la cafétéria comme une fusée et fonce en cours de sciences, avant qu'Eddy puisse m'attraper. Je n'entends pas un mot du cours de M. Bernstein. [...]

Soudain, je ne me sens pas bien du tout. Je lève une main.

–Je peux aller aux toilettes ?

M. Bernstein hoche la tête. Alors que je me dirige vers la porte, Eddy demande à sortir aussi.

–Sûrement pas, dit sèchement M. Bernstein.

Je longe le couloir du premier étage pour rejoindre mon refuge secret : un cagibi sous l'escalier, au rez-de-chaussée. [...]

4 Je sors mon portable de ma poche et j'envoie un texto à Andy : *AAAH !*

Pas de réponse. Pourtant, quand il est en cours, Andy laisse son portable sur vibreur. Il doit être en plein devoir, ou un truc du genre.

Tant pis. Je profite de la paix et du silence. Ici, il n'y a personne pour me guetter. [...]

5 La cloche me réveille. Un brouhaha emplit les couloirs. Je m'extirpe de mon cagibi et fonce au premier étage. L'objectif est de rejoindre la salle de M. Bernstein avant qu'il n'enferme mes affaires à l'intérieur.

Je croise Mitchell, qui me lance :

–Eddy te cherche.

–Où ça ?

–Aucune idée.

Ok, ce n'est pas le moment de traîner. J'entre en coup de vent dans la salle d'histoire. M. Bernstein est devant le meuble de classement. Je vais récupérer mes affaires à pas de loup. J'espère qu'il va me

laisser filer, mais c'est raté.

–Sami, dit-il sans me regarder […] Si jamais tu as besoin de parler, je suis là. Tu le sais, n'est-ce pas ?

Je hoche la tête.

Lexique

flairer les embrouilles	*to sense something is going on*
une cible vivante	*a living target*
un coin reculé	*tucked-away area in a corner*
abruti(e)	*crushed or put down*
puisse	*subjunctive form of* pouvoir*
un cagibi	*a cubby-hole*
guetter	*to keep watch on*
s'extirper	*to extract oneself from*
traîner	*to dawdle*

1 Relevez les mots qui révèlent que Sami avait le pressentiment qu'il allait se faire agressé à la cantine. (*Section 1*)

* **To find out about the subjunctive, go to *Panache en ligne*.**

2 Aujourd'hui, Sami est content de manger ce que sa mère lui a préparé. Pourquoi ?

   a Il n'aime pas la cuisine à la cantine.

   b Il pouvait donc éviter d'être harcelé.

   c Il avait plus de temps pour jouer pendant la récré.

   d Il adore la nourriture que sa mère prépare. (*Section 1*)

3 Relevez l'adverbe qui veut dire « sans limite de temps ». (*Section 2*)

4 Cherchez la phrase qui indique que Sami avait des problèmes de concentration dans la classe de M. Bernstein. (*Section 3*)

5 Quel signe M. Bernstein a-t-il donné pour indiquer qu'il autorise Sami à aller aux WC ? (*Section 3*)

6 Comment Sami a-t-il essayé de contacter Andy ? (*Section 4*)

7 Relevez l'exemple d'un nom au pluriel dans la cinquième section.

8 Que dit M. Bernstein qui indique qu'il est prêt à aider Sami ? (*Section 5*)

9 Eddy and his gang seem to be out to get Sami. Discuss this with reference to the text. (*2 points, around 50 words*)

B « **Je crois que mon petit frère est harcelé. De retour de l'école, il pleure souvent et il entre dans de grandes colères.** » *Justin, 19 ans*

Donnez votre réaction au problème de Justin.   (75 mots)

6.12 C'est drôle !

Écoutez ces histoires drôles sur l'école et répondez aux questions suivantes.

No mistakes

1 What does the HAPIfork do?
2 What does the Lernshift help you to do?
3 Explain its different vibrating functions.

Fines for late parents!

4 Explain the system by which parents can be fined.
5 Explain how the amount of the fine is decided upon.

Hyperpolyglot

6 What exactly is a 'hyperpolyglot'?
7 Name some of the languages that Timothy knows.

The fake kidnapping!

8 What nationality was the boy who faked his own kidnapping?
9 What was the boy trying to avoid?

The oldest person sitting the bac!

10 What age is Marcel Masegosa?
11 Who is he in competition with?

Pupils are on the ball!

12 How much are the fees for this school?
13 Why are the students opting to sit on the Pilates balls?

- **Civilisation :** French people's attitude to pets and what they spend on them
- **Expression libre :** Young people talk about their pets.
- Animal care, dogs working with special needs people, dog walking and cat bars
- **Le coin des experts :** Pet advice sought and given
- **Extrait de roman :** *Marley et moi* by John Grogan: John and Jenny go to choose their new puppy.
- The 'First Dogs' of the White House
- **C'est drôle !** Zany stories including the man who attacked a shark and the zoo where people are not allowed to wear animal prints.
- Three women who have devoted their lives to animals: Brigitte Bardot, Jane Goodall and Natacha Harry

Grammaire
- L'infinitif

Vocabulaire
- Animals and categories of animals
- French 'animal' expressions

Oral
- Emma shows the examiner a photograph of her dog and uses it to talk about her passion for animal rights.

Zoom examen
- Writing a diary entry about your reaction to your dog's passing
- Texte à trous : Advice offered after a pet has died

En ligne
- Texte à trous : Le chien du Saint-Bernard
- Reliez : Encore des expressions animalières

7.1 Les Français et les animaux : Une histoire d'amour

Les animaux préférés des Français

La France se trouve en tête des pays européens pour la possession d'animaux de compagnie. Plus d'un foyer sur deux en possède un. Selon un sondage de Santé Vet, qui se spécialise dans l'assurance – santé pour animaux, les Français sont de plus en plus attachés à leurs animaux de compagnie.

On compte 65 millions d' « amis » dans les foyers français. Les poissons sont les plus populaires avec 35 millions. La population de chats (10,7 millions) arrive en seconde position et est en pleine croissance. Le chat est l'animal préféré des enfants tandis que leurs parents préfèrent les chiens. Il y a un lapin, un hamster ou un cochon d'Inde dans 6 pour cent des foyers.

Le chien : l'animal préféré des adultes en France

Plus d'un foyer sur quatre (26%) possède un chien. La plupart des gens préfèrent les chiens bâtards aux chiens de race. Huit foyers sur dix possède un seul chien, mais on constate une augmentation des multi-possesseurs. En France, les chiens sont acceptés dans la majorité des restaurants, dans certains magasins et souvent on peut amener son toutou adoré au travail avec soi !

Avoir un animal, ça coûte cher !

Sur un budget annuel global de 4,5 milliards d'euros consacrés aux animaux, plus de la moitié est dépensée en nourriture. Les soins d'hygiène et de santé représentent 11 pour cent du budget. On peut aussi payer pour des services comme le traditionnel toilettage, des massages ou une garderie. Il existe même des sites de rencontres pour chiens, des visites chez le psy, des vitamines et même des tenues d'hiver !

Les animaux font du bien au moral

Avoir un animal, c'est bon pour le cœur. Une étude récente en confirme effectivement les bienfaits sur la santé : posséder un animal réduit le risque de maladies cardiaques et augmente même l'espérance de vie de leur maître. Bien sûr, les animaux introduisent une ambiance plus zen à la maison mais leurs maîtres sont surtout plus enclins à faire une activité physique, grâce aux balades quotidiennes avec leur toutou.

Lexique			
un foyer	a household	un toutou	a pooch
être en pleine croissance	to be on the increase	un salon de toilettage	a grooming parlour
un chien bâtard	a mongrel	l'espérance de vie	life expectancy
une augmentation	an increase	une balade quotidienne	a daily walk

A **Now check that you have understood the text by marking the following as true or false. Correct any untrue statements.**

	True	False

1 France is average in Europe for pet ownership.
2 Santé Vet is a group of French vets.
3 Sixty-five million households in France have a pet fish.
4 Cats are the most popular animals in France.
5 Eight out of ten dog owners have more than one dog.

Complete the following statements.

6 In France, dogs are welcome in …
7 Half of the entire annual animal budget per household goes on …
8 Other animal services available are …
9 Having an animal is good for your health because …
10 The atmosphere in a house with an animal is …

7.2 Expression libre : Les animaux

Jérôme a fait un sondage sur les animaux domestiques dans sa classe. Listen to the profiles he recorded and answer the following questions.

ÉTUDIANT ÉCOUTEZ

Paul
1 Where in France does Paul come from?
2 What are the names of his tortoises?
3 What do they like to eat?

Camille
4 What traits does Camille like in animals?
5 Name **one** thing that you know about her parrot.

Aurélie
6 What **three** types of animal does Aurélie have?
7 What is better about where she now lives?

Antoine
8 After whom is Antoine's pet monkey named?
9 Name **one** of the monkey's traits.
10 Explain what an NAC is.

7.3 Vocabulaire : Les animaux

A On a classé les animaux dans des catégories différentes. Apprenez les noms d'animaux que vous ne connaissez pas.

Les animaux (*m. pl.*) domestiques

un chat	*a cat*
un chaton	*a kitten*
un chien	*a dog*
un chiot	*a puppy*
un hamster	*a hamster*
un lapin	*a rabbit*
un poisson rouge	*a goldfish*
une souris	*a mouse*
une tortue	*a tortoise*

Les animaux sauvages

un éléphant	*an elephant*
une girafe	*a giraffe*
un loup	*a wolf*
un ours	*a bear*
un renard	*a fox*
un sanglier	*a boar*
un singe	*a monkey*
un tigre	*a tiger*

Les reptiles

un alligator	*an alligator*
un crocodile	*a crocodile*
un lézard	*a lizard*
un serpent	*a snake*

Les animaux de la ferme

un âne	*a donkey*
un canard	*a duck*
un cheval	*a horse*
une chèvre	*a goat*
un cochon	*a pig*
un mouton	*a sheep*
une poule	*a hen*
un poussin	*a chicken*
une vache	*a cow*
un veau	*a calf*

Les oiseaux

un aigle	*an eagle*
un canari	*a canary*
un cygne	*a swan*
un dindon	*a turkey*
un hibou	*an owl*
une mouette	*a seagull*
une oie	*a goose*
un perroquet	*a parrot*
un pigeon	*a pigeon*
un pingouin	*a penguin*

Les insectes

une abeille	*a bee*
une coccinelle	*a ladybird*
une fourmi	*an ant*
une guêpe	*a wasp*
une mouche	*a fly*
un moustique	*a mosquito*

Les poissons et animaux aquatiques

une baleine	*a whale*
un dauphin	*a dolphin*
un saumon	*a salmon*
un phoque	*a seal*
un requin	*a shark*
une truite	*a trout*

Les amphibiens

un crapaud	*a toad*
une grenouille	*a frog*
une salamandre	*a salamandre*

ÉCRIVEZ

B Donnez deux exemples pour chacune des catégories proposées ci-dessous :

1 les mammifères
2 les animaux à quatre pattes
3 les animaux à deux pattes
4 les canins
5 les félins
6 les carnivores
7 les herbivores
8 les reptiles
9 les animaux aquatiques
10 les animaux de cirque

DÉFI

C « Les animaux sont importants dans ma vie et dans la vie des Irlandais. » *Nessa, 16 ans*

Donnez vos réactions à l'opinion de Nessa.

(75 mots)

For help giving your opinion, see pages 341–42.

ÉCRIVEZ

7.4 Écrire une lettre formelle

Look at this leaflet on a safari village in France. Your friend and you would like to go there. Write a letter to the company, Safari Africain, asking for a brochure and information.

Pour vous aider

Je voudrais visiter ...
Pourriez-vous m'envoyer des brochures ?
Je voudrais des renseignements sur ...

For help with writing une lettre formelle, see pages 345–47.

SAFARI AFRICAIN
Venez découvrir la nature à l'état pur ...
des animaux sauvages autour de vous ...

Pour plus de renseignements, écrivez-nous :
Safari Africain
26950 Saint-du-Domaine
FRANCE

ÉTUDIANT LISEZ ÉCOUTEZ

7.5 Emma passe son oral

A Emma parle de sa passion pour les animaux. Lisez puis écoutez.

1 Je vois que vous avez apporté un document sur les animaux, Emma. Vous aimez les animaux ?

Oui, je les adore, surtout les chiens. Ce sont les meilleurs amis de l'homme. Mon chien s'appelle Hank. Il est doux, gentil et intelligent. Je le promène deux fois par jour et j'aime lui donner à manger, jouer avec lui et le caresser.

2 Tout le monde aime les animaux chez vous ?

Ma grand-mère déteste les animaux mais elle n'habite pas chez nous. Mon père est à la retraite et il s'occupe de l'entraînement des chiens d'assistance. Ce sont des chiens qui aident les personnes handicapées. Un chien d'assistance peut permettre à une personne handicapée d'être plus autonome.

7 Qu'est-ce que c'est, un bar à chats ?

C'est la nouvelle tendance en Europe et au Japon. On prend un café tout en grignotant quelques friandises en étant entouré par des chats. Ces chats sont considérés comme des objets de thérapie. Je trouve ça vraiment bizarre. Les animaux ne sont pas des joujoux et la majorité des chats sont enfermés toute la journée dans ce café.

3 Ces chiens sont-ils très intelligents ?

Absolument ! Ces chiens peuvent apprendre une cinquantaine de commandes et cela change la vie d'une personne handicapée. Le chien sait ouvrir et fermer une porte ou rester sans bouger jusqu'à ce qu'on lui commande de se lever. En plus, de tous ces services, le chien d'assistance est un compagnon précieux et fidèle pour la personne handicapée avec laquelle il partage la vie de tous les jours.

6 Que pensez-vous des animaux qui sont maltraités ?

Ça me dégoûte ! On dit qu'en France 274 animaux sont abandonnés chaque jour et je suis complètement contre ce qu'on appelle « les bars à chats ».

5 Vous avez mentionné que vous aviez travaillé avec les animaux ?

J'ai fait du « pet sitting ». Le principe, c'est simple : c'est du baby-sitting pour les animaux. Mon travail consistait en général à sortir les chiens de personnes âgées.

4 C'est incroyable, ça, Emma ! Dites-moi que donnez-vous à manger à Hank ?

Je lui donne des croquettes et de la viande. Il adore le poisson et les sardines aussi et de temps en temps, je lui donne de gros os car c'est bon pour ses dents.

▶ Animation

B Et vous ? À deux, posez-vous les questions suivantes à tour de rôle, puis écrivez vos réponses.

1 Vous aimez les animaux ? *J'aime / je n'aime pas ...*

2 Quel est votre animal préféré ? *Mon animal préféré, c'est ...*

3 Tout le monde aime les animaux chez vous ? *Mon/Ma ...*

4 Avez-vous un animal domestique à la maison ? *J'ai / Je n'ai pas ...*

5 Comment s'appelle-t-il/elle ? *Il s'appelle Mortimer / Elle s'appelle Bella ...*

6 Quel âge a-t-il/elle ? *Il a / elle a ...*

7 Avez-vous déjà travaillé avec des animaux ? *Oui, je ... / Non, je n'ai pas ...*

8 Qu'est-ce que vous donnez à manger à votre animal ? *Je lui donne des croquettes (dried food/nuts) et ...*

9 Allez-vous souvent au zoo ? *Je vais au zoo ... / Je ne vais pas au zoo ...*

 7.1 Texte à trous : Le chien du Saint-Bernard

7.6 Votre animal domestique

ÉCRIVEZ

A Décrivez votre animal domestique ou l'animal de votre cousin, votre voisin, votre ami(e) ... (50 mots)

Pour vous aider

Je n'ai pas d'animal, mais ma meilleure amie a ...
Mon chat est mignon (cute).
Mon chien est beige. C'est un ...

DÉFI

B Selon vous, les bars à chats sont-ils une bonne idée pour profiter de ces félins ou bien une façon d'exploiter des animaux qui seront peut-être dérangés toute la journée ? (75 mots)

Le saviez-vous ?

Le premier bar à chats a été ouvert à Taïwan en 1998 et est devenu surtout populaire auprès des touristes japonais. Ensuite les bars à chats – ou *neko cafés* – sont devenus très populaires au Japon où il existe maintenant au moins cent cafés différents !

7.7 Marley et moi de John Grogan*

Lisez cet extrait de *Marley et moi* et répondez aux questions qui suivent.

*Traduit par Carole Delporte

In this passage John and Jenny go to choose their puppy, later called Marley, at the breeder's house.

1 Sur le pas de la porte, une femme entre deux âges répondant au nom de Lori nous accueillit, un gros labrador placide à ses pieds.

–Voici Lily, l'heureuse mère, dit Lori après s'être présentée. [...]

Elle présentait le labrador idéal : doux, affectueux, calme et incroyablement beau.

–Où est le père ? demandai-je.

–Oh ! fit la femme, hésitant juste une fraction de seconde. Sammy Boy ? Il est quelque part dans les parages. J'imagine que vous mourez d'envie de voir les chiots ?

Elle nous fit traverser la cuisine pour nous emmener dans un débarras qui avait été transformé en nursery. Des journaux recouvraient le sol et, dans un coin de la pièce, une boîte en carton était posée sur les vieilles serviettes de plage. [...]

Jenny était conquise.

–Oh mon dieu, s'exclama-t-elle. Je crois que je n'ai jamais vu une chose aussi adorable de toute ma vie.

2 Nous nous sommes assis sur le sol et nous avons laissé les chiots escalader nos genoux, pendant que Lily bondissait joyeusement à nos côtés. La queue frétillante, elle poussait gentiment sa progéniture du museau pour vérifier que tout se passait bien. Jenny et moi nous étions d'accord pour venir voir les chiots, poser quelques questions et prendre ensuite le temps de la réflexion avant de décider si nous allions ou non en ramener un à la maison. [...]

3 La portée était composée de cinq femelles – dont quatre étaient déjà réservées – et de quatre mâles. Lori demandait quatre cents dollars pour la dernière femelle et trois cent soixante-quinze dollars pour les mâles. L'un d'entre eux semblait particulièrement épris de nous. C'était le plus intrépide. Il sautait sur nos genoux, faisait des cabrioles et se démenait pour nous lécher le visage. Il mâchouillait nos doigts avec des petites dents étonnamment pointues et décrivait des cercles autour de nous d'une démarche pataude, due à ses énormes pattes disproportionnées.

–Celui-là, vous pouvez l'avoir pour trois cent cinquante, dit le propriétaire.

Jenny était une chineuse enragée, qui avait l'habitude de rapporter à la maison des tas de choses inutiles, simplement parce qu'elle n'avait pu résister à leur prix attractif. « Je sais que tu ne joues pas au golf, m'avait-elle dit un jour où elle avait extrait du coffre de la voiture un set de clubs usés. Mais tu ne devineras jamais à quel prix je les ai eus ».

Là, je voyais ses yeux briller de convoitise.

–Hé ! chéri, roucoula-t-elle, ce petit bonhomme est une affaire.

4 Je devais bien admettre qu'il était drôlement mignon. Et fringant, aussi. Avant que je puisse comprendre ce qu'il était en train de faire, le petit chenapan avait déjà grignoté une partie de mon bracelet-montre. [...]

–Je crois que c'est le destin, dit Jenny.

–Tu crois ? demandai-je en le soulevant d'une main à la hauteur de mon visage pour étudier sa petite bouille.

Il me regarda de ses yeux bruns attendrissants et se mit à me mordiller le nez. Je le confiai à Jenny et il recommença son manège.

–Apparemment, il nous aime bien, déclarai-je.

Lexique

les parages (*m. pl.*)	*vicinity*
un débarras	*a storage room*
frétillant(e)	*wagging*
un museau	*a snout*
une portée	*a litter*
faire des cabrioles	*to caper around*
lécher	*to lick*
d'une démarche pataude	*with an awkward gait*
une chineuse enragée	*a fanatical bargain hunter*
la convoitise	*desire*
fringant(e)	*handsome, dashing*
avant que je puisse (*subj.*)	*before I could*
un chenapan	*a rascal*

Puisse is a subjunctive form of the verb pouvoir. To find out about the subjunctive, see *Panache en ligne*.

1 Relevez l'expression utilisée qui indique que Lori n'était ni jeune ni âgée. (*Section 1*)

2 Lori ...

   a a présenté Lily et Sammy Boy à John et Jenny.

   b ne voulait pas parler de Sammy Boy.

   c était très fière de Sammy Boy.

   d n'était pas fière de Lily. (*Section 1*)

3 Comment le sol de la nursery était-il protégé ? (*Section 1*)

4 Citez le mot qui veut dire « enfants ».

5 Combien de chiots est-ce qu'il y avait dans la portée ? (*Section 3*)

6 Pourquoi est-ce que c'était un peu ridicule quand Jenny a acheté un set de club de golf pour John ? (*Section 3*)

7 Quel détail révèle que Jenny est tombée amoureuse d'un chiot ? (*Section 3*)

8 Le petit chiot, Marley, que John et Jenny ont choisi va mettre à l'épreuve leurs capacités parentales. Quel incident dans la quatrième partie annonce cela ?

9 The couple in this story seems completely bowled over by the puppies and in particular by the puppy they choose. Do you agree? (*2 points, about 50 words in total*)

7.8 Les expressions animalières

French expressions with animals can be very different from English expressions. For example, *avoir un chat dans la gorge* (literally, 'to have a cat in your throat') means 'to have a frog in your throat'! *Appeler un chat un chat* is 'to call a spade a spade'. Can you match the following expressions with their English equivalent?

1 Il fait un temps de chien.
2 Il fait un froid de canard.
3 être malin comme un singe
4 être une poule mouillée
5 manger comme un cochon
6 avoir une fièvre de cheval
7 avoir d'autres chats à fouetter
8 quand les poules auront les dents
9 ne réveillez pas le chien qui dort
10 faire d'une mouche un éléphant

a to have other fish to fry
b to make a mountain out of a molehill
c It's bad weather.
d It's freezing.
e to be a scaredy cat
f to eat messily
g let sleeping dogs lie
h when pig will fly
i to be very clever
j to have a high temperature

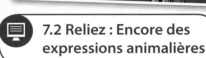

7.2 Reliez : Encore des expressions animalières

7.9 Le coin des experts

A Trois jeunes appellent pour poser des questions concernant les animaux. Nos experts leur répondent.

Écoutez les questions et les conseils, et remplissez la grille.

VOUS AVEZ UN PROBLÈME ?

NOUS SOMMES LÀ POUR VOUS AIDER !

Person	Problem	Advice offered
Guy		
Jeannine		
Jean-Pierre		

B « Mon chat est mort » : Le problème de Laurence est particulièrement difficile. Nous avons demandé à Dr Alexandre Larrar, psychiatre et vétérinaire de lui écrire une lettre avec ses conseils.

Complétez la lettre ci-dessous en écrivant les mots suivants dans les espaces appropriés.

choisir	pas	ce	une
doit	comme	normal	mort
	avec	ami	

Chère Laurence, .

Malheureusement, Laurence, il n'existe pas de remède miracle. Un décès, c'est une perte et la (1) _____ d'un animal peut causer un choc. On (2) _____ considérer chaque amitié avec un animal comme un cadeau.

Quand un animal meurt, c'est tout à fait (3) _____ d' avoir beaucoup de chagrin. On perd un confident et un (4) _____ qui ne nous critique jamais et qui nous aime. Laurence, sache que cette tristesse est saine et qu'elle fait partie du processus de deuil.

Je te suggère de faire (5) _____ petite cérémonie pour enterrer ton chat et de créer un album photo (6) _____ tes plus beaux souvenirs. Tu peux aussi écrire un poème et faire un dessin pour lui.

Remplacer un animal par un autre presque identique n'est (7) _____ une bonne idée. On ne remplace pas un ami (8) _____ ça ! On risque de comparer (9) _____ nouveau compagnon avec l'ancien. Il vaut donc mieux (10) _____ un chat un peu différent et surtout ne pas lui donner le même nom.

Très cordialement,

Dr Alexandre Larrar

C Journal intime : Imaginez que votre animal vient de mourir. Vous avez beaucoup de mal à faire face. Qu'est-ce que vous notez dans votre journal intime. *(75 mots)*

For advice writing un journal intime, see pages 341–42.

D Votre opinion : En France, les animaux sont acceptés un peu partout. À votre avis, est-ce que cela pourrait être le cas en Irlande ? *(75 mots)*

For advice on giving your opinion, see pages 331–32.

7.10 Les « First Dogs » de la Maison-Blanche

Read the following newspaper extract about the dogs and other animals which have lived in the White House as companions to the US presidents and their families.

Le premier chien aussi appelé « Fdotus » par les services secrets (first dog of the United States) a toujours fait partie du folklore. « Si vous voulez un ami à Washington, prenez un chien », a dit Harry Truman (président 1945–53).

« Vous aurez un chien quand papa sera président », a dit Michèle Obama à ses filles avant l'élection et trois mois après l'élection du premier président métis, Bo (aux initiales présidentielles) est arrivé à la Maison-Blanche. Lors des dernières fêtes de Pâques, Bo était filmé en train de chercher des œufs sur la pelouse de la Maison-Blanche. Il a aussi participer à la promotion de la campagne anti-obésité de Michèle Obama. Michèle Obama a confié qu'après sa mort, elle aimerait se réincarner en Bo parce qu'il mène une vie vraiment sympa.

Le terrier écossais Barney était le fils que le Président George W. Bush junior n'a jamais eu. Il accompagnait son maître à la pêche, c'était un chasseur redoutable et il excellait dans l'art de retrouver les balles de golf à Camp David. À la Maison-Blanche, il gardait la porte de la pelouse sud « comme s'il faisait partie du Secret Service ». Sur le site Internet du président, « les Barney Cams » deviennent très populaires et contribuent à faire de Bush un ami des bêtes sympathique malgré les guerres qu'il mène en Afghanistan et en Irak.

Pendant la période Kennedy, il y avait des poneys, des perruches, des canards et des hamsters. Jackie adorait les chevaux, notamment un pur-sang offert par le président du Pakistan.

Millie, le springer anglais à la fourrure blanche et brune de George Bush senior a été la première grande star canine de la Maison-Blanche. Elle était tellement populaire qu'on a même publié ses mémoires (*Le Livre de Millie : sous la dictée de Barbara Bush*). Un million de dollars de droits d'auteur ont été versés à la fondation Barbara Bush contre l'illettrisme.

Socks (le premier chat de la Maison-Blanche depuis Roosevelt) et Buddy Clinton ont suivi les traces de Millie. Ces animaux célèbres ont reçu 3 000 000 lettres et emails de leurs fans. On a même créé des cartes postales pour la réponse, celle de Socks disait : *Merci de m'écrire. Je suis honoré d'être votre premier chat !*

Une vie de « First Animal », c'est plutôt sympa !

Lexique	
métis(-se)	mixed race
l'illettrisme (*m.*)	illiteracy

A Write a summary of this article in English. *(75 mots)*

B Imaginez que vous êtes Premier Chien à la Maison-Blanche. Décrivez une journée excitante dans votre journal. *(75 mots)*

7.11 L'infinitif
Formation

- In French (as in English) we often use two verbs together in sentences. While the first verb is conjugated as usual, the second is in the **infinitive**.

Est-ce que tu veux aller au magasin ?   *Do you want to go?*

- In English, the two verbs are connected by 'to'. In French, however, the connection varies:

  - Some verbs are followed **directly** by the infinitive:

adorer	*to adore*
aller*	*to go*
aimer	*to like/love*
détester	*to hate*
devoir	*to have to*
espérer	*to hope*
pouvoir	*to be able to*
vouloir	*to wish/want*

Exemples :   J'adore manger au restaurant.
              Je voudrais avoir un chat pour Noël.

* For the use of aller + *infinitif* to form le futur proche, see page 62.

  - Some verbs require the preposition à before the infinitive:

aider quelqu'un à faire quelque chose	*to help someone to do something*
apprendre à faire quelque chose	*to learn to do something*
commencer à faire quelque chose	*to start to do something*
inviter quelqu'un à faire quelque chose	*to invite someone to do something*

Exemples :   Il m'a invité à venir chez lui.
              Est-ce que tu peux m'apprendre à nager ?

  - Some verbs require the preposition de before the infinitive:

avoir l'intention de faire quelque chose	*to intend to do something*
décider de faire quelque chose	*to decide to do something*
essayer de faire quelque chose	*to try to do something*
refuser de faire quelque chose	*to refuse to do something*

Exemples :   J'ai décidé de travailler dur cette année.
              Je refuse d'avancer.

A Choose one word from each of the boxes below to form the English sentences below. <u>Remember to add the right preposition</u>, if one is needed!

Pronoms	Verbes au présent	Infinitifs
Elle	peut	chanter
Il	aime	finir
On	décide	manger
Vous	commence	sortir
Je	doivent	travailler
Je	veux	danser
Elle	déteste	voyager
Elles	voulons	lire
Il	dois	dessiner
Je	adore	commencer
Nous	pouvez	nager

Exemple :   She hates swimming. = Elle déteste nager.

1 He likes reading.
2 She loves drawing.
3 I want to dance.
4 I have to finish.
5 I decide to work.

6 One can eat.
7 They have to travel.
8 He starts to sing.
9 We want to go out.
10 You can start.

B Traduisez les phrases suivantes en anglais.

1 Elle adore donner à manger à son chat.
2 Nous aimons caresser notre lapin.
3 Elle va danser.
4 Nous détestons faire les devoirs.
5 Vous pouvez venir avec moi.

6 Je dois arriver à l'heure.
7 Le chien doit obéir à sa maîtresse.
8 Nous aimons lire.
9 Ils adorent faire du ski.
10 Elle va sauver les espèces en danger.

ÉCOUTEZ

7.12 C'est drôle !

Listen to the humorous real-life stories about animals and answer the questions.

Fight with a shark

1 Where did Peter Marshallsea come from?

2 Why did he grab the shark by the tail?

Doggies helping each other

3 What disability does Eddie the dog have?

4 How does Milo the dog help him?

Flossie, her guardian angel

5 On what date did Drew Barrymore's house in Beverly Hills catch fire?

6 Name **one** thing that Flossie did to help save Drew Barrymore's life.

No animal prints!

7 Where is Chessington Zoo?

8 Why have they banned animal prints?

Animal solidarity

9 Where did this incident take place?

10 Name any other animal that helped the three kangaroos escape.

Jealous penguins

11 What animals are the new stars of Edinburgh Zoo?

12 At whom did the penguins throw their droppings?

7.13 Trois femmes au service des animaux

A Lisez cet article extraordinaire sur trois femmes qui ont dédié leur vie à la protection des animaux. Répondez aux questions qui suivent.

Brigitte Bardot

Après 24 ans de célébrité, Bardot a tout laissé tomber pour mettre sa vie au service des animaux. Elle a tout d'abord dénoncé les abandons d'animaux à la SPA (Société protectrice des animaux). Elle a ensuite lutté contre la chasse aux bébés phoques dans le nord canadien. Trente ans plus tard, la commercialisation des peaux de phoques et des produits dérivés est désormais interdite dans tous les pays d'Europe. Elle a aussi dénoncé les conditions de transport des animaux d'abattoir, les abus de la chasse et le trafic d'animaux exotiques. Sa tâche était immense. Pour financer ses campagnes, elle a vendu ses bijoux, ses robes et ses photos. Elle a dit : « J'ai donné ma jeunesse et ma beauté aux hommes. Que je donne ma sagesse et mon expérience et le meilleur de moi-même aux animaux ! »

Jane Goodall

Depuis l'âge de 23 ans, Jane Goodall vit avec les chimpanzés, en Afrique. Elle est inquiète car les grands singes sont menacés de disparition et elle lutte pour leur protection et celle de la planète. Quand elle avait commencé ses recherches en 1960, il y avait plus d'un million de chimpanzés en Afrique, aujourd'hui on n'en compte plus que 300 000. Ils sont menacés par ce qui menace aussi les autres espèces : la déforestation qui détruit leur habitat naturel, la chasse et le contact avec l'homme qui leur transmet des maladies. La protection de la forêt tropicale est la meilleure façon de prévenir la disparition des singes.

Natacha Harry

Natacha Harry est la présidente de la Societé protectrice des animaux (SPA) et sa priorité est de moderniser les refuges et de prendre en charge les animaux abandonnés. Elle veut intégrer une équipe pour s'occuper des animaux, des toiletteurs, des comportementalistes de façon à offrir à ces animaux une opportunité de trouver plus facilement un nouveau maître. D'après elle : « L'animal n'est pas un marchandise. C'est un être vivant et sensible. On doit éduquer le public sur le statut de l'animal dans notre société ».

Lexique

la chasse	*the hunt*
prévenir	*to prevent*
un/une toiletteur(-euse) (pour chiens etc.)	*a (dog) groomer*
un/une comportementaliste	*a behaviour specialist*

Brigitte Bardot

1 Relevez les expressions qui veulent dire que

  a Bardot était célèbre depuis longtemps.

  b le travail qu'elle a fait était énorme.

2 Bardot a été choquée par la cruauté envers les animaux. Comment le savez-vous ?

Jane Goodall

3 Trouvez l'expression qui indique que les chimpanzés sont les animaux en danger.

4 Relevez le verbe qui veut dire « travail dur ».

5 Que faut-il faire pour protéger les singes ?

Natacha Harry

6 Cherchez le mot utilisé pour « la chose la plus importante ».

7 Relevez **deux** exemples d'un verbe suivi par un verbe à l'infinitif dans cette section.

8 Man seems to be the common enemy of many animals in each of these extracts. Do you agree? Refer to the text in support of your answer.

          (2 points, about 50 words in total)

B Avec l'aide d'Internet, trouvez des renseignements sur un homme (e.g. Jacques Cousteau) qui a fait beaucoup pour les animaux et présentez-le et ce qu'il a fait à un/une camarade.

C « C'est un tâche impossible de sauver les animaux en danger ! » Donnez vos opinions/réactions.   *(75 mots)*

D Connaissez-vous quelqu'un qui lutte pour la protection des animaux (vous-même inclus) ? Racontez son histoire ! Votre récit pourrait être réel ou fictif.   *(75 mots)*

7.14 Interview avec Laura-Maria Gruss

A La famille de Laura-Maria travaille dans le cirque depuis 160 ans – pas question pour Laura-Maria d'imaginer une autre vie !

Listen to Laura-Maria talking about her vocation, then answer the following questions.

1 Was Laura-Maria pressurised into following the family tradition?

2 What age was she when she had her first act in this circus?

3 What does she do as regards her studies?

4 What educational visits does she go on when the circus travels around?

5 Is she paid for her work in the circus?

6 What advice does she give to someone interested in the circus life?

B Êtes-vous pour ou contre les cirques qui utilisent des animaux pour leurs spectacles ? Donnez votre opinion oralement ou par écrit.

Pour vous aider

Pour	Contre	Neutre
✓ En général, je suis pour …	✗ Personnellement, je suis totalement contre …	✓ ✗ Ça dépend du spectacle.
✓ J'adore regarder des spectacles avec des animaux.	✗ Cela me choque.	✓ ✗ Je ne suis pas sûr(e).
✓ Je pense que les animaux sont bien traités.	✗ À mon avis, c'est cruel d'obliger des animaux à faire ces spectacles.	✓ ✗ Je suis partagé(e).
✓ C'est l'occasion de voir ces animaux de près.		

For help giving your opinion, see pages 331–32.

- **Civilisation :** French people's eating habits, their most popular foods and a typical day's meals

- **Expression libre :** French teenagers talk about what they like to eat

- How to host the perfect dinner as shown on the TV show *Un dîner presque parfait*

- **Le buzz sur les stars :** Discover the eating habits of Tom Cruise, Jennifer Aniston, Bradley Cooper, Halle Berry and Harry Styles!

- **Le coin des experts :** Advice on eating

- Fast food: Pros and cons

- **C'est drôle !** Crazy food stories including the chocolate that doesn't melt and the Barbie café

- **Extrait de magazine :** The new trend for eating insects

- Recipe for almond macaroons

- Food of the future: crazy flavours of ice-cream; eating to smell good; and pizzas being delivered by drones

Grammaire
- Le passé composé

Vocabulaire
- Food

Oral
- Grace talks about her love of food and dislike of food waste.

Zoom examen
- Writing a diary entry about your reaction to being served up a meal of insects!
- Filling in a form about your food preferences

En ligne
- Reliez ! : Les spécialités et les pays
- Classez dans le bon ordre : Le passé composé à la forme négative

8.1 Les habitudes alimentaires des Français

La cuisine est un véritable phénomène culturel pour les Français. On aime faire la cuisine et on aime manger. Quand on pense aux Français en train de s'amuser, on les imagine souvent à table, autour d'un bon repas, en famille ou entre amis.

Que mangent-ils ?

Les Français mangent plus de pain et de fromage que beaucoup d'autres Européens. On dit qu'en France, il y a autant de variétés de fromages que de jours dans l'année. La boulangerie de quartier continue de garder son importance. On trouve facilement un marché à côté de chez soi pour acheter des fruits frais, des légumes, de la charcuterie et bien d'autres aliments. Chaque région a ses spécialités – comme les galettes de Bretagne, la choucroute alsacienne et le cassoulet de Toulouse. On apprécie aussi la cuisine étrangère et les restaurants italiens, vietnamiens, chinois, marocains et mexicains sont très fréquentés.

Podium gourmand

Le magret de canard est devenu le plat préféré des Français, suivi par les moules frites et, en troisième place, le couscous. La traçabilité et les détails sur l'origine de la nourriture sont devenus très importants. On parle aussi de la protection du nom « restaurant » en France. On veut que ça devienne un label garantissant que les plats ont été cuisinés dans l'établissement et non pas des produits réchauffés, préparés ailleurs.

Une journée typique ?

Le petit déjeuner est un repas léger, normalement un bol de café au lait et du pain avec du beurre et de la confiture. Traditionnellement, les Français aiment manger un grand repas à midi. Cette tradition existe encore à la campagne, moins en ville, où les gens travaillent loin de chez eux et où c'est plus fréquent de manger au travail ou à la cantine. Parfois, ils prennent un sandwich ou une salade. Le dimanche, on fait un grand repas ensemble et de temps en temps, on invite de la famille ou des amis. Après l'école, les enfants prennent un goûter et vers huit heures du soir, on mange le repas principal. Il y a une entrée, par exemple une salade ou de la charcuterie, un plat principal, composé de viande rouge, de volaille, de poisson ou d'œufs, accompagné de légumes. Ensuite, il y du fromage, un yaourt ou un fruit ou plus occasionnellement, un dessert comme une tarte ou un gâteau. On boit de l'eau, du vin ou des boissons gazeuses.

Lexique	
véritable	*genuine, real*
les moules (f. pl.)	*mussels*
un repas	*a meal*
la charcuterie	*cured meats*
la volaille	*poultry*
une boisson gazeuse	*a fizzy drink*

Now check that you have understood this text.

1 When you think of a French family or friends enjoying themselves, what do you think of?

2 Name **two** foods French people eat a lot of.

3 Where do French people buy fresh produce?

4 What is a speciality of Toulouse?

5 What is the most popular dish in France?

6 What should the word 'restaurant' indicate?

7 What is the typical French breakfast?

8 When do people in the country tend to eat their main meal?

9 What does a typical French starter consist of?

10 What do French people tend to have for dessert?

 8. 1 Reliez : Les spécialités et les pays

ÉTUDIANT ÉCOUTEZ

8.2 Expression libre : Que mangez-vous ?

Camille, Roger and Serge tell us about their preferences regarding food.

Camille

1 How does Camille share her food ideas?

2 What used she do when she was young?

3 Name some foods she now eats.

4 What is her favourite dish?

Roger

5 Name any **one** dish Roger knows how to cook.

6 Where does he get cooking ideas?

7 What do his parents do when they get home late?

  a ask Roger to do the cooking

  b have instant frozen meals

  c go and get a takeaway

Serge

8 What are Serge's **two** interests?

9 Name **two** cookery ideas he got from the Internet.

10 What is his favourite dish?

Lexique

un plat surgelé	*a frozen meal*
convenable	*practical*

8.3 Vocabulaire : La nourriture et les boissons

A Regardez le vocabulaire suivant. Faites la liste de vos dix aliments préférés.

Les fruits

l'abricot

l'ananas (*m.*)

_____

la cerise (*cherry*)

_____

_____

la groseille (*gooseberry*)

_____

la mûre (*blackberry*)

_____

le pamplemousse (*grapefruit*)

la pêche

_____

_____

la prune

_____

Les légumes

le champignon

le chou

_____

_____

_____

le concombre

les épinards (*spinach*)

le haricot (*French bean*)

_____

les petits pois (*m. pl.*)

le poireau (*leek*)

Les produits laitiers

le beurre

_____

le fromage

_____

le lait

le yaourt

La viande

le bifteck

le bacon

le bœuf

la côtelette

_____

_____

le poulet (*chicken*)

_____

le steak

le veau (*veal*)

Les boissons

la bière

le café

_____

_____

l'eau (*f.*) minérale

_____

la limonade

_____

_____

Les poissons

_____

le saumon

_____

Le pain et les gâteaux

_____

le biscuit

la brioche

_____

le pain grillé

le petit pain

B Ajoutez les aliments ci-dessous dans les encadrés qui correspondent.
Each category has the exact number of spaces left free. You will already have come across most of these words and can probably guess the rest. Remember to write in the article (le, la, l', les). This will help you remember the gender.

1 la baguette
2 la pomme
3 le croissant
4 le jus de fruits
5 la banane
6 la laitue
7 le jambon
8 les choux de Bruxelles (m. pl.)
9 la carotte

10 la saucisse
11 le vin
12 les raisins
13 la crème
14 l'agneau (m.)
15 le melon
16 les escargots (m. pl.)
17 la fraise
18 le chocolat chaud

19 le porc
20 l'orange (f.)
21 la framboise
22 le chou-fleur
23 la glace
24 le citron
25 le thé
26 la poire
27 le coca
28 le thon

C Cherchez l'intrus et dites pourquoi c'est intrus.

1 les poireaux / les poires / les choux / les haricots
2 le café / le thé / le chocolat chaud / l'eau
3 le yaourt / le beurre / le lait / le sucre
4 la prune / la cerise / le champignon / la mûre
5 la truite / le saumon / le thon / le bifteck
6 le pain grillé / le petit pain / le croissant / le melon
7 le coca / l'eau gazeuse / l'Orangina / le lait
8 la saucisse / le bacon / la côtelette de porc / l'agneau
9 le poulet / le canard / l'oie / le bifteck
10 le pamplemousse / la cerise / la fraise / la framboise

8.4 C'est toi le chef ! Organise ton « dîner presque parfait » !

Like the famous French TV programme, you too can host the perfect dinner for your friends. Listen to this handy advice and write a summary in English giving as much detail as possible.

ÉCRIVEZ

8.5 Formulaire

Remplissez le formulaire suivant sur la cuisine et votre alimentation.

Attention : Répondez de 6 à 9 par des phrases complètes.

1 Nom : _____ 2 Prénom : _____

3 Boisson préférée : _____

4 Légume préféré : _____

5 Dessert préféré : _____

6 Ce que vous n'aimez pas :

7 Vous mangez de la nourriture bio ?

8 Vous aimez la nourriture de quels pays ?

9 Vous mangez entre les repas ?

ÉTUDIANT LISEZ ÉCOUTEZ

8.6 Harry passe son oral

A Harry répond aux questions sur l'alimentation.
Lisez puis écoutez.

1 Quel est votre plat préféré ?

C'est un bon bifteck. Après mes examens, je voudrais faire un apprentissage chez mon père qui est boucher. Personnellement, j'aime ce métier car j'aime la viande. C'est un aliment noble, et être boucher est l'un des plus vieux métiers du monde. En plus, j'apprécie les relations avec les clients.

2 C'est un métier dur ?

Le métier est devenu plus simple avec les machines. Mais par contre, le boucher doit faire très attention à la qualité, ce n'est pas facile. Mon père achète des bêtes vivantes pour contrôler l'origine de la viande. La traçabilité est très importante surtout depuis qu'on a trouvé de la viande de cheval dans certains plats surgelés. Ces plats ont fait scandale.

4 Que mangez-vous et que buvez-vous ?

Je mange du poisson et des légumes. Je vais au fast-food pour manger des hamburgers et des frites seulement de temps en temps parce que c'est mauvais pour la santé. Je bois de l'eau du robinet. Je bois du thé le matin au petit déjeuner mais quand il fait froid, j'aime boire un bon chocolat chaud. Je déteste le coca et, de temps en temps, je bois un jus de fruits.

▶ **Animation**

3 À votre avis, est-ce que vous mangez sainement ?

J'essaie d'avoir un régime équilibré. Je mange beaucoup de produits bio même si c'est un peu plus cher. J'évite d'acheter des produits avec beaucoup d'emballage parce que j'essaie de protéger l'environnent et j'achète du café équitable.

Lexique

équitable	*fair-trade*
l'eau (*f.*) du robinet	*tap water*

PARLEZ ÉCRIVEZ

B Et vous ? À deux ou en groupe, posez-vous les questions suivantes à tour de rôle, puis écrivez vos réponses.

1   Quels aliments aimez-vous ? *J'aime …*
2   Quel est votre plat préféré ? *Mon plat préféré est …*
3   Que mangez-vous le matin/au petit déjeuner, à midi/au déjeuner, le soir/au dîner ? *Au petit déjeuner, je prends …*
4   Aimez-vous faire la cuisine ? *Oui, les émissions de télé me donnent des idées …*
5   Voudriez-vous travailler dans le domaine de la cuisine ? *Je voudrais devenir …*

8.7 Le passé composé avec avoir
Formation

■ The passé composé is the name given to one of the main past tenses in French. It is used to express an action in the past that is complete or over.

■ The word composé refers to the fact that it is 'made up' of two separate parts : le verbe auxiliaire (*auxiliary or helping verb*) + le participe passé (*past participle*)

■ In most cases le verbe auxiliaire is the present tense of avoir* (in specific cases, être is used instead; see pages 146–148).

■ For **regular** verbs le participe passé is formed in the following way:

- Remove the infinitive ending, –er, –ir or –re, *and*
- Replace it with é, i, u.

✱ A quick reminder of the present tense of avoir:

j'ai	nous avons
tu as	vous avez
il/elle/on a	ils/elles ont

Infinitive	Replace ending	Past participle
parler	→ parl- + é	= parlé
finir	→ fin- + i	= fini
vendre	→ vend- + u	= vendu

J'ai maigri !

A Complétez les verbes suivants avec le passé composé et traduisez en anglais.

Exemple : Je (chanter) *J'ai chanté – I sang*

1 je (chercher)
2 elle (demander)
3 vous (bâtir)
4 ils (remplir)
5 nous (entendre)
6 il (rendre)
7 elle (écouter)
8 il (obéir)
9 nous (rougir)
10 elles (perdre)

B Translate the following phrases into French, using le passé composé.

1 I lost weight.
2 He blushed.
3 They got old.
4 You (*vous*) spent a lot of money.
5 We played.
6 You (*tu*) reflected.
7 You (*vous*) succeeded.
8 I got fat.
9 She tasted the dish.
10 We have eaten well.

Les participes passés irréguliers

Most verbs form their past participles in a regular way using the rule you have just learned. However, some commonly used verbs have an irregular participe passé. Learn them off by heart.

Infinitive	Past participle	Je form	English
avoir	eu	j'ai eu	*I have had / I had*
boire	bu	j'ai bu	*I have drunk / I drank*
conduire	conduit	j'ai conduit	*I have driven / I drove*
connaître	connu	j'ai connu	*I have known / I knew (e.g. a person)*
courir	couru	j'ai couru	*I have run / I ran*
croire	cru	j'ai cru	*I have believed / I believed*
devoir	dû	j'ai dû	*I have had to / I had to*
dire	dit	j'ai dit	*I have said / I said*
écrire	écrit	j'ai écrit	*I have written / I wrote*
être	été	j'ai été	*I have been / I was*
faire	fait	j'ai fait	*I have done made / I did, I made*
lire	lu	j'ai lu	*I have read / I read*
mettre	mis	j'ai mis	*I have put / I put*
ouvrir	ouvert	j'ai ouvert	*I have opened / I opened*
pouvoir	pu	j'ai pu	*I was able to / I could*
pleuvoir	plu	il a plu	*it has rained / it rained*
prendre	pris	j'ai pris	*I have taken / I took*
recevoir	reçu	j'ai reçu	*I have received / I received*
rire	ri	j'ai ri	*I have laughed / I laughed*
savoir	su	j'ai su	*I have known / I knew*
tenir	tenu	j'ai tenu	*I have held/kept / I held/kept*
vivre	vécu	j'ai vécu	*I have lived / I lived*
vouloir	voulu	j'ai voulu	*I have wanted, wished / I wanted, wished*

C Write out the following in le passé composé. **The verbs all have an irregular** participe passé.

1 j' _____ _____ (ouvrir)
2 j' _____ _____ (prendre)
3 ils _____ _____ (rire)
4 nous _____ _____ (faire)
5 elles _____ _____ (pouvoir)

6 on _____ _____ (savoir)
7 il _____ _____ (écrire)
8 elle _____ _____ (conduire)
9 j' _____ _____ (vivre)
10 il _____ _____ (être)

8.8 Le buzz sur l'alimentation des stars

Tom Cruise

Amateur de viande rouge, de fromage et de friandises hyper caloriques, Tom Cruise ne supporte pas la possibilité de grossir et fait des périodes de détox extrême : salade, céréales et légumes verts.

Angelina Jolie

La sublime Angelina Jolie (qui a accouché de jumeaux) opte pour une recette vieille comme le monde : ne jamais commencer un repas sans avoir pris un grand bol de soupe de légumes variés. Cela apporte à l'organisme des vitamines et des minéraux et c'est excellent en hiver (soupe chaude) comme en été (soupes glacées, gaspachos).

Bradley Cooper

Bradley Cooper adore manger les aliments les plus gras du monde, mais, pour maintenir son corps de rêve, il fait de la musculation, de la natation, de l'escalade, de la randonnée, du vélo et du basket. L'aliment qu'il a toujours dans son frigo ? Du lait ! Quand il était jeune, il consommait du lait entier mais aujourd'hui, il ne boit que du lait écrémé parce qu'il veut préserver ses artères.

Jennifer Aniston

Le matin, Jennifer Aniston boit une tasse de thé chaud additionné de citron afin de booster son système digestif. Elle trouve que c'est parfait pour éliminer les toxines. Elle boit aussi du thé vert et des tisanes d'ortie tout au long de la journée.

Halle Berry

Halle Berry est adepte des petits repas pendant la journée. Normalement, elle en prend cinq. Son repas principal est toujours sans graisse et riche en protéines. Aux autres repas, elle privilégie les aliments avec un faible indice glycémique comme le riz complet ou les patates douces et ceux riches en fibres.

Harry Styles

Harry Styles, membre du groupe One Direction, mange de tout ! Il adore les plats mexicains, italiens mais il adore aussi les légumes et les fruits. Il ne veut pas souffrir de carences alimentaires alors son régime est très éclectique.

Lexique

une friandise	*a treat*
le lait écrémé	*skimmed milk*
une ortie	*a nettle*
les patates (*f. pl.*) douces	*sweet potatoes*
éclectique	*varied*

A Summarise in English the eating habits of each of these celebrities.

B Et vous, avez-vous des habitudes alimentaires intéressantes à partager comme les stars ? Ou connaissez-vous quelqu'un qui a de bons conseils à donner ? Écrivez-les dans votre cahier.

8.9 Le coin des experts

Appelez pour parler de vos problèmes relatifs à la nourriture et nos experts vous répondent.

Listen to Franck, Émilie and Michèle with their queries and fill in the grid below.

Person	Question	Advice given
Franck		
Émilie		
Michèle		

8.10 Le fast-food – pour ou contre ?

A Read the following article about the rise of fast food in France.

Le fast-food est roi en France

La France est renommée comme étant le pays de la gastronomie mais le marché de la restauration rapide qui représente plus de 34 milliards d'euros y est plus important que celui représenté par la restauration traditionnelle.

Malgré le fait que les restaurants ont subi de plein fouet une baisse de leurs revenus à cause de la baisse du pouvoir d'achat des Français, les ventes dans les fast-food ont augmenté et la France est maintenant à la deuxième place mondiale après les États-Unis pour sa consommation de pizzas et sa fréquentation des McDonalds.

Côté sandwich, les ventes ont augmenté de 6 pour cent et le fameux jambon-beurre représente 50 pour cent des sandwiches consommés en France. L'Hexagone compte en effet 35 000 enseignes pour la restauration rapide sans compter les petits cafés que l'on trouve dans les grandes surfaces et dans les clubs de sport.

Pourquoi un tel succès ? On veut manger vite et moins cher et les Français adorent la possibilité de manger à l'extérieur aussi. Et l'avenir dans tout ça ? Les ventes de snacks comme les salades à emporter et le commerce bio seront de plus en plus à la mode et on aura plus de fast-food sains et de très bonne qualité.

> **Lexique**
>
> de plein fouet   *in all its force*

B À deux or en groupe, parlez de vos habitudes alimentaires et expliquez si vous êtes plutôt pour ou contre la restauration rapide.

Pour vous aider

Pour

Ce n'est pas cher.
C'est pratique.
On connaît le menu par cœur.
Il y a une bonne ambiance.
C'est vraiment bon/délicieux.
L'ambiance est décontractée (*relaxed*).
On peut y retrouver ses copains.

Contre

On peut douter de la qualité de la viande.
C'est mauvais pour la santé.
On ne digère pas bien parce qu'on mange trop vite.
Il y a souvent trop de monde / de bruit.
Il y a des problèmes écologiques liés à la quantité de déchets générés par le fast-food.

C « Je suis accro au fast-food. Hamburger, frites, sauce ! Rien de mieux ! » *Louise, 17 ans*
Donnez votre opinion.   (*75 mots*)

For help on giving your opinion, see pages 331–32.

8.11 C'est drôle !

Écoutez des histoires amusantes et répondez aux questions.

Chocolate that doesn't melt

1 How long did research into this product take Cadbury?

2 The chocolate is resistant to melting up to what temperature?

Welcome to Barbie café

3 Barbie seems to have it all! Give **one** example.

4 Who owns the Barbie restaurant?

5 What comment is made about the colour pink?

Glasses of wine in one hand

6 What age is this wine expert?

7 What nationality is he?

8 Where is he presently working?

Veggies with cool names are more popular!

9 Give an example of a cool veggie name.

10 What was the increase in vegetable consumption when a cool name was added?

8.12 Le passé composé avec être
Avoir or être?

■ As we have seen, in the vast majority of cases the present tense of the verb avoir is used as the auxiliary when you form le passé composé.

> J'ai commencé à faire du sport.
>
> J'ai complètement changé ma vie.

■ In two instances, however, être is used instead:

- with **verbs of motion**:

> Je suis allé(e).   *I have gone.*

- with **reflexive verbs**:

> Je me suis lavé les mains.   *I have washed my hands.*

Verbs of motion

■ There are **12 verbs of motion**, plus **three verbs of returning**.

■ Ten of the 12 verbs of motion can easily be remembered as **pairs of opposites**:

Infinitive	Past participle	Je form	English
aller	allé	je suis allé(e)	*I have gone / I went*
venir	venu	je suis venu(e)	*I have come / I came*
arriver	arrivé	je suis arrivé(e)	*I have arrived / I arrived*
partir	parti	je suis parti(e)	*I have left / I left*
naitre	né	je suis né(e)	*I was born*
mourir	mort	je suis mort(e)	*I have died / I died*
monter	monté	je suis monté(e)	*I have gone up / I went up*
descendre	descendu	je suis descendu(e)	*I have gone down / I went down*
entrer	entré	je suis entré(e)	*I have gone in / I went in*
sortir	sorti	je suis sorti(e)	*I have gone out / I went out*

■ A further two are **not opposites**:

Infinitive	Past participle	Je form	English
tomber	tombé	je suis tombé(e)	*I have fallen / I fell*
passer	passé	je suis passé(e)	*I have passed/dropped by / I passed/dropped by*

- Here are the three verbs of **returning**:

Infinitive	Past participle	Je form	English
rentrer	rentré	je suis rentré(e)	I have come home / I came home (or gone back in)
retourner	retourné	je suis retourné(e)	I have gone back /I went back
revenir*	revenu	je suis revenu(e)	I have come back / I came back

The verbs revenir (*to come back*), devenir (*to become*) and parvenir (*to succeed/achieve*) come from venir and also take être in le passé composé.

Reflexive verbs

- Reflexive verbs (verbes pronominaux) are simply verbs that take an extra pronoun, which frequently has (but not always) the meaning of 'oneself' ('myself', 'yourself', etc.). In French the reflexive pronouns are me, te, se, nous, vous, se.

> se laver (*to wash oneself*)
> se lever (*to get up*)
> s'asseoir (*to sit down*)

- Most reflexive verbs are –er verbs and are formed regularly. However, they **all** use être as the auxiliary in le passé composé.

> Je me* suis lavé(e).   I (have) washed myself.
> Nous nous sommes levé(e)s   We (have) got up.

In le passé composé the reflexive pronoun is placed just before the auxiliary verb:

Exemples :

Je me suis lavé(e).

Il s'est assis(e).

Agreement of the past participle

- The past participle of verbs that take être in le passé composé usually agrees with the subject. Add:
  - -e for feminine singular
  - -s for masculine plural
  - -es for feminine plural.

> Je (f.) suis devenue grosse.
> Ils sont allés en ville.
> Elles sont rentrées tard.
> Elle est tombée amoureuse.
> On (= *nous*) est arrivés en retard.
> Vous* (m. pl.) êtes partis en vacances ?

> Elles sont restées à Paris.
> Elle s'est amusée.
> Ils se sont excusés.
> Elles se sont assises.

When vous is used as the polite form when addressing just one person, there is no s:

Vous êtes parti(e)

■ However, when a reflexive verb is followed by a **direct object**, there is **no** agreement of the past participle.

Elle s'est blessée.   *She injured herself.*
Elle s'est blessé la jambe. *She injured her leg.*

Pendant le tournage le chef vedette s'est brûlé le doigt ...

A Écrivez les verbes suivants au passé composé.

1 Je (f.) (arriver)
2 On (arriver)
3 Nous (*m. pl.*) (se brosser)
4 Michel (naître)
5 Elles (sortir)

6 Il (revenir)
7 Ces garçons (venir)
8 Il (se lever)
9 Ils (se lever)
10 Elle (mourir)

B Complétez cette histoire en mettant les verbes entre parenthèses au passé composé.

Thomas : Le weekend dernier, j' (faire) (1) _____ la grasse matinée. Je (se lever) (2) _____ à dix heures. Je (s'entraîner) (3) _____ de dix heures et demie à midi. Samedi après-midi, j' (rencontrer) (4) _____ mes amis et nous (étudier) (5) _____ ensemble. Nous (aller) (6) _____ en ville et nous (faire) (7) _____ du shopping. Je (aller) (8) _____ au cinéma avec ma petite amie samedi soir. Après le film, nous (boire) (9) _____ un café avec ses amies Julie et Leigh. Elles (voir) (10) _____ un autre film dans le même multiplex après.

C Vous avez décidé d'inviter vos amis à diner chez vous pour fêter votre anniversaire. C'était un désastre ! Racontez ce qui s'est passé. (Votre récit pourrait être réel ou imaginaire.)

(75 mots)

ÉTUDIANT   LISEZ   ÉCOUTEZ

8.13 Grace passe son oral

A Comme Grace s'intéresse beaucoup à la nourriture, elle en parle pendant son épreuve orale. Lisez puis écoutez.

1 Regardez-vous les émissions télé sur l'alimentation ?

Oui, j'aime ce genre d'émission. Ma préférée s'appelle *Recettes de fou*. Le but de cette émission est de lancer un défi au couple. Les internautes leur envoient une liste de trois ingrédients difficiles à mélanger et c'est au couple de composer un plat. C'est intéressant et drôle !

2 La France est renommée pour ses grands chefs de cuisine, c'est bien vrai ?

Oui, la France est la patrie des arts de la table. La gastronomie est un art national. Il y a de grands chefs traditionnels comme Alain Ducasse, qui a été nommé « le meilleur chef du monde » et qui est l'un des seuls chefs à avoir obtenu trois fois le maximum de trois étoiles au Michelin pour ses différents restaurants.

4 Vous avez présenté un document sur le gaspillage à la cantine, c'est bien ça ?

Oui, j'ai été choquée de le découvrir. Dans notre lycée j'ai suggéré comme solution le triage des déchets. On utilise le pain sec pour nourrir les animaux et les déchets organiques dans le jardin du lycée. Au bout de quelques mois, on a réduit de 50 pour cent les quantités d'aliments jetés à la poubelle.

3 Qu'est-ce qui influence votre alimentation ?

Les conseils du médecin nutritionniste Jean-Michel Cohen. C'est grâce à lui que je mange autant de légumes. Je les mange froids en smoothie, crus ou cuits parce qu'ils sont riches en fibres et en vitamines. Ils représentent 20 pour cent des apports en calcium et ils réduisent le risque de cancer.

▶ **Animation**

PARLEZ   ÉCRIVEZ

B Et vous ? À deux ou en groupes, posez-vous les questions suivantes à tour de rôle, puis écrivez vos réponses.

1 Regardez-vous les émissions de télé sur l'alimentation ? *Je regarde ...*

2 Qu'est-ce qui influence votre alimentation ? *Je choisis ...*

3 Faites-vous attention au gaspillage dans la cuisine ? *Je fais...*

4 Allez-vous souvent au restaurant ? *Je vais ...*

8.14 Des insectes au menu !

A Read the following article about insects as an important food source and answer the questions below.

1 Serons-nous insectivores à l'avenir?

Nous serons neuf milliards dans le monde en 2050 et, face à cette augmentation de la population, nous devons considérer les bienfaits de nos amis à six pattes. Ces bêtes pourraient éradiquer la famine dans le monde et l'Union européenne est prête à consacrer trois millions d'euros à la recherche dans ce domaine.

2 Les insectes ne manquent pas !

Des insectes de plus de 1 400 espèces comestibles sont consommés chaque jour en Afrique, en Asie ou en Amérique centrale. Au menu, on trouve des scarabées, des coccinelles, des criquets, des larves, des guêpes, des punaises d'eau et des chenilles.

3 Excellents pour la santé

En France, on mange déjà des crevettes, des escargots et des cuisses de grenouilles. Est-ce qu'il y a beaucoup de différence entre ça et les insectes ? Il n'y a qu'un pas à faire ! Les insectes sont bourrés de protéines et de vitamines, et sont surtout riches en fer. Dix criquets contiennent autant de protéines qu'un steak. Cependant, produire des insectes coûte moins cher que produire de la viande. Ils sont donc une bonne alternative à la viande de bœuf, de volaille et de porc. L'élevage d'insectes est dix fois moins polluants et produit cent fois moins de gaz à effet de serre que l'élevage traditionnel.

4 Et le goût ?

David Faure, chef étoilé à Nice, propose des insectes à la carte de son restaurant. On l'appelle *un menu alternatif* et c'est très populaire parmi ceux qui veulent faire une petite aventure gastronomique ou prendre des risques sans danger. On dit que le criquet a un arôme de champignon, que les vers de farine ont un goût de noix et que la fourmi rose est acidulée. Le criquet devient rouge quand il est cuit, tout comme le homard, très populaire en France. Des vers de farine sont souvent trempés dans du chocolat fondu et dégustés une fois refroidis. Ils sont parfaits en dessert ou pour décorer une glace vanille.

5 Un des aliments du passé

Notre ancêtre, l'homme de Cro-Magnon, mangeait des insectes. Les gastronomes romains et grecs se délectaient de larves rôties. Mais plus tard, on a associé l'insecte à la saleté, ce qui explique notre répugnance. Actuellement, 2,5 milliards d'être humains sont déjà insectivores.

6 L'alimentation du futur

Qu'on le sache ou non, nous mangeons déjà des insectes puisqu'on s'en sert pour produire de la farine destinée à nourrir les animaux d'élevage (poissons, volailles, etc.) que nous mangeons à notre tour. Alors, une assiettée d'insectes servie avec un bon vin ... ça vous tente ? Miam !

Lexique

les bienfaits (*m. pl.*)	*the benefits*	une crevette	*a shrimp*
un scarabée	*a beetle*	les cuisses (*f. pl.*) de grenouilles	*frogs' legs*
une coccinelle	*a ladybird*	les gaz (*m. pl.*) à effet de serre	*greenhouse gases*
une guêpe	*a wasp*	un vers de farine	*a meal worm*
une punaise d'eau	*a water bug*	une fourmi	*an ant*
une chenille	*a caterpillar*	qu'on le sache (*subj.*) ou non	*whether one knows so or not*

1 En 2050 ...

   a il y aura une diminution de la population dans le monde.

   b il y aura une augmentation de la population dans le monde.

   c la population du monde restera la même qu'aujourd'hui.

   d on est incertain vis-à-vis de la population du monde. (*Section 1*)

2 Quel est le problème mondial que les insectes peuvent aider à résoudre ? (*Section 1*)

3 Où mange-t-on déjà des insectes ? (*Section 2*)

4 Pourquoi les insectes sont-ils bons pour la santé ? (*Section 3*)

5 Pourquoi les insectes sont-ils bons pour l'environnement ? (*Section 3*)

6 Quel goût a le criquet ? (*Section 4*)

7 Quels insectes sont idéaux pour le dessert d'après cet article ? (*Section 5*)

   a les larves rôties

   b les insectes sales

   c les criquets rouges

   d les vers de farine

8 According to this article, eating insects is a realistic possiblity for French people in the future. Comment in this referring to the text. (*2 points*)

B **Journal intime. Vous êtes dans une famille d'accueil. Un soir, vous allez dîner chez des amis à eux. On vous sert des insectes. Qu'est-ce que vous notez dans votre journal intime ?** (*75 mots*)

For help writing un journal intime, **see pages 341–42.**

8.15 Passé composé à la forme négative

- In le passé composé, ne and pas go **either side of** the auxiliary (avoir or être):

J'ai mangé.	Je n'ai pas mangé.
Je suis allé(e).	Je ne suis pas allé(e).

- In reflexive verbs, the ne goes before the **reflexive pronoun**:

Je me suis amusé(e). Je ne me suis pas amusé(e).

A **Transformez ces affirmations en phrases négatives.**

Exemple : Je suis allé(e) au marché. → *Je ne suis pas allé(e) au marché.*

1 J'ai mangé mon sandwich.
2 Elle a préparé le kebab.
3 Ils ont fait les courses.
4 Marie a fait un gâteau*.
5 Le livreur est arrivé.
6 Mon ordinateur est tombé en panne.
7 Ils ont regardé le menu.
8 Jean et Marie sont allés au restaurant.
9 Elle a choisi le vin.
10 J'ai écrit un blog sur la recette.

 8.2 Classez dans le bon ordre : Le passé composé à la forme négative

✳ **Remember ! pas un/une/des = pas de/d'**

B **Traduisez les phrases suivantes en français.**

1 We did not go to the restaurant.
2 He did not eat insects.
3 I did not make a lemon cake.
4 They did not eat any dessert.
5 I did not watch *MasterChef* yesterday.
6 She did not arrive home.
7 She did not fall over yesterday.
8 They did not eat chicken and chips.
9 They did not enjoy themselves.
10 I did not stay at home.

8.16 Macarons à la carotte

Read this recipe for carrot-flavoured almond macarons and answer the questions that follow.

Pour 6 personnes

Préparation : 45 min

Cuisson : 15 min

Difficulté : moyen

150 g de sucre glace
2 gros blancs d'œufs (70g)
80 g de poudre d'amandes
20 g de sucre en poudre
100 g de chocolat blanc
4 cl de jus de carotte frais
1 cuillerée à café de zeste d'orange râpée
colorant orange

1 Hacher le chocolat. Chauffer le jus de carotte avec le zeste d'orange dans une petite casserole. Verser le liquide sur le chocolat et bien mélanger.

2 Verser le sucre glace et la poudre d'amandes dans le bol du rabot. Mixer le tout.

3 Peser les blancs pour vous assurer d'en avoir 70 g. Les battre jusqu'à ce qu'ils soient fermes. Ajouter le sucre en pluie, sans cesser de fouetter et trois à quatre gouttes de colorant.

4 Incorporer le mélange sucre glace-amandes dans une poche à douille lisse. Sur une plaque tapissée de papier sulfurisé, déposer la pâte en une cinquantaine de petits dômes de 3,5 cm de diamètre.

5 Glisser une plaque à pâtisserie dans le four à 150 °C. Glisser la plaque de macarons dans le four et laisser cuire 12 à 15 minutes. Sortir la plaque et laissez refroidir.

6 Décoller les coques et les assembler par deux en les garnissant d'une noisette de ganache à la carotte. Patienter six heures avant de déguster.

1 How long does this recipe take to prepare?
2 What is the recipe's level of difficulty?
3 What sort of chocolate is recommended?
4 How do you prepare the carrot juice? (*Section 1*)
5 How do you mix the ground almonds and the icing sugar? (*Section 2*)
6 How should you prepare the whites of the eggs? (*Section 3*)
7 How much orange colouring should be added? (*Section 3*)
8 About how many dome shapes will you get from this mixture? (*Section 4*)
9 What needs to happen to the macarons after you take them out of the oven? (*Section 5*)
10 How do you stick the dome shapes together? (*Section 6*)

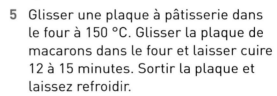

Le saviez-vous ?

Les macarons sont des pâtisseries à base de meringue, avec de la poudre d'amandes et au centre, une couche de crème au beurre. Les macarons sont disponibles dans toute une palette de couleurs et de saveurs. Le célèbre pâtissier Ladurée est très souvent associé à la création de ces pâtisseries. Il existe même un musée consacré aux macarons à Montmorillon.

8.17 L'alimentation de l'avenir !

Listen to the following interesting stories about cutting-edge developments in the world of food, and answer the questions.

Crazy flavours !

1 Give an example of a crazy ice-cream flavour.

2 Give an example of a crazy sorbet flavour.

Eat to smell good

3 What country were these researchers from?

4 What smell will come out through your pores when you eat these sweets?

Pizza delivery by drones

5 How have people heard about this invention?

6 What advantage of this invention is mentioned here?

Unité 9 — Presse jeunesse

- **Civilisation :** French people and the media
- **Expression libre :** Teenagers talk about their reading habits
- Writing a webzine and becoming a journalist
- Describing your favourite book; listening to the radio
- Pros and cons of digital books
- **Vive la lecture !** Understanding book reviews
- **Extrait de roman :** *Roses blanches pour Danielle* by Francine Rigoni: The heroine discovers that she can't escape her destiny.
- **Le coin des experts :** Teenagers call in with their book-related problems.
- **C'est drôle :** Including the girl who reads upside down and being a Tolkien super-fan!

Grammaire
- L'imparfait
- Le participe présent

Vocabulaire
- The press and reading

Oral
- Senan talks about his reading habits while Ava brings in a book as her document.

Zoom examen
- Filling in a form about your reading habits
- Giving your opinion about what will happen to the paper printed book

En ligne
- Reliez ! : Les mots des critiques
- Classez dans le bon ordre : Passé composé et imparfait

9.1 Les Français et les médias

Les Français adorent la culture et leur activité culturelle préférée, c'est la lecture. D'après un sondage mené par le magazine *Je bouquine*, 78 pour cent des ados ont lu au moins un livre dans le courant des trois derniers mois, et 62 pour cent sont inscrits en bibliothèque ou au CDI (centre de documentation et d'information). Les ventes de tablettes et de liseuses s'envolent et le fait que le livre numérique soit à portée de clic encourage les jeunes à lire. En plus, le lecteur peut décider de la taille du texte et stocker environ trois mille livres sur une petite machine.

La presse

70 pour cent des Français lisent chaque jour un titre de presse. Avec plus de 35 millions de lecteurs au quotidien, la France occupe la première place mondiale pour l'achat de magazines, hebdomadaires ou mensuels d'informations générales ou spécialisées. Les Français lisent en moyenne plus de sept titres différents par semaine. La presse spécialisée est très populaire. Au palmarès des ventes, on trouve les magazines d'actualité comme *Le Nouvel Observateur*, *L'Express* ou *Le Point*. Les Français raffolent également de leurs magazines télé (*Télé 7 jours*, *Star*, etc.), les magazines féminins (*Femme Actuelle*, *Elle*) et familiaux (*Top Santé*). Dans *Salut*, *Star Club* et *Fan Club*, on peut trouver des paroles de chansons et tous les potins sur ses stars préférées. Les magazines destinés aux jeunes garçons sont en train de devenir de plus en plus populaires. Pour les filles, *Girls* et *Miss* proposent des articles sur la mode, l'astrologie, les garçons et le maquillage. Si vous vous intéressez aux sciences, lisez *Science et vie junior*, *Géo Ado*, *Ça m'intéresse* ou *Réponse à tout !* Il y en a vraiment pour tous les goûts.

Les journaux gratuits

Le record absolu de lecture revient au quotidien gratuit *20 Minutes* avec 4,2 millions de lecteurs. Ces journaux distribués gratuitement le matin dans les grandes villes comme Paris, Lyon et Marseille dépendent entièrement de la publicité pour leurs revenus. Par conséquent, ils sont accusés de voler des lecteurs aux grands quotidiens nationaux payants comme *Le Parisien*, *Le Monde*, *Le Figaro*, *L'Équipe*, *Libération*, etc.

Les bandes dessinées

Les BD séduisent les petits comme les grands. Les grands classiques comme *Tintin* du Belge Hergé, *Astérix* de Gosciny et Uderzo et *Gaston Lagaffe* de Franquin, sont toujours populaires. Le Belge Peyo connaît un succès mondial avec les *Schtroumpfs*. Les Français lisent de plus en plus de mangas japonais. Il y a un festival de BD chaque année au mois de janvier à Angoulême.

Lexique

un sondage	a poll
un livre numérique	an ebook
un hebdomadaire	a weekly newspaper, magazine
raffoler	to be mad about
les potins (*m. pl.*)	gossip
le maquillage	make-up
un quotidien	a daily newspaper, magazine

Now check that you have understood the text by correcting the following sentences.

1 L'activité préférée des Français est la radio.
2 78 pour cent des ados ne lisent pas de livres.
3 62 pour cent vont souvent dans les librairies.
4 La hausse des ventes de livres numériques n'encourage pas les gens à lire.
5 Les magazines ne sont pas très populaires en France.
6 Les magazines les plus populaires sont les magazines politiques.
7 *Fan Club* est un magazine de mode.
8 Les journaux gratuits n'affectent pas les ventes des autres quotidiens.
9 Les adultes français ne lisent jamais de BD.
10 Le festival d'Angoulême est seulement une compétition de BD.

ÉTUDIANT   ÉCOUTEZ

9.2 Expression libre : Les jeunes parlent des médias

Listen to Virginie, Romain, Anthony and Denise talking about their reading habits.

Virginie

1 What is the advantage of magazines, according to Virginie?
2 What enables Virginie to look at the paper each day?

Romain

3 Name **one** skill (other than reading) that Romain has difficulty with because of his dyslexia.
4 How did he feel about reading the Harry Potter book?

Anthony

5 Explain how BookCrossing works.
6 Why are public payphones no longer in demand?
7 What new use is suggested for the defunct phone booths?

Denise

8 What career would Denise like to have later on?
9 Name any one advantage of Twitter.
10 How many letters are you allowed to use for a tweet?

Tweet!!

ÉTUDIANT LISEZ ÉCOUTEZ

9.3 Senan passe son oral

A Senan répond à quelques questions sur ce qu'il aime lire. Lisez puis écoutez.

1 Aimez-vous lire, Senan ?

Oui, j'adore la lecture et je partage ma passion pour la lecture sur le blog que j'ai créé en mars dernier. Je poste des critiques régulièrement et j'ai de la chance d'avoir été pris comme chroniqueur dans une maison d'édition.

2 Vous n'appartenez donc pas à la révolution numérique ?

Si, j'ai modifié mes habitudes de lecture et je lis désormais sur ma tablette. C'est plus écologique parce qu'avec les livres numériques on n'a pas besoin de couper d'arbres pour fabriquer du papier. La tablette demande la même concentration que les livres papier mais les livres numériques sont souvent moins chers.

6 Expliquez-moi pourquoi.

C'est un métier passionnant, mais parfois dangereux. De nos jours, beaucoup de journalistes risquent leur vie pour obtenir des informations importantes. L'association Reporters sans frontières se bat pour la liberté de la presse. J'ai été choqué par les attentats au journal français *Charlie Hebdo* et aussi après avec la prise d'otages.

3 Vos parents lisent-ils ?

Mon père n'a pas le temps de lire de romans mais il aime lire des biographies de temps à autre. Ma mère fait partie d'un club de lecture. Chaque mois, les membres du club choisissent un livre différent à lire. Ensuite, ils échangent leurs opinions et leurs impressions.

5 On m'a dit que vous publiez un magazine sur Internet. C'est vrai ?

Oui, je suis webmaster. Je publie un webzine. Pour ça, je dois suivre l'actualité et avoir de bonnes connaissances en informatique. Je voudrais devenir journaliste plus tard.

4 Parlez-moi d'un roman que vous étudiez en cours d'anglais ?

Nous lisons *The Catcher in the Rye* de J.D. Salinger. Ce livre raconte trois jours dans la vie de Holden Caulfield quand il vit seul à New York après avoir été expulsé de l'école. Ce grand classique de la littérature du 20ème siècle traite du passage de l'adolescence à l'âge adulte.

▶ Animation

B Et vous ? À deux ou en groupes, posez-vous les questions suivantes à tour de rôle, puis écrivez vos réponses.

1 Vous lisez le journal ? *Je lis …*
2 On achète un quotidien chez vous ? *J'achète …*
3 Quel roman étudiez-vous en cours d'anglais ? *J'étudie …*
4 Vous lisez des magazines ? *Je lis …*
5 Si oui, quel est votre magazine préféré ? *Mon magazine préféré est … / Je raffole de …*

9.4 Formulaire

Le magazine *Ados !* fait un sondage sur les habitudes de lecture des jeunes Irlandais. Remplissez le formulaire ci-dessous.

Attention : Répondez à 5, 6, 7 et 8 en faisant des phrases complètes !

1 Nom :   2 Prénom :

3 Lieu exact de naissance :

4 Langues parlées :

5 Quand est-ce que vous lisez le journal ?

6 Quel genre de magazines préférez-vous ?

7 Vous achetez des livres sur Internet ou dans les magasins ?

8 Qu'est-ce qui vous attire dans le choix d'un magazine ? (e.g. la couverture, le prix, l'avis de vos amis …)

9.5 Vive la lecture !

Lisez ces critiques extraites d'un magazine littéraire et répondez aux questions qui suivent.

LES RECOMMANDATIONS DE LA SEMAINE

Proie idéale, de Charlotte Bousquet

Lujba et Cam découvrent que leur amie Morgane a disparu du foyer pour adolescents en difficulté. La jeune femme devait rencontrer un photographe pour réaliser un book afin de devenir top-modèle. Mais Lujba et Cam pensent que ce photographe est peu scrupuleux.

Les Insoumis, d'Alexandra Bracken

Depuis qu'un virus l'a touché, Ruby est télépathe et capable de manipuler la mémoire d'autrui. Un roman d'aventure toujours plongé dans l'action. Une ambiance de « fin du monde ».

Sweet Sixteen, d'Annelise Heurtier

En 1957, à Arkansas, Molly s'apprête à faire sa rentrée des classes à Little Rock, un établissement réservé aux blancs. Cependant, Molly, elle, est noire. C'est avec émotion que nous suivons le parcours de cette jeune fille et la haine que provoque son intégration. Une histoire inspirée de faits réels.

L'Étincelle, de J.-M. Defossez

Emmanuel est en souffrance à cause de ses origines familiales très modestes, il est dans un lycée professionnel. Grâce à un projet scolaire, il rencontre Sabine, qui vient d'une famille d'artistes. Ils sont donc tous deux de milieux très différents, et pourtant, ils tombent amoureux. Ils essaient de se comprendre et de se soutenir. Ce livre fait réfléchir.

Nos étoiles contraires, de John Green

Hazel, 16 ans, est atteinte d'un cancer. Son dernier traitement semble avoir arrêté l'évolution de la maladie. Elle rencontre Augustus, un garçon en rémission, qui partage avec elle son humour et son goût de la littérature. L'attirance est immédiate, mais elle a peur de s'engager dans une relation dont le temps est compté. Un ouvrage intelligent et émotionnel.

Zooptique: Imagine ce que les animaux voient, de Guillaume Duprat

Vingt animaux, 20 façons de voir le monde. Les taureaux sont-ils vraiment énervés par le rouge ? Le chien, voit-il en noir et blanc ? Malgré les recherches, les biologistes ne savent pas toujours exactement ce que voient les animaux. Grâce à Guillaume Duprat, nous allons découvrir les secrets d'un chimpanzé, d'une abeille et d'un caméléon.

Ferrailleurs des mers, de Paolo Bacigallupi

Dans son nouveau roman, Paolo Bacigallupi, une des nouvelles stars de la science-fiction imagine un monde sans pétrole. Son héros, Nailer, est un garçon qui recycle les matériaux de pétroliers échoués sur la plage. À l'horizon, il voit passer de superbes bateaux à voiles très performants et rêve d'une vie aventureuse en mer.

Les Effacés, de Bertrand Puard

Marie-Ange Mouret s'inquiète. Elle va affronter Étienne Hennebeau, le président de la République actuel, au second tour de l'élection présidentielle. Un roman plein de suspense.

Lexique

un ferrailleur	*a scrap-metal dealer*
échouer	(here) *to be washed up*
affronter	*to face*

1 Name the book that ...

   a looks at racial discrimination

   b has young people from different backgrounds falling in love

   c has an end-of-world feeling about the story

   d involves the world of politics

   e has a heroine who can read minds.

2 Why are Lujba and Cam concerned about their friend Morgane in *Proie idéale*?

3 How did Ruby become telepathic in *Les Insoumis*?

4 Why do Hazel and Augustus hesitate about getting involved with each other in *Nos étoiles contraires* ?

5 Name **one** example of an animal question answered in *Zooptique*.

6 In what way is the world very different in *Ferrailleurs des mers*?

 9.1 Reliez! : Les mots des critiques

9.6 *Roses blanches pour Danielle, de Francine Rigoni*

A Read the following extract from a supernatural fantasy story and answer the questions below.

In this extract Danielle's friend Marie-Christine has just been murdered in mysterious circumstances. Danielle is feeling miserable. She has an interview for a part-time job and against her better judgement her mum persuades her to go. As Danielle waits in a café, she sees an old film on TV in which an aggressive man terrorises a woman. It's a face that Danielle is about to see again.

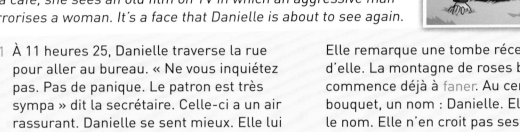

1 À 11 heures 25, Danielle traverse la rue pour aller au bureau. « Ne vous inquiétez pas. Pas de panique. Le patron est très sympa » dit la secrétaire. Celle-ci a un air rassurant. Danielle se sent mieux. Elle lui sourit. Elle se sent calme.

« Voici Danielle du Plessy, Monsieur Lejeune. Danielle vient pour le poste temporaire en juillet ».

2 La porte se ferme sur Danielle. Elle regarde alors Monsieur Lejeune. Les regards se croisent. Monsieur Lejeune a un regard cruel. Un regard cruel de tigre. Elle reconnaît immédiatement le visage. C'est l'homme du film ! Danielle se retourne. Elle ouvre la porte toute grande. Elle descend l'escalier quatre à quatre. Elle bondit dans la rue. Elle court comme une folle. Impossible de s'arrêter. Elle est morte de fatigue. Elle est morte de peur. Elle se retrouve au cimetière. Le souvenir de l'enterrement de Marie-Christine la submerge. Quel affreux cimetière ! Elle commence à pleurer. Elle a beaucoup de chagrin. Elle a aussi une peur folle. Elle tombe à genoux. Elle se met à sangloter.

3 Danielle a perdu la notion de l'heure. Elle est toujours à genoux dans ce cimetière.

Elle remarque une tombe récente en face d'elle. La montagne de roses blanches commence déjà à faner. Au centre du bouquet, un nom : Danielle. Elle regarde le nom. Elle n'en croit pas ses yeux. Elle s'approche ... elle lit l'inscription sur le marbre de la tombe :

> ### DANIELLE DU PLESSY
> ### MORTE TRAGIQUEMENT
> ### À L'ÂGE DE 17 ANS

4 Mais c'est son nom ! C'est elle ! C'est bien son âge. Elle regarde la date de sa mort : *demain.*

Les photos. Les yeux de tigre. Et maintenant, la tombe. La tête de Danielle tourne. Si elle est capable de créer des évènements, est-elle capable de tout arrêter ? « Demain, je ne fais rien. Je ne bouge pas » décide-t-elle. « Je ferme ma porte. Je reste au lit. Demain n'existe pas. »

Danielle n'a pu lire le grand titre en première page du journal *Ouest-France* le lendemain :

EXPLOSION DE GAZ
Quartier Dauphine
Un mort

1 Avant l'interview, qu'est-ce que la secrétaire a essayé de faire? (*Section 1*)

a calmer Danielle

b paniquer Damielle

c donner des renseignements à Danielle

d questionner Danielle

Lexique

un enterrement	*a burial*
le chagrin	*pain/sorrow*
sangloter	*to weep*
faner	*to wilt*

2 Comment s'appelle l'employeur ? (*Section 1*)

3 Relevez la phrase qui le décrit. (*Section 2*)

4 Cherchez la phrase qui décrit le fait que Danielle ait quitté l'établissement à toute vitesse. (*Section 2*)

5 Citez une émotion qu'elle subissait. (*Section 2*)

a terreur

b colère

c jalousie

d curiosité

6 Où est-ce qu'elle est allée ? (*Section 2*)

7 Pourquoi est-elle allée au cimetière ? (*Section 2*)

8 Pourquoi est-ce qu'elle était si choquée en regardant la tombe ? (*Section 3*)

9 In this extract, Danielle tries in vain to escape her fate. Comment on this with reference to the text. (*2 points, about 50 words*)

B Imaginez que vous êtes journaliste. Écrivez l'article pour *Ouest France*. (75 mots)

EXPLOSION DE GAZ
Quartier Dauphine
Un mort

Pour vous aider

Vous avez déjà le titre et le message essentiel. Maintenant racontez l'histoire en répondant aux questions qui ? quoi ? quand ? comment ? pourquoi ?

For help writing this newspaper article, see Compte rendu, pages 349–50.

9.7 La presse et la lecture

A Learn the following publishing-related vocabulary off by heart.

Les médias

un hebdomadaire	*a weekly*
un illustré	*a glossy magazine*
un journal	*a newspaper*
un journal de mode	*a fashion magazine*
un livre de poche	*a paperback*
un livre numérique	*an ebook*
un magazine / une revue	*a magazine*
un mensuel	*a monthly*
un magazine féminin	*a woman's magazine*
un magazine d'information	*a news magazine*
un quotidien	*a daily*

Genres

une autobiographie	*an autobiography*
une bande dessinée	*a comic*
le courrier du cœur	*the problem page*
la littérature non-fictionnelle	*non-fiction*
une nouvelle	*a short story*
un roman d'amour	*romantic novel*
un roman pour jeunes adultes	*a young adult novel*
un roman policier (*fam.*: un polar)	*a crime/police novel*
un thriller	*a thriller*

Autres mots utiles

un abonnement	*subscription*	une manchette	*a headline*
la liberté de la presse	*freedom of the press*	la une	*the front page*
une liseuse	*an e-reader*	faire la une	*to make the headlines*

B Trouvez le(s) mot(s) qui correspond(ent) à chaque définition.

1 court récit imaginaire
2 publication qui donne des nouvelles
3 fait tout les mois
4 fait toutes les semaines
5 œuvre d'imagination en prose
6 paiement pour un service régulier d'une durée déterminée
7 périodique illustré
8 livre avec une couverture souple
9 endroit où on emprunte des livres
10 endroit où on achète des livres

Le saviez-vous ?

Selon les statistiques, on évalue la part de lecteurs numériques en France à 15 pour cent de la population mais ce chiffre augmente rapidement.

ÉTUDIANT LISEZ ÉCOUTEZ

9.8 Ava passe son oral

A Ava répond aux questions sur ce qu'elle aime lire.
Lisez puis écoutez.

1 Ava, je vois que vous avez choisi un livre pour votre document ?

Oui, c'est un roman de Guillaume Musso, le premier auteur français que j'aie lu*. Tous ses livres ont un succès phénoménal. Le livre s'appelle *Demain*.

2 Ce livre parle de quoi ?

C'est l'histoire de Matthew, un jeune veuf, qui vient d'acheter un ordinateur portable d'occasion. Il découvre qu'il contient encore des photos. Il envoie un message à l'ancienne propriétaire du portable, une jeune célibataire new-yorkaise, pour lui remettre les clichés. Quand elle ne vient pas au rendez-vous fixé pour le lendemain, une vraie enquête pour la retrouver démarre. C'est un livre passionnant.

5 Est-ce que vous écoutez la radio ?

J'écoute la radio en m'habillant et j'écoute mes podcasts en allant au lycée à pied tous les matins. Comme ça, je suis toujours au courant de ce qui se passe dans le monde.

3 Vous lisez sur une tablette numérique ?

Jamais. Je déteste ça. Je préfère le papier car j'adore toucher la couverture et tourner les pages. En plus, lire sur un écran peut provoquer une fatigue visuelle.

4 Quand est-ce que vous aimez lire ?

J'adore lire le soir au lit avant de m'endormir. Cela me relaxe après le travail difficile pendant la journée.

* This form (or 'mood') of the verb is known as the subjunctive (le subjonctif) and is often used after que. For more about le subjonctif, go to *Panache en ligne*.

▶ Animation

B Et vous ? À deux ou en groupes, posez-vous les questions suivantes à tour de rôle, puis écrivez vos réponses.

1 Quel est votre livre préféré ? *Mon livre ...*

2 Vous pouvez résumer l'histoire ? *C'est l'histoire de ... / Ce livre parle de ...*

3 Vous écoutez la radio ? Si oui, quand ? *Oui, assez souvent ...*

4 Aimez-vous les bandes dessinées ? Pourquoi ? *Je raffole ...*

5 Vous préférez lire des livres papier ou des livres numériques ? *Je préfère ...*

C « De nos jours, les jeunes en Irlande ne lisent pas assez. » Discutez.   (75 mots)

Pour vous aider

Les jeunes Irlandais sont trop accro aux nouveaux médias.

La lecture peut sembler démodée de nos jours.

Plus personne ne lit les grands classiques de la littérature irlandaise.

D « Les livres papier vont disparaître. » *Georges, 19 ans*
Donnez votre réaction/opinion.   (75 mots)

For help giving your opinion, see pages 331–32.

VOUS AVEZ UN PROBLÈME ?

9.9 Le coin des experts

Aujourd'hui, nos experts répondent aux questions sur la lecture.

Listen to these questions and answers and fill in the grid below.

NOUS SOMMES LÀ POUR VOUS AIDER !

Person	Question	Advice given
Yves		
Corinne		
Dylan		

9.10 L'imparfait

When to use it

Before learning about l'imparfait, remind yourself about the past tenses you already know and their uses:

	Le passé proche	Le passé composé
French example	Je viens de regarder le match.	J'ai regardé le match.
English equivalent	*I have just watched the match.*	*I watched the match.*

- Le passé proche is used to express something you've just done.

- Le passe composé is used to express a completed, one-off action in the past.

L'imparfait (*the imperfect*), by contrast, expresses an ongoing, continuous or habitual action in the past.

So, in our example above, l'imparfait would be:

> Je regardais le match.   *I was watching the match.*

> See pages 140–141 and 146–148 for a more detailed description of how to form le passé composé, and page 63 for a description of how to form le passé proche.

Look at these examples of l'imparfait and think about how they fit in with the definition above ('ongoing, continuous or habitual'). How would you express them in English?

> La maison était grande et belle. (*ongoing*)

> Quand il est entré, elle regardait la télévision. (*continuous*)

> Avant, Philippe adorait lire, mais maintenant, il préfère jouer aux jeux vidéo. (*habitual*)

Note the following:

- From the first example, you can see that l'imparfait is used for describing things in the past – how things looked, what the weather was like and so on.

  Exemple : Il faisait beau, le soleil brillait et les deux amis bavardaient sur la terrasse.

- A frequent translation of l'imparfait when expressing an habitual action in the past is 'used to'.

  Exemple : Autrefois, il aimait lire les BD. *He used to like reading comics.*

Formation

There are three steps in forming l'imparfait.

1 Go to the nous form of the present tense.

2 Delete the -ons ending.

3 Add one of the **six** imparfait endings:

je	-ais	nous	-ions
tu	-ais	vous	-iez
il/elle/on	-ait	ils/elles	-aient

Exemples :

parler	→	nous parlons	→	parl-	→	je parlais	*I was talking / I used to talk*
finir	→	nous finissons	→	finiss-	→	je finissais	*I was finishing / I used to finish*
vendre	→	nous vendons	→	vend-	→	je vendais	*I was selling / I used to sell*

This rule applies to **all verbs**, both regular and irregular, with just **one exception**. So when forming the imperfect you just need to know the nous form of the present tense plus the six endings.

	parler	finir	vendre	avoir	boire
je	parlais	finissais	vendais	avais	buvais
tu	parlais	finissais	vendais	avais	buvais
il/elle/on	parlait	finissait	vendait	avait	buvait
nous	parlions	finissions	vendions	avions	buvions
vous	parliez	finissiez	vendiez	aviez	buviez
ils/elles	parlaient	finissaient	vendaient	avaient	buvaient

The one exception is être, which uses a different stem – ét- – to form l'imparfait. The endings are the same.

	être		être
je	étais	nous	étions
tu	étais	vous	étiez
il/elle/on	était	ils/elles	étaient

À ce temps-là je vendais les livres.

A Complétez les phrases suivantes en utilisant l'imparfait.

1 Je (lire) _____ toujours le journal en vacances.

2 Ma mère (acheter) _____ ce magazine.

3 Nous (passer) _____ devant l'école.

4 J'(aller) _____ souvent au cinéma.

5 Mon père (faire) _____ le jardin.

6 Ils (vendre) _____ des livres.

7 Vous (être) _____ triste.

8 Nous (connaître) _____ son mari.

9 Je (pouvoir) _____ venir.

10 Il (faire) _____ du vent.

B Traduisez les phrases suivantes en français.

1 He was reading a paperback.

2 I used to watch television every day.

3 She was always buying glossy magazines.

4 He used to write for a daily newspaper.

5 The book was very old and heavy.

6 The child was carrying a comic.

7 Freedom of the press was important during the war.

8 The celebrity was always in the headlines.

 9.2 Classez dans le bon ordre : Passé composé et imparfait.

9.11 C'est drôle

Listen to these amusing stories about reading and answer the following questions.

Reading upside down

1 Where does Gemma Williams live?

2 What personality trait is mentioned here?

3 What colours are the filters that can help this particular form of dyslexia?

The ostrich

4 What habit of the ostrich is mentioned here?

5 Where does it mention that this invention might be useful?

Tolkien

6 What might fans of *The Lord of the Rings* and *The Hobbit* be interested in?

7 Name the countries where this can be done.

9.12 Le participe présent

You have already met le participe présent in this unit:

> La secrétaire a un air rassurant.
> J'écoute la radio en m'habillant.
> J'écoute mes podcasts en allant à l'école.

Formation

- The present participle ends in –ant in French and –*ing* in English.

- The French present participle is formed by replacing the –ons ending of the first-person plural present with the ending –ant.

Infinitive	Nous form	Participe présent
parler	nous parlons	parlant
finir	nous finissons	finissant
vendre	nous vendons	vendant

- There are some exceptions:

avoir	→	ayant
être	→	étant
savoir	→	sachant

When is it used?

- A present participle can be used as an adjective:

> une fille charmante   l'eau courante

Note that in such instances the present particple agrees, just like any other adjective.

- En + participe présent = by/on/when/while doing something

> En rentrant à la maison, il a trouvé son livre dans la rue.

There is no agreement in such cases.

A Écrivez les participes présents de :

1	boire	6	mettre
2	faire	7	travailler
3	écrire	8	voir
4	choisir	9	vouloir
5	lire	10	avoir

B Traduisez en français :

1 Marie laughed while reading a book.
2 The amusing boy told a story.
3 He chatted while watching TV.
4 They earned money by selling tickets for the concert.
5 She improved her English by reading more.

- **Civilisation :** TV, computers, tablettes, mobile phones and other viewing devices; popular TV programmes in France

- The rise of the cookery programme

- Interviews with *MasterChef* winner Stéphanie and with Valérie Damidot, presenter of *D&CO*

- Hot tips for what's worth watching on TV tonight

- Film-watching trends in France

- **Le buzz sur les stars :** Discover the latest on Jean Dujardin, Quentin Tarantino, Kate Winslet, Leonardo DiCaprio and Scarlett Johansson.

- **Extrait de roman :** *Alex Leroc journaliste : Les Adversaires* by Christian Lause: Alex gets a telephone call at a very awkward moment!

- Top films on DVD not to be missed

- **Le coin des experts :** Some French teenagers ask questions including whether actors really can shed tears.

Grammaire
- L'heure

Oral
- Molly talks about TV and films

Zoom examen
- Giving your opinion about reality TV
- Writing a letter about your TV preferences

En ligne
- Écoutez ! : Ce qu'ils regardent à la télé
- Quiz : Les super-héros

10.1 La télévision, média le plus consommé en France

On peut regarder la télévision sur un ordinateur, un téléphone portable, une tablette tactile ou un poste de télé classique. La télé enregistre en ce moment un nouveau record : en France, on la regarde pendant trois heures 30 minutes par personne par jour. La télévision et Internet cohabitent. Beaucoup de postes de télé peuvent se connecter à Internet et selon les sondages, de plus en plus de jeunes téléspectateurs sont en même temps devant le petit écran et sur le Web. Six personnes sur dix se connectent chaque soir, soit 10 pour cent de plus en dix ans. L'écran du téléviseur est principalement allumé à partir de 18 heures jusqu'à 22 heures 30 en moyenne, le prime-time ou le grand moment familial de la journée.

Les émissions préférées

TF1 est la chaîne la plus regardée. Les émissions qui attirent le plus de spectateurs sont le journal télévisé, les émissions sportives, les classiques du cinéma, les magazines et les jeux télévisés. La chaîne favorite des jeunes, c'est M6. Les séries américaines populaires comme *Dr. House*, *Mentalist* et *Big Bang Theory*, et les séries françaises comme *Scènes de ménage* arrivent en tête de leurs émissions préférées suivies par les dessins animés et les émissions de divertissement.

La téléréalité

Les émissions musicales de téléréalité comme *The Voice* et *Nouvelle Star* où on est à la recherche d'un nouveau talent sont très populaires. Ce sont les versions françaises des émissions anglaises et irlandaises qui ont pour but de découvrir de jeunes chanteurs, musiciens ou mannequins parmi une liste de candidats. On commence par suivre le processus de sélection des candidats pendant plusieurs semaines. Petit à petit, des candidats sont éliminés et à la fin de la série, un nouveau talent est élu.

La cuisine à la télé est la nouvelle star !

Top Chef, *MasterChef* et *Un dîner presque parfait* sont devenus très populaires. Les candidats recrutés par casting s'affrontent devant un jury de grands chefs. C'est peut-être grâce à la crise économique que la cuisine est redevenue à la mode. Il semblerait qu'on invite de plus en plus souvent des amis à venir déguster ses créations.

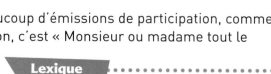

Le télé coaching

La télé peut vous aider aussi. On voit maintenant beaucoup d'émissions de participation, comme *D&CO*, où on rénove des maisons. La star de l'émission, c'est « Monsieur ou madame tout le monde » : il ou elle a un problème qu'un expert va essayer de résoudre. Ces émissions montrent la réalité mais elles rentrent aussi un peu dans l'intimité des gens et exposent leur détresse.

Lexique	
s'affronter	*to do battle*

Now check that you have understood the text by answering the following questions.

1 Why is it so much easier for people to watch TV nowadays?
2 What is the new record referred to here?
3 What do young French people frequently do at the same time as watching TV?
4 What do 60 per cent of French people do each day?
5 What is said about 6.00 to 10.30 in the evening?
6 Name some of the favourite TV programmes of French adults.
7 Describe the format of popular French musical shows.
8 What is a possible reason for TV cooking programmes becoming so popular?
9 Describe precisely how TV coaching programmes work.
10 What is the downside of these programmes?

10.2 Vocabulaire : La télévision

Reliez les mots en français dans l'encadré avec les mots en anglais (1–12).

les actualités (f. pl.)	une émission culturelle	la météo
un clip	un documentaire	une pub (publicité)
un dessin animé	un jeu-concours	une série télé
en direct	le journal télévise (le JT)	la téléréalité

1 documentary
2 news
3 reality TV
4 video clip
5 ad (advertisement)
6 cartoon
7 quiz
8 cultural programme
9 soap opera series
10 the weather
11 live
12 current affairs programme

ÉTUDIANT ÉCOUTEZ

10.3 Expression libre : Qu'est-ce que vous aimez regarder à la télé ?

A Camille a interviewé des camarades de classe sur ce qu'ils ont l'habitude de regarder à la télévision.

Listen to Kiara, Samuel and Christophe's answers and reply to the following questions.

Kiara

1　How old is Kiara?

2　What programmes does she like?

3　What programmes does her brother like?

4　What is her view on the ads on TV?

Samuel

5　How old is Samuel ?

6　What are his opinions regarding TV?

7　What does he dislike about the news on TV?

Christophe

8　What does Christophe like to watch on TV?

9　What are his opinions regarding TV?

10　What does he intend to do this evening?

 10.1 Écoutez : Ce qu'ils regardent à la télé

PARLEZ

B **Et vous ? Que regardez-vous ?**

En utilisant le vocabulaire de la page précédente, expliquez à un(e) camarade de classe ce que vous aimez regarder à la télévision.

174

10.4 Interview sur deux séries à succès en France

Listen to these two interviews with two French TV celebrities and answer the questions.

Stéphanie, la gagnante de *MasterChef*

1 What do French people discover by watching cookery programmes?
2 What is said about France as a country?
3 Name an important value for the French.

Valérie Damidot, animatrice vedette de *D&CO*

4 How many programmes was Valérie originally asked to do by M6?
5 Why, according to Valérie, is the programme a difficult one to make?
6 How does Valérie describe herself?

Le saviez-vous ? •

D&CO est une émission de télévision française très populaire qui passe sur la chaîne M6 pendant laquelle la présentatrice Valérie Damidot entreprend la redécoration intérieure chez un participant.

10.5 Les jeux vidéo et les jeunes

Pensez-vous que les jeux vidéo aient une bonne ou une mauvaise influence sur les jeunes ? Sont-ils bénéfiques ou dangereux ? Réfléchissez et donnez votre opinion dans un paragraphe de 75 mots environ.

Phrases utiles •

Pour

✓ Les jeux vidéo développent certains réflexes.
✓ Ils aident à la coordination des mains et des yeux.
✓ Ils aident les jeunes à utiliser les ordinateurs.
✓ Ils renforcent les liens sociaux car les jeunes préfèrent jouer à plusieurs (*in groups*).

Contre

✗ Il paraît que l'abus de jeux vidéo peut provoquer des crises d'épilepsie.
✗ Les jeunes passent trop de temps devant leur écran.
✗ Leurs résultats scolaires peuvent en souffrir.
✗ Beaucoup de jeux sont violents et rendent les jeunes agressifs.

> **For help giving your opinion, see pages 331–32.**

10.6 Formulaire

A Remplissez le formulaire suivant. Il s'agit d'un sondage sur les habitudes des lecteurs du magazine *Télé Passion*. Attention : répondez aux questions 6 à 9 par des phrases complètes.

1 Nom : _____ 2 Prénom : _____

3 Date de naissance : _____

4 Vous regardez la télé … (Cochez les cases appropriées.)

en mangeant ? ☐   au lieu de vous coucher ? ☐

au lieu de sortir avec vos amis ? ☐   dans votre chambre ? ☐

en faisant vos devoirs ? ☐   dès que vous le pouvez ? ☐

au lieu de faire vos devoirs ? ☐

5 Combien d'heures passez-vous chaque jour devant la télé ? _____

6 Quelles sont vos émissions préférées ?

7 Quels genres d'émissions n'aimez-vous pas ?

8 La télé reste-t-elle toujours allumée chez vous ?

> For help filling out les formulaires, see pages 331–32.

B « La téléréalité est le refuge des stars en perte de renommée. » *Zoe, 18 ans*

**Êtes-vous pour ou contre ce que dit Zoe.
Donnez votre avis et justifiez-le.** *(75 mots)*

> For help giving your opinion, see pages 331–32.

10.7 L'heure

Voici un petit rappel sur l'heure. Savoir l'heure est en effet essentiel pour parler de vos habitudes, décrire votre journée, dire à quelle heure passe votre émission préférée ...

O'clock times

Il est une heure.

Il est onze heures*.

❋ **There is an s from deux heures upwards.**

12 o'clock

Il est midi (*midday*).

Il est minuit (*midnight*).

5 past, 10 past, 20 past, 25 past the hour

Il est deux heures cinq.

Il est deux heures dix.

Il est deux heures vingt.

Il est deux heures vingt-cinq.

half past

Il est cinq heures et demie.

Il est midi et demi.

A quarter past

Il est huit heures et quart.

❋ **une demi-heure = *half an hour***

❋ **un quart d'heure = *a quarter of an hour***

From half past to the next hour

Here you use moins (*less*).

Il est six heures moins vingt-cinq. (*25 to six*)

Il est six heures moins vingt.

Il est six heures moins dix.

Il est six heures moins cinq.

❋ **Il est six heures moins le quart. (*a quarter to six*)**

The 24-hour clock

Le système horaire sur 24 heures is frequently used in timetables.
Simply say the hour plus the number of minutes past.

> Il est quatre heures dix-huit.
>
> Il est huit heures trente.
>
> Il est vingt-trois heures quarante.
>
> Il est dix-sept heures vingt-huit.

More details

- An abbreviation of the word heure is sometimes used. This is simply h.

> Marie est arrivée à 5h00.

- When you want to say *in the morning*, *in the afternoon* or *in the evening*, or specify a.m. or p.m. times, you say:

> Il est six heures du matin.
>
> Il est cinq heures de l'après-midi.
>
> Il est huit heures du soir.

- To say at a certain time, use à.

> à neuf heures (*at nine o'clock*)
>
> à midi (*at midday*)

A Écrivez les heures suivantes en français, en utilisant «Il est ... ».

1
2
3
4
5

6
7
8
9
10

B Traduisez les heures suivantes en français.

1
2
3
4
5

ÉTUDIANT   ÉCOUTEZ

10.8 À regarder ce soir !

A Listen to these recommendations for this evening's viewing and fill in the blanks in the grid.

	Time	Channel	Show	Programme description
1			*Maison à vendre*	
2		France 2		
3		France 5	*Le yaourt est-il blanc comme la neige ?*	
4		CANAL+	Paris Saint-Germain Marseille	
5		W9	*The Grand Budapest Hotel*	
6	23.30		*L'Amour est aveugle*	

PARLEZ

B **Et vous ? À deux, posez-vous les questions suivantes à tour de rôle.**

1 Quelle est votre chaîne de télé préférée ? *Moi, je préfère …*

2 Quelle genre d'émission préférez-vous ? *Je préfère …*

3 Quelle est votre émission préférée ? *J'adore …*

4 Regardez-vous les émissions de téléréalité ? *Je regarde / Je ne regarde pas …*

5 Qu'est-ce que vous avez regardé à la télé hier soir ? *J'ai regardé …*

6 Qu'est-ce que vous regarderez ce soir ? *Je regarderai …*

7 Regardez-vous le journal télévisé chaque soir ? *Je regarde / Je ne regarde pas …*

8 Regardez-vous la météo ? *Je regarde / Je ne regarde pas …*

ÉCRIVEZ

C **Écrivez une lettre à votre correspondant(e) et dites-lui ce que vous aimez regarder sur le petit écran, vos chaînes préférées et vos vedettes préférées.** (75 mots)

For help with writing une lettre informelle, see pages 348–49.

10.9 Alex Leroc, journaliste, participe à une nouvelle émission de téléréalité

Read the following extract from *Alex Leroc, journaliste : Les adversaires*, de Christian Lause and answer the questions that follow.

Un chaîne de télévision privée propose une nouvelle émission de téléréalité et le journaliste Alex Leroc est obligé d'y participer. Le principe est simple : deux journalistes concurrents doivent tous les deux réaliser une enquête sur le même scandale dans l'univers du show business. Ensuite, c'est le public qui décide qui est le meilleur des deux reporters. Alex Leroc et son adversaire vont enquêter sur un divorce très médiatique.

1 Face à mes deux cameramen, je regarde le courrier que je viens de recevoir. Dans un paquet, je trouve un CD-ROM. Je vérifie le contenu : une série de clips vidéo et des publicités pour des concerts. Curieusement, il y a aussi un dossier dans un format que je ne connais pas, avec des noms, des numéros de téléphone, des numéros de comptes bancaires. Ça ressemble à un fichier de comptabilité. J'essaie de copier le dossier sur mon disc dur : impossible, il est bloqué ! Je l'observe plus attentivement : la plupart des numéros de téléphone correspondent à des villes françaises mais je peux voir qu'il y a aussi plusieurs numéros qui correspondent à la Belgique. Qui m'envoie ça ?

Je suis concentré sur mon écran d'ordinateur quand mon téléphone fixe sonne. C'est le téléphone du bureau, je ne l'utilise presque jamais.

2 –Allo, Alex ? Tu as une seconde ?

–C'est toi, maman ?

–Oui, j'ai quelque chose de très important à te dire.

C'est ma mère ! Je suis nerveux quand ma mère m'appelle. Je touche un bouton. C'est le haut-parleur et le volume est au maximum. À cause de ces types qui me

filment, le monde entier va entendre ma mère qui parle. Comment désactiver le haut-parleur ? Horreur ! Je ne sais pas comment fonctionne ce téléphone fixe. Moi, j'utilise toujours mon téléphone portable.

–Allo, maman ? Est-ce que je peux te rappeler plus tard ?

–Non, écoute-moi juste une seconde, Alex …

3 Les caméras me fixent.

–Maman, je te dis que je suis très occupé…

–Laisse-moi parler ! Voilà, j'ai fait des analyses médicales et on me dit que j'ai trop de cholestérol.

–Vraiment ? Tu sais ce que tu dois faire ?

–C'est pour toi que je m'inquiète, Alex ! Je me dis que tu risques d'avoir un jour le même problème que moi.

–Il n'y a aucune raison …

–Par conséquent, il est encore plus important pour toi de manger correctement, de faire du sport, de …

–Excuse-moi, maman, est-ce que je peux te rappeler ce soir ?

–En ce moment, je suis au bureau avec les gens de la télévision.

–Ah oui ! Télé Jet 7. Ne t'inquiète pas pour les points, il te reste quatre jours pour gagner. Un conseil : interviewe Nathalie, le public l'adore. Moi aussi je la trouve formidable, cette petite ! Elle est très sympathique, elle chante bien. Elle a raison de divorcer.

–Oui, oui, d'accord, maman.

4 Les caméramen sourient, ils sont contents : ils ont une bonne séquence de téléréalité !

Mardi 5 décembre, 16h30 dans les bureaux de L'Avis

Nina passe devant mon bureau et me fait un geste pour m'inviter à sortir.

–Laissez-moi seul cinq minutes, dis-je aux caméraman. Je vais retrouver Nina. Jacky est avec elle.

–Au secours, les amis. Je suis obligé de vivre constamment avec des caméras.

–C'est insupportable !

–Assieds-toi ! Calme-toi, dit Jacky.

–Pas de panique ! dit Nina. La présence des caméras, c'est seulement pour quelques jours. Pense uniquement à gagner des points. Je vais t'aider. Écoute, j'ai une bonne nouvelle : Nathalie accepte de te voir ce soir. Tu prends le TGV à 18h pour être chez elle à 20h.

–Comment as-tu fait ?

–C'est simple, j'ai choisi le bon moment pour l'appeler et pour lui proposer une rencontre avec toi. Grâce à l'intervention de ta mère en direct au téléphone, maintenant Nathalie te trouve sympa, elle veut te donner une chance de gagner. Super, non ?

–Grâce à ma mère ? Ce n'est pas possible.

Lexique

concurrent(e)	*competing*
le courrier	*the post/letters*
la comptabilité	*accounts*

---

1 Qu'est-ce qu'il y avait dans le paquet qu'Alex a reçu ? (*Section 1*)

2 Pourquoi n'a-t-il pas mis le dossier sur le disque dur ? (*Section 1*)

3 D'où viennent les numéros de téléphone qui n'étaient pas français ? (*Section 1*)

4 Pourquoi Alex ne savait-il pas comment fonctionne le téléphone fixe ? (*Section 2*)

5 Quelles étaient les nouvelles de la mère d'Alex ? (*Section 3*)

6 D'après la mère d'Alex que faut-il faire pour éviter d'avoir le même problème de santé qu'elle ? (*Section 3*)

   a manger plus de fast food   **c** faire plus d'exercice

   b ne pas manger trop vite   **d** éviter le stress

7 Quel conseil maman a-t-elle donné à Alex à propos du concours ? (*Section 3*)

8 À quelle heure (en mots) Nina a-t-elle rendu visite au bureau d'Alex ? (*Section 4*)

9 Alex is finding the strain of being on a reality-TV show hard to put up with. Comment on this with references to the text. (*2 points, about 50 words*)

10.10 Tous fous de pub

A Listen to Jordan Morel, president of an advertising agency.

1 Why do people like ads?

2 How many ads on average are major city dwellers exposed to each day?

3 What percentage of people like ads?

4 In what way have TV ads been cut back on the national stations in France?

5 Why has this measure been taken?

6 Which of the following is true?

   a There is talk of banning TV ads altogether.

   b Ads are becoming cheaper to make.

   c People change channels looking for good ads.

   d Food ads are always aimed at adults.

7 What is the situation regarding ads in Sweden ?

8 Explain what 'interactive ads' are.

B Êtes-vous pour ou contre la publicité à la télévision ?

1 Cochez les cases pour indiquer si vous êtes d'accord avec les affirmations suivantes.

D'accord

Les publicités cherchent à nous surprendre. ☐

Les publicités apportent des informations. ☐

Les publicités encouragent l'obésité. ☐

Les publicités ne reflètent pas la réalité. ☐

Les publicités nous encouragent à acheter des choses inutiles. ☐

Les publicités font partie de notre système économique. ☐

Les publicités sont drôles et très amusantes. ☐

2 Que pensez-vous de la publicité ? Discutez en petits groupes et résumez la discussion en un paragraphe de 75 mots.

Exemple : Je n'aime pas la pub. À mon avis, elle ne reflète pas la réalité ...

10.11 Les Français et le cinéma

Read the following article on the French love affair with cinema and then summarise it in English in 75 words.

Les cinémas en France ont enregistré une augmentation du nombre d'entrées l'année dernière. Ce pic de fréquentation prouve que ni le piratage, ni la vidéo ni les home cinémas ne remplacent l'expérience d'une soirée au cinéma.

D'après une étude réalisée sur un questionnaire en ligne auquel ont répondu 2399 spectateurs, 62 pour cent des Français sont allés au cinéma en moyenne six fois l'année dernière. Grâce aux cartes d'abonnement et autres promotions, le prix d'entrée moyen était de 6,50 euros. La plupart des personnes interrogées considèrent que le cinéma offre un bon report qualité/prix. Le cinéma diffuse aussi des évènements musicaux et des évènements thématiques. La proportion de spectateurs qui visionnent des films piratés est la plus élevée parmi les 15–24 ans, mais ceux-ci reconnaissent cependant que l'expérience n'est pas aussi bonne que de voir un film en salle.

Maintenant, de plus en plus de salles de cinéma sont équipées de projecteurs numériques et la qualité des images est bien meilleure qu'avant. Pour 81 pour cent des personnes interrogées, cette technologie améliore l'expérience au cinéma. 65 pour cent privilégient la version 3D plutôt que la version classique s'ils ont le choix.

On ne peut pas parler de l'industrie cinématique en France sans parler des festivals de film. Il y a de nombreux festivals mais le plus célèbre est le festival international du film de Cannes. Il a lieu chaque année au mois de mai. Il dure 12 jours. Les principaux prix sont la Palme d'or (en référence aux palmiers qui se trouvent à Cannes) et le Grand prix du jury. Chaque année toutes les stars du cinéma y vont et le jury choisit les meilleurs films.

10.12 Les films préférés des jeunes

A Listen to Julia and Noé explain how they choose a film to watch. Then fill in the grid.

	Julia	Noé
Type of film he/she likes		
What influences him/her in choice of film		

B Et vous ? En groupes, posez-vous les questions suivantes :

1 Le cinéma est-il un de vos loisirs préférés ? *Oui/Non, j'aime …*

2 En général, avec qui allez-vous au cinéma ? *J'y vais avec …*

3 Quel genre de films préférez-vous ? *Je préfère …*

4 Quelle est votre vedette préférée ? Pourquoi ? *Ma vedette préférée est …*

5 Quel est votre film préféré ? Pourquoi ? *Mon film préféré est … parce que …*

Pour vous aider

une comédie musicale	*a musical drama*	un film de guerre	*a war film*
un dessin animé	*a cartoon*	un film d'horreur / d'épouvante	*a horror film*
un documentaire	*a documentary*	un film historique	*historical film*
un film d'espionnage	*a spy film*	un film policier	*a crime film*
un film d'aventure	*an adventure film*	un film romantique/d'amour	*a romantic film*
un film classique	*a classic film*	une comédie romantique	*a romcom*
un film comique / une comédie	*a comedy*	un western	*a Western*

C Écrivez une lettre à votre correspondant(e) et racontez une soirée au cinéma. Décrivez le cinéma, résumez le film, expliquez pourquoi vous avez choisi ce film, les personnes avec qui vous étiez et si vous avez passé un bon moment. [75 mots]

D You call to invite your friend Florent to go to the cinema but he is out. Leave a note arranging the time and meeting place and suggest where you would like to go after the cinema. [75 words]

For help with writing a message or a note, see pages 343–44.

10.13 Le buzz sur les stars du cinéma

Listen to these celebrity interviews and answer the questions below.

Jean Dujardin

1 How did Jean Dujardin get on in school?

2 What does he explain to his children about his job?

Quentin Tarantino

3 How does Quentin Tarantino feel about violence in films and in life?

4 What sacrifices has he made to be a top-class director?

Kate Winslet

5 How does Kate Winslet balance her roles as a mother and an actress?

6 What was her very first acting role?

Leonardo DiCaprio

7 According to Leonardo DiCaprio, what do you have to be able to endure as an actor?

8 How does he feel about the success of the film *Titanic*?

Scarlett Johansson

9 What does she say about her dad?

10 How does she feel about Paris?

10.14 Top DVD
Lisez ces critiques et répondez aux questions qui suivent.

12 Years a Slave
Genre : drame

Solomon Northup, jeune homme noir originaire de New York, est enlevé et vendu comme esclave. Face à la cruauté d'un propriétaire de plantation de coton, Solomon se bat pour rester en vie et garder sa dignité. Le réalisateur Steve McQueen est particulièrement intéressé par le point de vue du personnage principal : un homme qui a connu la liberté avant de subir une servitude des plus injustes.

Philomena
Genre : drame

Irlande, 1953. Philomena Lee, encore adolescente, tombe enceinte. Rejetée par sa famille, elle est envoyée au couvent de Roscrea. Elle travaille à la blanchisserie et n'est autorisée à voir son fils Anthony qu'une heure par jour. À l'âge de trois ans, Anthony lui est arraché pour être adopté. Pendant des années, Philomena essaie de retrouver son fils. Cinquante ans plus tard, Philomena rencontre un journaliste, Martin Sixsmith qui va l'aider dans ses recherches.

Un amour d'hiver
Genre : film romantique

Au début du vingtième siècle, Peter (le beau Colin Farrell) cambriole les villas des beaux quartiers de New York. En explorant une maison qu'il croyait déserte, il rencontre Beverly, une jeune femme incroyablement belle. Leur amour est vite compromis par leur différence sociale et le fait que Beverly est en train de mourir de tuberculose. Cette adaptation d'un roman de Mark Helprin est un mélange de romance et de suspense. Jessica Brown Findlay (vedette de la série télévisée *Downton Abbey*) est superbe dans le rôle de Beverly.

Robocop
Genre : fantaisie action

Murphy est un bon flic et un mari heureux. Un jour, la moitié de son corps se trouve pulvérisée par une voiture piégée. Murphy est récupéré pour un programme secret mené par une corporation cynique. Il devient Robocop, un flic mi-homme, mi-machine. Seulement, ce qui reste de sa mémoire va refaire surface. Une nouvelle génération sera touchée par un remake de cette histoire émouvante et musclée.

Grace de Monaco
Genre : biographie

En 1962, l'ex-star de cinéma Grace Kelly, devenue princesse de Monaco, considère sa vie. Elle considère le scandale que serait un divorce d'avec le prince Rainier de Monaco et la reprise de sa carrière d'actrice. Le casting est superbe avec Nicole Kidman dans le rôle principal.

1 Name the film where:

    a a woman searches for her son.

    b a woman makes a choice about her future life.

    c a man has to fight to stay alive and keep his dignity.

    d the story is based on a best-selling book.

    e a policeman is injured.

2 In what way does Solomon Northrup's life completely change?

3 Why does Philomena go to Roscrea convent?

4 How does Murphy get injured in the line of duty?

5 What did Grace Kelly do before becoming a princess in Monaco?

6 Why is the love between Peter and Beverly doomed?

 10.2 Quiz : Les super-héros

10.15 Le coin des experts

Écoutez les questions de Félix, Rosalie et Elliot au sujet du cinéma et les conseils qu'on leur donne. Remplissez la grille.

VOUS AVEZ UN PROBLÈME ?

NOUS SOMMES LÀ POUR VOUS AIDER !

Person	Question	Advice offered
Félix		
Rosalie		
Elliot		

Lexique

la signalétique   *age classication*

10.16 Molly passe son oral

A Molly répond à quelques questions sur la télé et le cinéma. Lisez puis écoutez.

1 Aimez-vous la télé et le cinéma ?

J'adore regarder des films romantiques, des films comiques et des films avec des super-héros. Je m'intéresse également aux actualités et aux documentaires sur la nature.

2 Comment choisissez-vous un film ?

Je demande à mes amis ce qu'ils en ont pensé s'ils l'ont vu. Je lis les critiques dans des revues de cinéma et je regarde les bandes annonces des films. Les acteurs et les actrices qui jouent dans le film sont aussi très importants pour moi.

5 Aimez-vous la téléréalité ?

Oui, je dois admettre que je la regarde. J'adore les émissions de relooking. J'adore la mode et c'est intéressant de voir les candidats avant et après leur transformation. Quand j'ai rendu visite à ma tante en France l'été dernier, j'ai adoré *Cousu main*, une émission de couture dans laquelle les concurrents doivent confectionner la tenue parfaite. Mais il faut quand même dire que, de temps en temps, la téléréalité peut être vraiment très cruelle !

3 Quelle est votre émission de télé préférée ?

C'est la série télé *The Good Wife*. Elle raconte l'histoire d'Alicia Florrick (jouée par Julianna Margulies) qui est l'épouse parfaite. Elle est mariée à un homme politique influent, mère de deux enfants, installée dans un quartier chic de Chicago. C'est un conte de fée qui tourne au vinaigre le jour où son mari est photographié avec une prostituée et accusé de corruption. Alicia incarne la femme idéale qui prouve que la vie continue même face aux situations humiliantes.

4 Et votre acteur ou actrice préférée ?

C'est l'acteur australien Hugh Jackman. Il a joué le rôle de Jean Valjean dans la comédie musicale *Les Misérables*. Il était aussi le héros de la série des *X-Men* et en plus a été élu l'homme le plus sexy au monde. C'est vrai qu'il a de l'assurance, du charme et beaucoup de classe !

B Et vous ? En groupes ou à deux, posez-vous les questions suivantes.

1 Aimez-vous la télé et le cinéma ? *J'adore / Je n'aime pas beaucoup ...*

2 Comment choisissez-vous un film ? *Je demande ...*

3 Quelle est votre émission de télé préférée ? *Mon émission préférée, c'est ...*

4 Aimez-vous la téléréalité ? *J'aime / Je n'aime pas ...*

- **Civilisation :** Solidarity in France; the level of poverty; how the government and charitable associations help

- **Les Restos du Cœur :** Profile on the important work done by this organisation

- Interview with a volunteer and a homeless person

- Working in the local community; leading an eco-responsible life; volunteer work in Transition Year

- **L'histoire de Rosa Parks :** The story of the shy woman who challenged racial segregation in the United States

- Where some celebrities were during 9/11 and their initial reactions to the events

- **C'est drôle !** Interesting stories including the elderly lady who did a parachute jump for charity and the family who did a world tour for charity thanks to their Facebook friends

- **Le coin des experts :** Three teenagers ask questions about solidarity.

Grammaire

- Le futur simple

Vocabulaire

- Helping others
- Being disadvantaged

Oral

- Lauren talks about what voluntary work she does.

Zoom examen

- Giving your opinion about the homeless in Ireland
- Writing a diary in which you try out life on the streets; ridding ourselves of prejudice
- Filling out a form to join a voluntary organisation

En ligne

- Quiz : Le bénévolat
- Écoutez : C'est drôle !

11.1 **Les pauvres en France**

Un individu est considéré comme pauvre quand son niveau de vie est inférieur au seuil de pauvreté, c'est-à-dire quelqu'un qui a un revenu égal à la moitié du salaire moyen dans un pays. (Actuellement, le salaire mensuel moyen en France est de presque €3 186.) La pauvreté n'est pas forcément liée au chômage mais elle peut l'être. Les personnes touchées par la pauvreté n'ont pas assez d'argent pour manger, se loger, étudier ou se soigner. Avec la récession économique, la pauvreté change de visage en frappant les jeunes. On dit qu'un enfant sur dix est en situation de privation. Le nombre de SDF (sans domicile fixe) a augmenté de 50 pour cent depuis 2001. Le chiffre actuel est de 141 500 personnes dont 30 000 enfants d'après l'Insee (Institut national de la statistique et des études économiques). Cette explosion reflète l'impact de la crise économique couplée à la flambée des prix de l'immobilier. Cependant, la France reste le cinquième pays le plus riche du monde.

Comment est-on aidé ?

Heureusement, on ne reste pas sans rien faire : le gouvernement aide les familles dans le besoin en leur donnant de quoi acheter des fournitures scolaires, un peu d'argent et en leur proposant des HLM (habitations à loyer modéré). Un Français sur cinq travaille comme bénévole pour une association humanitaire. Il y a aussi une loi contre l'exclusion qui reconnaît l'obligation de « faire respecter l'égale dignité de tous les êtres humains ». Cette loi a pour but de faire respecter les droits fondamentaux de tout être humain. Parmi ces droits, on trouve notamment le droit au travail, au logement, à l'éducation et à la protection de la santé.

Les associations caritatives

Diverses associations comme le Secours Catholique, Unicef, la Ligue contre le Cancer, la Croix Rouge, le Secours Populaire et les Restos du Cœur offrent gratuitement leurs services. Les Français donnent chaque année des milliards d'euros a de nombreuses associations caritatives. Il y a aussi les associations caritatives françaises comme Emmaüs qui fonctionnent bien et qui sont aussi connues à l'étranger.
L'association MSF (Médecins Sans Frontières) intervient partout dans toutes les régions du monde où l'aide médicale est nécessaire. Les membres sont tous volontaires. En ce moment, les organisations humanitiares comme MSF font tout pour lutter contre la propagation du virus Ebola en Afrique. Il s'agit de médecins, chirurgiens, infirmières, etc. Environ 2 500 volontaires partent chaque année en mission.

Lexique	
le niveau de vie	standard of living
le seuil de pauvreté	poverty line
lier	to connect
les SDF (m. pl.)	homeless people
l'immobilier (m.)	housing
les fournitures (m. pl.) scolaires	school equipment
les HLM (m. pl.)	controlled-rent housing
caritatif(-ive)	charitable

Il y a environ 4 millions d'HLM (habitations à loyer modéré) en France, ce qui représente 16 pour cent de l'ensemble des logements. Qu'ils appartiennent à l'état ou à des particuliers, ils offrent la possibilité de se loger à ceux qui n'ont pas les moyens de payer un loyer sur le marché libre. Le taux de chômage et de pauvreté y est souvent supérieur à la moyenne nationale, ce qui fait que ces habitations peuvent avoir mauvaise réputation bien que cela ne soit pas toujours justifié.

A Now check that you have understood the text by completing the following statements.

1 The definition of living in poverty is …
2 The figure of 1,500 refers to …
3 With the economic crisis poverty has …
4 50 percent refers to …
5 The figure of 30,000 refers to …
6 France is a wealthy country – in fact, it is …
7 One-fifth of all French people …
8 The 'law against exclusion' recognises a duty to …
9 Examples of voluntary charitable organisations are …

B Dans le texte ci-dessus trouvez les mots avec les définitions suivantes :

1 le contraire de riche (*Section 1*)
2 manque de travail (*Section 1*)
3 la crise financière (*Section 1*)
4 des sans abris (*Section 1*)
5 assiste (*Section 2*)
6 quelqu'un qui agit sans être obligé ou payé (*Section 2*)
7 un pouvoir légal (*Section 2*)
8 habitation (*Section 3*)
9 sans demander de l'argent (*Section 4*)
10 combattre (*Section 4*)

C Apprenez le vocabulaire suivant :

aider	*to help*	lutter contre	*to fight against*
alléger la souffrance	*to relieve suffering*	mal nourri(e)	*malnourished*
une association	*an organisation*	la misère	*misery*
le bénévolat	*voluntary work*	la pauvreté	*poverty*
un/une bénévole	*a volunteer*	sans abri	*homeless*
les droits (*m. pl.*)	*rights*	la souffrance	*suffering*
l'inégalité (*f.*)	*inequality*	volontaire	*voluntary*
l'itinérance (*f.*)	*homelessness*		

LISEZ

11.2 Les Restos du Cœur

A Read the following article about this renowned French charity and answer the questions below.

Coluche

À quoi servent les Restos du Cœur ?

En 1985, l'humoriste Coluche (1944–86) lançait une petite idée : offrir une cantine gratuite à ceux qui en ont besoin : les Restos du Cœur–Les Relais du Cœur, une association qui mène le combat contre l'exclusion et la misère était née. Elle apporte assistance aux plus démunis notamment en les aidant à se nourrir : les bénévoles leur distribuent des repas gratuits et aident aussi à leur insertion sociale.

L'association a grandi

En 2013 l'association a accueilli 960 000 personnes et a distribué 130 millions de repas. En ce moment, 66 000 bénévoles travaillent pour cette organisation. En plus de la distribution des repas, elle gère des magasins, offre des hébergements d'urgence, aide à l'insertion professionnelle avec des ateliers de soutien et assiste financièrement leurs clients quand c'est nécessaire. Elle organise aussi des visites au cinéma, et des vacances. Puisque 53 pour cent des SDF sont d'origine étrangère, elle organise également des ateliers de la langue française. Coluche aurait de quoi être fier !

Qui sont les SDF ?

Beaucoup de gens pensent que les SDF sont des fainéants ou des alcooliques qui ne se sentent pas le courage de travailler. C'est complètement faux. Ce sont, pour la plupart, des gens qui ont tout perdu, à qui il ne reste plus que la dignité et le courage. Ils se retrouvent dans des situations délicates et il n'y a vraiment pas de solution miracle. La solidarité comme on leur montre aux Restos du Cœur est souvent leur seul recours.

Lexique

démuni(e)	*impoverished*
se nourrir	*to feed oneself*
un atelier de soutien	*a drop-in centre*
un/une fainéant(e)	*an idler*

1 What was Coluche's profession?

2 What was the basic idea behind the Restos du Cœur?

3 What do the volunteers at Les Restos du Cœur do?

4 To what does the figure 960,000 refer?

5 How many free meals were given out last year?

6 Name **three** of the additional services provided.

7 What is the comment made about 53 per cent of homeless people?

8 What particular service is aimed at them?

9 What do some people think about the homeless?

10 What is the only solution, according to the author?

 11.1 Quiz : Le bénévolat

B Now listen to these two interviews, one with a volunteer and the other with a homeless service user.

Yves, bénévole

1 What is it difficult to do with very little money, according to Yves?
2 What is contained in the food packages?
3 What general expenses did the woman Yves visited have?
4 What did Yves do before issuing her with a card?
5 What does Yves love about the voluntary work that he does?

Michel, SDF à Paris

1 Why was it so difficult for Michel to find work again?
2 What did Michel do yesterday to try to make money?
3 What does he hope to sell in order to make some money?
4 How does Michel describe his life?
5 What does he find in Les Restos du Cœur as well as food?

11.3 Mal-logés ou sans-abri, que faire ?

A Imaginez que vous êtes journaliste. Vous décidez de vivre trois jours et trois nuits comme le font les SDF dans le but de décrire cette vie telle qu'elle est. Qu'est-ce que vous notez dans votre journal intime ? *(75 mots)*

Pour vous aider

les défavorisés *(m. pl.)*	*the disadvantaged*
des conditions *(f. pl.)* de misère	*dreadful conditions*
un camion-repas	*a food kitchen*
un centre d'hébergement	*a homeless shelter*
distribuer des repas	*to give out meals*
Il faut lutter contre …	*We should fight against …*
faire un don	*to make a donation*
Le gouvernement devrait …	*The government should …*

B Est-ce qu'il y a un problème de mal-logés en Irlande ? Que peut-on faire pour aider les SDF ? Peut-on leur donner de l'espoir ? Exprimez vos idées. *(75 mots)*

For help writing un journal intime and giving your opinion, see pages 341–42 and 331–32.

11.4 Le futur simple

Futur proche v. futur simple

- You have already met le futur proche.

> Je vais travailler en Afrique.   *I am going to work in Africa.*

This is a very useful and simple way to talk about something about to happen in the future. It is formed by the present tense of aller followed by the infinitive of the main verb.

- Le futur simple is a slightly more formal way of talking about the future, but in many cases it is interchangable with le futur proche.

For more on le **futur proche, see page 62.**

> Je **vais rentrer** dans deux heures.   *I am going to come home in two hours.*
>
> Je **rentrerai** dans deux heures.   *I will return in two hours.*

- However, using le futur simple can sometimes imply that the event is hypothetical rather than certain.

> Elle va avoir un bébé.
> *She's going to have a baby.* (meaning, she's pregnant)
>
> Un jour elle aura un bébé.
> *One day she will have a baby.*

Un jour je ferai du bénévolat à l'étranger !

Formation

- In English, the future tense is expressed using *will* or *shall*. In French, it is formed by using a **future stem** plus **the future endings**.
- Let's start with the **future endings** :

je	-ai
tu	-as
il/elle/on	-a
nous	-ons
vous	-ez
ils/elles	-ont

 À noter

With the exception of the nous and vous forms, the endings are the same as the present tense of avoir !

The endings are simply added to the future stem.

- For regular verbs, the **future stem** is the same as the infinitive, except that –re verbs drop the final e.

Infinitive	→ Future stem	+ Ending	= Futur simple
travailler	→ travailler	+ ai	= je travaillerai
finir	→ finir	+ ai	= je finirai
vendre	→ vendr	+ ai	= je vendrai

Here is the pattern for all regular verbs:

	–er **verbs**	–ir **verbs**	–re **verbs**
	parler (*to speak*)	finir (*to finish*)	vendre (*to sell*)
je	parlerai	finirai	vendrai
tu	parleras	finiras	vendras
il/elle/on	parlera	finira	vendra
nous	parlerons	finirons	vendrons
vous	parlerez	finirez	vendrez
ils/elles	parleront	finiront	vendront

- Irregular verbs often have **irregular future stems** that are not formed from the infinitive. These have to be learned by heart.
  However, the endings are the same for all verbs, regular or irregular. All you have to do is learn the stem from the first person singular (the je part) of the following verbs, and then add the same endings as before.

  Here are a few of the most common:

Infinitive	Future (**je** form)	Meaning
aller	j'irai	*I will go*
avoir	j'aurai	*I will have*
courir	je courrai	*I will run*
devoir	je devrai	*I will have to*
envoyer	j'enverrai	*I will send*
être	je serai	*I will be*
faire	je ferai	*I will do/make*

Infinitive	Future (**je** form)	Meaning
pouvoir	je pourrai	*I will be able to*
recevoir	je recevrai	*I will receive*
savoir	je saurai	*I will know*
tenir	je tiendrai	*I will keep/hold*
venir	je viendrai	*I will come*
voir	je verrai	*I will see*
vouloir	je voudrai	*I will wish*

 À noter

Learn the future of these common expressions:

c'est (*it is*) → ce sera (*it will be*)   il y a (*there is, there are*) → il y aura (*there will be*)

Two commonly used impersonal verbs also have irregular future forms:

il pleuvra   *it will rain*   il faudra   *it will be necessary*

The following expressions are useful when talking about future events:

mercredi prochain (*next Wednesday*)   demain (*tomorrow*)
le weekend prochain (*next weekend*)   à l'avenir (*in the future*)
l'été prochain (*next summer*)   bientôt (*soon*)
la semaine prochaine (*next week*)   prochainement (*in the near future*)
l'année prochaine (*next year*)

A Mettez ces verbes au futur simple et traduisez-les en anglais.

1 je (donner)
2 il (travailler)
3 nous (saisir)
4 ils (bâtir)
5 elle (choisir)
6 vous (perdre)

7 elles (rendre)
8 je (saisir)
9 elle (vendre)
10 tu (rougir)
11 je (faire)
12 elle (avoir)

13 on (être)
14 nous (voir)
15 elles (recevoir)
16 ils (pouvoir)
17 vous (recevoir)
18 Marc (devoir)

B Complétez les phrases suivantes en utilisant les verbes entre parenthèses.

1 La semaine prochaine, nous (être) _____ en ville.
2 Samedi prochain, elle (organiser) _____ une braderie pour une collecte de fonds.
3 Je (joindre) _____ une organisation caritative après mes examens.
4 Elle (distribuer) _____ les colis d'alimentation aux Restos du Cœur.
5 Corinne (revenir) _____ en Afrique avec
    Médecins Sans Frontières.

C Traduisez ces phrases en français, en utilisant un verbe au futur simple.

1 I will work as a volunteer after my Leaving Cert.
2 She will send the information about Médecins Sans Frontières tomorrow.
3 I will earn money to help the homeless in the future.
4 They will finish next Tuesday.
5 Romain and Alex will help with the car boot sale next week.

Le weekend prochain notre père vendra tous nos gadgets électroniques !

Pour vous aider

car boot sale   *un vide-grenier*

ÉTUDIANT LISEZ ÉCOUTEZ

11.5 Lauren passe son oral

A Pendant son oral, Lauren parle du travail qu'elle fait bénévolement. Lisez puis écoutez.

1 Faites-vous quelque chose pour aider les autres, Lauren ?

J'aide les gens au centre social de mon quartier. Je fais du soutien scolaire et de l'animation auprès des enfants. Je sens que je les aide vraiment. Oui, le bénévolat est très important dans ma vie.

2 Est-ce que la solidarité est importante dans votre famille ?

Oui, nous avons toujours accordé une place importante à la solidarité dans ma famille. Mes parents m'ont appris qu'il était de notre devoir de s'occuper des autres. Ma mère s'est occupée d'un petit garçon autiste. Communiquer avec un autiste demande beaucoup de patience mais quand on finit par échanger un regard ou un mot avec lui, c'est une joie immense.

6 On m'a dit que vous aviez visité New York. C'est vrai ?

Oui, j'y suis allée avec ma mère. Ma tante travaillait au World Trade Center mais elle n'était pas là le jour des attentats du 11 septembre. Je crois que les attentats ont conduit les Américains à remettre en question leur système de valeurs. Cette visite m'a beaucoup marquée.

3 Quelles causes vous tiennent à cœur ?

J'ai vraiment été très touchée par la solidarité dont les gens ont fait preuve au cours des manifestations de soutien après les attentats à Paris et dans de nombreuses villes de France et dans d'autres villes du monde. J'ai participé à une marche au centre-ville à Dublin. L'ambiance y était superbe ! Tout le monde a rendu hommage aux victimes de l'attentat à Paris.

5 Menez-vous une vie éco-responsable ?

J'essaie de mener une vie responsable. Je pense que le commerce équitable est important. Le principe est simple. Il s'agit de garantir un prix d'achat qui est juste. Il faut arrêter d'exploiter les plus pauvres dans le monde.

4 Est-ce qu'on encourage le bénévolat dans votre lycée?

On nous encourage beaucoup. En année de Transition, par groupe de dix, encadrés par un adulte, on a passé chaque mercredi après-midi à faire du ménage, de la peinture et du jardinage. On a travaillé dur, dans une ambiance sympa. Le responsable de l'organisation était impressionné et ému. À la fin de l'année, on nous a donné des billets de cinéma pour nous remercier.

 Animation

B Et vous ? À deux, discutez de la solidarité. Posez-vous les questions suivantes :

1 Faites-vous quelque chose pour aider les autres ? *J'aide ... / Je ne fais pas ...*

2 Est-ce que la solidarité est importante dans votre famille ? *Chez nous ...*

3 Quelles causes vous tiennent à cœur ? *Je suis révolté(e) par ...*

4 Est-ce qu'on encourage le bénévolat dans votre lycée?
En année de transition, je ...

5 Menez-vous une vie responsable ? *Oui, je ...*

C « Tout le monde doit aider les autres. » *Thomas, 17 ans*

Donnez votre opinion/réaction.

(75 mots)

Pour vous aider

C'est la solidarité qui soude notre société.
C'est notre seul espoir de construire un monde meilleur.
En aidant les autres, on se sent mieux soi-même.

For help with giving your opinion, see pages 331–32.

VOUS AVEZ UN PROBLÈME ?

11.6 Le coin des experts

Trois jeunes, Franck, Kevin et Élodie appellent avec des questions sur la solidarité. Écoutez-les ainsi que les réponses des experts. Remplissez la grille.

NOUS SOMMES LÀ POUR VOUS AIDER !

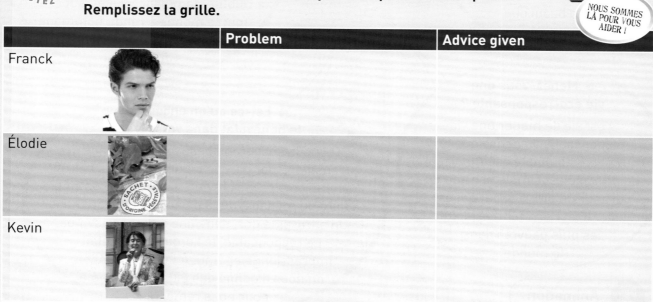

	Problem	Advice given
Franck		
Élodie		
Kevin		

11.7 C'est drôle !

Écoutez ces histoires amusantes au sujet du bénévolat et de la solidarité.

A good cause!

1 What age is Blanche Olive?

2 What event did she take part in?

Friends on Facebook help!

3 How many Facebook friends did the family have?

4 What did the family do with the money they collected?

It's never too late!

5 What has Isolina Campos decided to learn?

6 What is her motivation?

Smile, please

7 What has the Fondation Abbé Pierre organised?

8 What is the idea behind this initiative?

 11.2 Écoutez : C'est drôle !

11.8 Les attentats des Tours jumelles

A Lauren a noté un grand changement à New York depuis les attentats du 11 septembre.

Read this short article and answer the questions below.

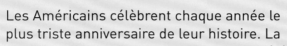

Les Américains célèbrent chaque année le plus triste anniversaire de leur histoire. La douleur est encore palpable dans la société mais ils ont appris à vivre avec ce traumatisme.

En ce mardi matin ensoleillé de septembre, les New-Yorkais commencent leur journée au pas de course. Des milliers de salariés sortent des bouches de métro, gobelet de café à la main, portable à l'oreille. Cette routine a été brisée par un attentat incroyable.

Suite à cet évènement, les Américains ont ressenti le besoin de changer, de retourner à des valeurs simples et de se rapprocher de leur famille. On a par exemple observé une baisse des divorces après les attaques. On a créé de nombreuses associations d'aide aux victimes et aux familles. New York a changé et a gagné en chaleur humaine. La plupart des gens se sentent plus vulnérables et sont moins arrogants. La Grosse Pomme a aussi attiré beaucoup de touristes qui voulaient démontrer leur compassion.

Lexique	
au pas de course	at break-neck speed
un attentat	an attack

1 How have New Yorkers coped with 9/11, according to the first paragraph?

2 On what day of the week did 9/11 take place on?

3 What was the weather like?

4 What were workers carrying as they left the subway that morning?

5 What else were the commuters doing as they left the subway.

6 In what way have the events of 9/11 changed values in New York?

7 What impact have the attacks had on the family unit?

8 How have people shown their solidarity?

9 What character traits found previously in New Yorkers have undergone a change since 9/11?

10 What surprising impact has 9/11 had on the tourist industry in New York?

ÉTUDIANT

ÉCOUTEZ

B Listen to the following celebrities describing how they felt when they heard the news of 9/11. Fill in the following grid.

	Details of where they were and their reactions and thoughts
Paul McCartney 	
Ian Somerhalder 	
Eva Longoria 	
Zac Efron 	
Robert Pattinson 	

11.9 Comment vont les enfants ?

A Lisez les articles suivants qui expliquent comment les droits des enfants sont parfois ignorés.

1 250 millions d'enfants

C'est le nombre d'enfants, dans le monde, qui travaillent dans des conditions extrêmement difficiles, proches de l'esclavage. On trouve ces enfants un peu partout, notamment dans plusieurs pays d'Afrique. Dans de nombreux cas, ces enfants sont enlevés à leur famille. Ils sont quelquefois achetés ou échangés. Ils sont ensuite envoyés dans des fermes et travaillent sans être payés.

2 Filles en Afghanistan

En Afghanistan, les femmes n'ont pas les mêmes droits que les hommes. Par exemple, les petites filles ne vont pas à l'école. Les talibans imposent aux femmes de porter un tchadri. Les femmes ont toutes le visage couvert et leur corps est entièrement caché derrière ce long vêtement.

3 Dormir dans la rue

À travers le monde, plus de 100 millions d'enfants n'ont pas de maison où se loger. Ils mangent ce qu'ils peuvent et dorment sur le trottoir. Ils n'ont pas de famille, pas de protection, ne vont pas à l'école et sont sans amour. On retrouve ces enfants sur tous les continents de la planète, que ce soit en Afrique, en Amérique du Sud, en Asie ou même en Europe.

Lexique	
l'esclavage (*m.*)	*slavery*
enlever	*to kidnap*
un potager	*a vegetable garden*

4 Cultiver pour manger

175 millions ! C'est le nombre d'enfants qui souffrent de malnutrition dans le monde. Pour lutter contre ce grave problème, on essaie d'apprendre aux enfants à cultiver un jardin. Dans plusieurs pays d'Afrique, d'Amérique du Sud et d'Asie, des villages ont construit, avec l'aide d'organisations comme l'Unicef, des potagers tout près des écoles. Ainsi, les enfants apprennent à planter des graines, cultiver des fruits et des légumes, et reconnaître les plantes médicinales.

1   What does the number 250 million refer to? (*Section 1*)
2   What are their conditions of work compared to? (*Section 1*)
3   Name **one** way in which the children become involved in this type of work. (*Section 1*)
4   Why do girls not go to school in Afghanistan? (*Section 2*)
5   Name one decree of the Taliban leaders. (*Section 2*)
6   What does the number 100 million refer to? (*Section 3*)
7   Name **one** other deprivation of children mentioned in this article. (*Section 3*)
8   What does the number 175 million refer to? (*Section 4*)
9   Name **two** other continents mentioned here. (*Section 4*)
10 Name **one** skill that the children learn thanks to Unicef. (*Section 4*)

B « Un enfant est une personne qui mérite notre respect. Je suis choqué de voir que des enfants sont quotidiennement maltraités dans le monde. » *Olivier, 17 ans*

Comment réagissez-vous à ces paroles ? Donnez votre réaction.

(75 mots)

Pour vous aider

Les paroles d'Olivier m'ont fait réfléchir.	*Olivier's words made me think.*
Il est vrai que …	*It is true that …*
J'ai l'impression / le sentiment que …	*I have the impression/feeling that …*
Quant à moi, je pense que …	*As for me, I think that …*

For help giving your opinion, see pages 331–32.

11.10 L'histoire de Rosa Parks : Le jour où elle a dit non au racisme

Read this story of a courageous woman who changed US history and answer the questions that follow.

1 Déjà 17 heures. Rosa Parks quitte l'atelier de couture où elle travaille et se presse dans la rue. C'est un jour froid de décembre. Après une journée épuisante, elle est bien contente de s'asseoir dans le bus quand il arrive. Il y a beaucoup de monde dans les rues parce qu'on fait les achats de Noël. Au prochain arrêt, des Blancs montent et s'asseyent à leur tour. Mais un d'eux reste debout faute de place. Le chauffeur de bus se tourne vers les Noirs assis au milieu du bus et leur commande brusquement de laisser leur place. Rosa sent son sang se glacer dans ses veines parce que ce chauffeur a la réputation d'être odieux envers les Noirs.

2 En 1955, à Montgomery, la ville du sud des États-Unis où Rosa habite, des lois racistes séparent les Blancs et les Noirs. C'est la ségrégation raciale. Les lois qui concernent les bus sont humiliantes. Les Noirs doivent s'asseoir tout au fond derrière un écriteau marqué « gens de couleur ». Les Noirs ne doivent jamais s'asseoir devant ou à côté d'un Blanc. S'il ne reste plus de places assises, ils doivent céder leur place.

3 Rosa décide qu'elle en a assez. Les autres Noirs se lèvent mais pas elle. Le bus arrive à l'arrêt. Tout le monde se tait et la regarde. Le chauffeur lui demande encore une fois de céder sa place mais elle refuse. Dans le bus, des voyageurs descendent mais aucun ne proteste ou ne la soutient. Les policiers arrivent et l'emmènent en prison. En route, elle demande à boire mais ils refusent car la fontaine d'eau est réservée aux Blancs. Les Noirs ont donc moins de droits que les animaux qui peuvent boire comme ils veulent !

Après quelques heures passées en prison, son mari et des amis viennent la chercher. Ils ont payé une caution pour la libérer. De retour chez elle, elle jure que plus jamais elle ne remontera dans un bus où les Blancs et les Noirs sont séparés. Suite à cela, on décide d'utiliser son cas pour lutter contre la ségrégation raciale. À travers elle, une simple femme de 42 ans, plutôt timide, les gens comprennent l'injustice des lois séparant les Blancs et les Noirs. Très vite, le message est diffusé à tous les Noirs. « Ne prenez pas le bus ! ».

4 Devant le tribunal, la rue est pleine de monde ! Tous sont venus pour l'encourager. Le procès dure peu de temps. On la trouve coupable et elle doit payer une amende. Le soir même, elle se rend à une grande assemblée organisée dans une église où elle rencontre Martin Luther King, un pasteur qui milite pour les droits civiques des Noirs. Jour après jour, les bus restent vides et les Noirs vont à l'école et au travail à pied. La nouvelle de leur combat se propage dans tout le pays, partout où les Noirs vivent dans la terreur du pouvoir blanc. On surnomme Rosa « la femme du bus » et elle réalise que c'est grâce à elle que le boycott dure si longtemps.

5 Finalement, en 1956, la Cour Suprême des États-Unis juge que la ségrégation dans les bus est illégale. Victoire ! Le mouvement pour les Noirs est en marche.

Épilogue : Rosa a passé le reste de sa vie à lutter contre le racisme, notamment auprès de Martin Luther King. Rosa est morte en 2005. Le jour de ses funérailles, les premières places des bus de Montgomery sont restées vides. Elles sont recouvertes d'une photo de Rosa Parks entourée d'un ruban noir avec cette inscription. « La société des bus rend hommage à la femme qui s'est tenue debout en restant assise. »

Lexique

un atelier de couture	*a sewing workshop*
se presser	*to hurry*
épuisant(e)	*exhausting*
sentir son sang se glacer	*to feel one's blood go cold*
un écriteau	*a sign*
une caution	*bail*
un procès	*a trial*
coupable	*guilty*
se propager	*to spread*

1 Citez le lieu de travail de Rosa. (*Section 1*)

2 Quel temps fait-il ? (*Section 1*)

3 Pourquoi Rosa est-elle bien contente de trouver une place dans le bus ? (*Section 1*)

   a Elle avait froid.

   b Elle était fatiguée.

   c Elle avait ses achats de Nöel avec elle.

   d Elle était très grosse.

4 Quel est l'adjectif utilisé ici pour décrire les lois racistes dans les bus ? (*Section 2*)

5 Citez la réaction des autres passagers vis-à-vis de ce que Rosa fait. (*Section 3*)

6 Trouvez un verbe au futur simple dans la troisième section.

7 Relevez la phrase qui vous dit que Rosa n'est pas restée longtemps au tribunal. (*Section 4*)

8 Comment a-t-on rendu hommage à Rosa lors de ses funérailles ? (*Section 5*)

9 Clearly Rosa Parks, a shy woman, was responsible for helping to change attitudes to racial segregation in the United States. Comment on this with reference to the text. (*2 points, around 50 words*)

11.11 **Formulaire**

Vous vous appelez Oliver/Olivia Healy. Vous voudriez passer trois semaines en France et travailler avec l'Unicef. Remplissez le formulaire suivant. Attention : répondez aux questions 6–10 par des phrases complètes.

1 Nom :

2 Prénom :

3 Date de naissance :

4 Depuis combien d'années apprenez-vous le français ?

5 Vous préférez travailler bénévolement durant quel(s) mois de l'année ?

6 Décrivez brièvement votre personnalité.

7 Quels sont vos passe-temps préférés ?

8 Menez-vous une vie éco-responsable ?

9 Avez-vous déjà travaillé pour aider les personnes défavorisées ?

10 Pourquoi souhaitez-vous travailler pour notre organisation ?

- **Civilisation :** The purpose of money, the value of goods, ATM machines, banknotes and pocket money

- **Expression libre :** Young people talk about getting pocket money and how they like to spend their money

- Where do teenagers throughout the world get their money?

- **C'est drôle ! :** Amusing stories including a lucky tree that helps you win money and the new Monopoly set

- **Le coin des experts :** Our experts answer money-related questions.

- Profiles on jobs: A paediatrician, an astrophysicist, a press photographer and a speech therapist describe their jobs.

- **Extrait de presse :** Celebrity alumni speeches in American universities

Grammaire
- Le conditionnel

Vocabulaire
- Money
- Jobs and the world of work

Oral
- Katie talks about having a summer job and being financially independent.

Zoom examen
- Writing a job application

En ligne
- Écoutez : Est-ce que l'argent brûle les doigts ?
- Texte à trous : Les temps sont durs

12.1 L'argent des ados

L'argent, ça sert à quoi ?

Avant l'apparition de l'argent, la valeur d'un objet était déterminé par rapport aux autres objets de la vie quotidienne : un mouton valait six poules, une vache dix poules. On faisait du troc. L'apparition de la monnaie a simplifié le monde du travail. Au lieu de troquer, on a commencé à vendre des choses.

La valeur des objets

Aujourd'hui, on fixe la valeur des objets en fonction de la demande, de la rareté et du coût de la fabrication de l'objet. Par exemple, le dernier jeu vidéo à la mode est cher, car la demande est très forte. La publicité détermine nos envies.

L'argent de poche

En France, un peu plus de la moitié des parents donnent de l'argent de poche à leurs enfants. Cet argent fait partie des 70 milliards d'euros en circulation dans l'Hexagone. D'après Marie-Claude François-Langier, psychologue et psychanalyste, l'argent de poche est un symbole d'amour entre les parents et leurs enfants. En plus, ça aide l'enfant à devenir indépendant. Il est important de se mettre d'accord avec lui sur ce qu'il paiera avec cet argent : transport scolaire, cantine, vêtements, jeux vidéo, passe-temps, etc. C'est une sorte de contrat entre parents et enfants.

Les secrets d'un billet de banque

- La durée d'un billet dépend de sa valeur. Les billets les plus utilisés (5, 10 et 20 euros) restent en circulation pendant environ deux ans seulement. Les billets de 500 euros peuvent rester en circulation jusqu'à 25 ans.

- Sur tous les billets, on trouve des portes et des ponts. Ça représente l'interactivité entre les gens.

- Il y a aussi sept signes de sécurité pour empêcher la fabrication de faux billets :

  1. Les billets sont imprimés sur du coton.
  2. Le symbole de l'euro est imprimé par perforation.
  3. Un fil de sécurité est incorporé dans le billet.
  4. La valeur (par exemple 20 euros) est présente à plusieurs endroits sur le billet.
  5. Il y a des informations en filigrane, visibles quand on regarde le billet par transparence.
  6. On peut voir briller une bande iridescente.
  7. Chaque billet a un code, une série de chiffres et de lettres qui permet d'identifier le pays dans lequel le billet a été imprimé.

Lexique

le troc   *barter*

Now check that you have understood the texts above by completing the following statements.

1 Before the existence of money, the value of an object ...

2 With the appearance of money ...

3 The latest video game is expensive because ...

4 A little more than half of French parents ...

5 70 billion euros ...

6 According to Marie-Claude François-Langier, pocket money ...

7 Because money is printed on cotton, it is ...

8 The value of the banknote is shown ...

9 A series of figures and letters enables you to ...

Le saviez-vous ?

Plus de 90 pour cent des Français de plus de 18 ans possèdent une carte bancaire.

12.2 Vocabulaire : L'argent et la banque

A Voici quelques termes utiles pour parler du monde de l'argent. Apprenez-les.

un bilan	a balance	un impôt	tax
bon marché (*inv.*)	cheap	un compte épargne	a savings account
une carte bancaire	a bank card	la monnaie	1. currency
une carte bleue	a debit card		2. change
une carte de crédit	a credit card	le montant	sum, amount
cher/chère	expensive	le niveau de vie	standard of living
une dépense	an expense	le paiement sans	contactless
le coût de la vie	cost of living	contact	payment
un distributeur	an ATM	un prêt	a loan
automatique	machine	un reçu	a receipt
un emprunt	a loan	faire des économies	to save
les espèces (*f. pl.*)	cash	retirer	to withdraw
les frais (*m. pl.*)	fees/charges	verser	to pay (into an account)

Le saviez-vous ?

Le Relevé d'Identité Bancaire, ou RIB, contient vos coordonnées bancaires précises. Vous pouvez ainsi les communiquer, sans risque d'erreur pour payer des factures ou être payé.

B Expressions financières: Reliez les expressions avec les traductions correctes.

1	Ça coûte les yeux de la tête !	**A**	Time is money.
2	Avoir le beurre et l'argent du beurre.	**B**	To have one's cake and eat it.
3	Déshabiller Pierre pour habiller Paul.	**C**	Christmas sales
4	Je l'ai eu pour une bouchée de pain.	**D**	I got it for a song!
5	On ne prête qu'aux riches.	**E**	Only the rich get richer.
6	Un sou pour un sou.	**F**	Money doesn't bring happiness.
7	Le temps, c'est de l'argent.	**G**	That costs an arm and a leg!
8	Tout ce qui brille n'est pas d'or.	**H**	Robbing Peter to pay Paul.
9	Noël Malin	**I**	Every penny counts.
10	L'argent ne fait pas le bonheur.	**J**	All that glitters isn't gold.

1 ☐
2 ☐
3 ☐
4 ☐
5 ☐
6 ☐
7 ☐
8 ☐
9 ☐
10 ☐

12.3 Expression libre : Est-ce que l'argent vous brûle les doigts ?

A Kevin, Élodie et Marcel expliquent, sur leur blog audio, comment ils obtiennent et comment ils dépensent leur argent de poche.

Listen to what they say and answer the questions below.

Kevin

1 What does Kevin have to do to earn his pocket money?

2 How much does he get per week from his parents?

Élodie

3 In what way does Elodie receive her pocket money?

4 Why is she holding on to her pocket money at the moment?

Marcel

5 How and when does Marcel get money?

6 What is he cautious about?

 12.1 Écoutez : Est-ce que l'argent brûle les doigts ?

B Écrivez et enregistrez votre propre blog audio pour expliquer comment vous gagnez votre argent de poche.

(75 mots)

12.4 C'est drôle !

Listen to the following and answer the questions below.

False identity

1 What age was the young woman in this story?

2 Why was the waitress shocked when the American woman went to pay her bill?

Paperboy!

3 What was Andrew Vickers's sculpture made of?

4 What huge mistake did he make?

Virtual money!

5 What was this Norwegian able to buy with the money he made ?

6 What was the value of 5,000 bitcoins?

The magic tree

7 In what country does this story take place?

8 Name **one** 'favour' people asked the magic tree.

A new version of Monopoly

9 Name **one** of the multinational companies available 'to buy' on the new Monopoly.

10 What can buyers of Monopoly still get?

12.5 D'où vient l'argent des ados ?

Read these interesting articles on teenagers and the situation regarding pocket money in the countries where they live.

États-Unis

Jaden Smith, le fils de Will Smith, est comédien comme son père. Pour son rôle dans le film *Karaté Kid*, il a gagné 3 millions d'euros (bonus inclus pour le succès du film).

Pour gagner de l'argent de poche, la plupart des ados américains travaillent. Ils livrent les journaux, tondent les pelouses et lavent les voitures.

Royaume-Uni

Christian Owens a créé son premier site Internet à 14 ans et a gagné son premier million de dollars à l'âge de 16 ans en travaillant après l'école, le soir et le weekend.

Les ados anglais reçoivent en moyenne 7,50 euros par semaine de leurs parents.

Chine

Jiang Fangzhou a écrit son premier roman à l'âge de 12 ans. Maintenant, de nombreux magazines chinois la payent pour écrire une rubrique sur les ados chinois.

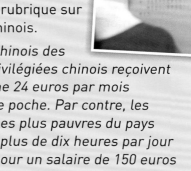

Les ados chinois des classes privilégiées chinois reçoivent en moyenne 24 euros par mois d'argent de poche. Par contre, les employés les plus pauvres du pays travaillent plus de dix heures par jour à l'usine, pour un salaire de 150 euros par mois. Le salaire moyen d'un adulte chinois est d'environ 400 euros.

Nicaragua

Juan a 12 ans. Il travaille dans les mines d'or du Nicaragua depuis cinq ans. Les bonnes journées, il gagne 2,30 euros.

Les ados nicaraguayens reçoivent rarement de l'argent de poche. Comme Juan, beaucoup d'entre eux sont forcés de travailler pour gagner leur vie. On dit que 825 000 enfants travaillent.

Allemagne

Surya Ray, un ado de 16 ans a résolu une équation mathématique. Grâce à ça, il a gagné de quoi financer ses études.

Les ados allemands reçoivent en moyenne 40 euros par mois.

Irlande

Niall Horan qui chante avec le groupe One Direction a un patrimoine estimé à 17 millions d'euros. Pas mal pour le jeune de Mullingar qui rêvait d'être célèbre !

La plupart des ados en Irlande reçoivent de l'argent de poche de leurs parents, en moyenne entre 10 et 14 euros par semaine.

Afghanistan

Sima travaille dans une fabrique de briques. Elle travaille 14 heures par jour, 6 jours sur 7. Elle gagne l'équivalent de 85 centimes d'euro par jour.

Les ados afghans ne reçoivent pas d'argent de poche parce que leurs parents sont trop pauvres.

A Now fill in the following grid.

Country	How this teenager gets his/her money	Situation re. pocket money in country
United States		
United Kingdom		
China		
Nicaragua		
Germany		
Ireland		
Afghanistan		

B Avec l'aide d'Internet, trouvez un ado français riche et essayez aussi de découvrir combien les ados français reçoivent d'argent de poche en moyenne.

(75 mots)

12.6 Vocabulaire : Le monde du travail

A Voici quelques termes utiles pour parler du monde du travail. Apprenez-les.

un (petit) boulot (*fam.*)	*job*
un emploi	*position, job*
un métier	*career, employment*
une profession	*job/profession*

être au chômage	*to be unemployed*
un licenciement	*redundancy*
licencier	*to make redundant*
la population active	*the workforce*
(faire) un stage	*(to do) a placement*
la retraite anticipée	*early retirement*
le travail	*work*
le taux de chômage	*the rate of unemployment*
travailler	*to work*

les congés (*m. pl.*) (payés)	*(paid) holiday*
(gagner) un salaire	*(to earn) a salary*
à plein temps	*full-time*
le SMIC	*the minimum wage*
à temps partiel	*part-time*
les heures (*f. pl.*) de travail	*working hours*

un/une chômeur(-euse)	*an unemployed person*
un/une professionnel(le)	*a professional*
un/une salarié(e)	*a wage earner, salaried worker*
un/une travailleur(-euse) indépendant(e)	*a freelancer*
un/une télétravailleur(-euse)	*a home worker*

B Trouvez les mots de vocabulaire qui manquent. Élise parle de son petit ami Alexandre.

Alexandre (1)_____ dans une grande entreprise. Il fait un (2)_____ très intéressant et il l'aime bien. Il est très content parce qu'il était au (3)_____ pendant trois mois avant de trouver ce poste. Il travaillait dans un petit bureau mais les affaires n'allaient pas bien. Il recevait seulement le (4)_____ et finalement il a été (5)_____. Maintentant, dans son nouvel emploi, il (6)_____ un bon salaire mais les (7)_____ sont longues. Il reçoit trois semaines de (8)_____ par an. Alex et moi, nous (9)_____ passer une semaine ensemble l'été prochain en France dans le Midi où nous (10)_____ nous reposer un peu.

12.7 Katie passe son oral

A Katie parle de son argent de poche et du petit boulot qu'elle a fait l'été dernier. Lisez puis écoutez.

1 Vous recevez de l'argent de poche ?

Depuis l'âge de huit ans, j'ai un livret d'épargne. Mes parents y mettent 50 euros par mois. Ça me permet de faire des économies. À Noël, j'ai pu m'acheter deux jeans et un nouveau portable.

2 Vous êtes dépensière ?

Pas trop. Il y a des choses que je sais que je ne peux pas me permettre d'acheter comme par exemple des vêtements de marque. Je mets toujours un peu d'argent de côté. Je voudrais m'acheter un appartement plus tard.

3 Où avez-vous travaillé cet été ?

J'ai travaillé dans un restaurant qui se trouve près de chez moi, ici, à Cork.

7 Quelles sont les qualités indispensables pour ce travail ?

On doit être toujours propre et bien soignée. Il faut avoir beaucoup d'énergie, le sens de l'humour, être patiente avec les clients et bien s'entendre avec ses collègues.

4 Y avait-t-il des inconvénients ?

Le travail était assez fatigant et les journées étaient longues. Les clients n'étaient pas toujours aimables.

6 Quels sont les avantages de ce métier ?

Mon salaire était correct et j'ai reçu de bons pourboires ! J'ai beaucoup appris et j'ai rencontré plein de gens. J'ai plus confiance en moi maintenant. Je pense qu'il est important d'être indépendante financièrement. Pour moi, c'est la première fois que j'ai pu m'acheter des choses avec mon propre argent sans avoir besoin de demander de l'argent à mes parents ! Je voudrais travailler dans un restaurant après mon Leaving Cert.

5 Quelles étaient vos responsabilités ?

Je servais les clients et je nettoyais les tables. J'aidais les autres employés. Je faisais les courses et je rentrais des données sur l'ordinateur de temps en temps. Le travail était varié et intéressant.

Animation

B À deux ou en groupes, répondez aux questions suivantes.

1. Vous recevez de l'argent de poche ? *Mes parents me donnent … / Non, je ne reçois pas d'argent …*
2. Combien recevez-vous ? *Je reçois …*
3. Avez-vous un compte en banque ? *J'ai … / Je n'ai pas …*
4. Vous êtes dépensier/dépensière ? *Je suis … / je ne suis pas …*
5. Qu'est-ce que vous achetez ? *J'achète …*
6. Avez-vous déjà travaillé ? *J'ai travaillé …*
7. Quelles étaient vos responsabilités ? *J'ai …*
8. Quelles sont les qualités indispensables pour ce travail ? *On doit …*
9. Quels sont les avantages de ce métier ?
10. Y avait-t-il des inconvénients ?
11. Qu'est-ce que vous voudriez faire comme travail plus tard dans la vie ? *Je voudrais …*

12.8 Les petits boulots

Est-ce une bonne idée d'avoir un petit boulot pendant l'année scolaire, surtout quand on prépare son bac ?

A Est-ce que vous êtes d'accord ou non avec les affirmations suivantes. Discutez en groupe.

Oui	
✓ J'aime gagner de l'argent moi-même et être indépendant(e).	✗ Je suis trop fatigué(e) après l'école pour travailler.
✓ J'aime le fait qu'au travail, on me considère comme un(e) adulte.	✗ C'est difficile de faire tous les devoirs et d'avoir un petit boulot.
✓ C'est important d'avoir de l'expérience quand on arrive dans le monde du travail.	✗ Les jobs d'étudiants sont souvent ennuyeux et mal payés.

B Vous voulez trouver un petit boulot mais vos parents ne sont pas d'accord. Ils disent que vous devez vous concentrer sur vos études. Que notez-vous à ce sujet dans votre journal intime ?

(75 mots)

Pour vous aider

Mes parents sont trop protecteurs.
Mes parents me traitent comme un(e) enfant.
L'expérience professionnelle est aussi importante que l'école.

For help writing un journal intime, see pages 341–42.

12.9 Planète métiers

A Un pédiatre, une astrophysicienne, un reporter-photographe et une orthophoniste ont des métiers qui font rêver beaucoup de jeunes. Des métiers de rêve, mais accessibles quand même ... avec quelques efforts !

Écoutez William, Alicia, Jacob et Mia et répondez aux questions.

William

1 Name **two** aspects of William's job.
2 Why does he like his job?
3 Why do you need to be calm for this job?

Alicia

4 Why did Alicia choose this career?
5 In what **two** ways is she preparing for her future career?

Jacob

6 What exactly does Jacob's job entail?
7 How does he compare his job to that of a journalist?
8 What training did he do for this job?

Mia

9 How does Mia describe her job ?
10 Name **one** aspect of her work that she enjoys.

B Dr Max Cornet est conseiller d'orientation-psychologue. Il nous donne des conseils sur le job de nos rêves.

Summarise the advice given by Dr Max Cornet. Give five points.

C Et vous ? Décrivez le job de vos rêves et dites pourquoi ce serait, selon vous, le job idéal pour vous.   (75 mots)

12.10 Le conditionnel
Definition

- Le conditionnel is often translated as 'would':

je voudrais	*I would like*
je devrais	*I should (I would have to)*
je pourrais	*I could (I would be able to)*

- It is also used to refer to events that **would** take place **if** certain conditions were in place:

J'aimerais vous accompagner si j'avais le temps.   *I would like to accompany you if I had the time.*

- You have read and heard many examples of le conditionnel in the last few pages. Have a look to see whether you can spot them and think about why they are being used.

Definition

The rule for forming le conditionnel is easy. You take the **stem** from le futur simple (see pages 194–196) and then add the endings from l'imparfait.

l'imparfait endings	
-ais	-ions
-ais	-iez
-ait	-aient

Futur	Stem	Ending	Conditionnel
je regarderai	regarder-	+ -ais	je regarderais *(I would watch)*
je serai (irrég.)	ser-	+ -ais	je serais *(I would be)*

Regular verbs

For regular verbs, the stem of le conditionnel (like the stem of the future tense) is taken from the **infinitive** of the verb. The following are the three main regular groups of verbs in le conditionnel.

regarder (*to watch*)	bâtir (*to build*)	rendre* (*to give back*)
je regarderais	bâtirais	rendrais
tu regarderais	bâtirais	rendrais
il/elle/on regarderait	bâtirait	rendrait
nous regarderions	bâtirions	rendrions
vous regarderiez	bâtiriez	rendriez
ils/elles regarderaient	bâtiraient	rendraient

> **Remember to drop the final e from the infinitive of -re verbs.**

Irregular verbs

You will remember that a number of irregular verbs have unusual stems in the future tense. Use the **same stems** when forming le conditionnel, and then add the usual endings.

aller	j'irais (*I would go*)	recevoir	je recevrais (*I would receive*)
avoir	j'aurais (*I would have*)	savoir	je saurais (*I would know*)
devoir	je devrais (*I would have to*)	tenir	je tiendrais (*I would keep/hold*)
être	je serais (*I would be*)	venir	je viendrais (*I would come*)
faire	je ferais (*I would do or make*)	voir	je verrais (*I would see*)
pouvoir	je pourrais (*I would be able to*)	vouloir	je voudrais (*I would like*)

A Mettez les verbes suivants au conditionnel et traduisez-les.

1. je (bavarder)
2. elle (faire)
3. tu (sortir)
4. vous (voir)

5. ils (connaître)
6. elles (revenir)
7. j' (aller)
8. elle (devenir)

9. Marc (tenir)
10. nous (savoir)
11. on (recevoir)
12. vous (revenir)

Phrases avec si (*if*)

In sentences using si it is important to use the correct sequence of tenses:

- Si + le présent + le futur simple
- Si + l'imparfait + le conditionnel

Si je travaille dur, je gagnerai beaucoup d'argent.

(*If I work hard, I will earn a lot of money.*)

Si je travaillais dur, je gagnerais beaucoup d'argent.

(*If I worked hard, I would earn a lot of money.*)

As you can see, the sequence is the same as in English.

B Traduisez les phrases suivantes en anglais.

1. Si je fais le stage de découverte dans cette entreprise, je saurai comment elle fonctionne.
2. Si j'aimais les sciences, je choisirais quelque chose dans ce domaine.
3. S'il réussit aux examens, il obtiendra cette promotion.
4. Si elle travaillait mieux en équipe, elle pourrait obtenir ce poste.
5. Si j'ai déjà envie de créer et fabriquer des meubles, je ferai sans doute un bon menuisier, non ?!

C Imaginez votre vie dans dix ans. Ces jeunes nous révèlent leurs préférences. Traduisez en français.

1. Angélique would like to live on a farm with horses.
2. Lucy would make films with special effects.
3. Sarah would adore to live in Germany.
4. Jamie would love to be married and have children.
5. If Alice works hard, she will become a film director.

D Et vous ? À deux ou en groupes, discutez comment vous vous imaginez dans dix ans si vous pouviez avoir la vie de vos rêves. Ensuite écrivez un paragraphe dans lequel vous résumez vos idées.

12.11 Demande d'emploi

A Read the following job application. Pay particular attention to the layout and the opening and closing salutations.

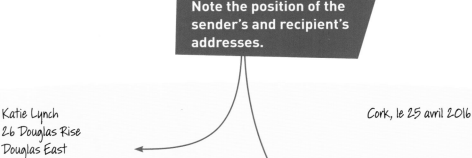

Note the position of the sender's and recipient's addresses.

Katie Lynch
26 Douglas Rise
Douglas East
Cork
katielynch@gmail.com

Cork, le 25 avril 2016

Madame La Directrice
Restaurant la Bérénice
2 place Simone de Beauvoir
85800 Saint-Gilles-Croix-de-Vie
FRANCE

Objet : Candidature pour le poste de serveuse dans votre restaurant du 3 juillet au 25 août 2016.

Or **Monsieur** depending on the person to whom you are writing the letter

Madame,

Suite à votre annonce sur Internet, j'aimerais poser ma candidature pour le poste de serveuse dans votre restaurant.

Divide into clear paragraph

Je suis passionnée par la cuisine française et j'ai l'intention de faire des études d'hôtellerie-restauration plus tard. Je voudrais acquérir de l'expérience sur le plan professionnel et perfectionner mon français en même temps.

J'ai 19 ans. Je suis très motivée et pleine d'énergie. L'année dernière, j'ai travaillé comme serveuse dans un restaurant près d'ici, à Douglas. Si vous souhaitez des références, vous pouvez vous adresser au Amato restaurant, 11–12 Douglas East, Co. Cork. Vous pourriez également les contacter par téléphone (00353 21) 489 2522 ou par email info@eco.ie.

Veuillez trouver ci-joint mon CV.

Je vous prie d'agréer, Madame, l'expression de mes sentiments respectueux,

Katie Lynch

Note the closing salutation

Pour vous aider

The following phrases are useful for writing a formal letter of application:

Applying for a job

Suite à votre annonce parue dans (*Le Monde*) ... (*Mention where you saw the ad.*)
Je voudrais poser ma candidature au poste de ... (*Mention the job you are applying for.*)
J'aimerais beaucoup travailler comme ... (*Le conditionnel is useful for formal letters.*)
Je serais très heureux(euse) de ...

Mentioning enclosures

Vous trouverez ci-joint mon CV.
Veuillez trouver ci-jointe une photo.

Finishing up

Je vous prie d'agréer, Madame/Monsieur l'expression de mes sentiments respectueux.*

 This closing sentence, or formule de politesse, is not optional in French. Without it, a letter would seem rude and you would be unlikely to be called for interview!

For more details on les lettres formelles, see pages 345–47.

B **You are Seán/Sinéad O'Brien, Parliament Street, Ennistymon, Co. Clare. Using the letter on page 220 as a guide and the phrases above to help you, write a letter of application for a job in the French department store Au Bonheur des Jeunes (61–67 rue de Madère, 75011 Paris). In the letter say:**

- that you wish to apply for the job as a sales assistant
- why you would like to work there
- that you will be doing your Leaving Cert in June
- that you are enclosing your CV with details of your relevant experience.

12.12 Saisissez votre chance !

A Reading the following article about 'celebrity' valedictory speeches, then answer the questions below.

1 Aux États-Unis, il y a une tradition : à la fin de chaque année universitaire, un ancien élève ou une célébrité vient prononcer un discours devant les diplômés, vêtus de toges élégantes, et que l'on appelle cérémonieusement ce jour-là, les *Alumni* (élèves en latin). Ces discours donnent des conseils aux jeunes pour affronter les joies et les tracas de leur nouvelle vie d'adultes. En voici quelques exemples :

Jodie Foster, actrice américaine à l'université de Pennsylvanie

Jodie Foster a conseillé aux étudiants d'être honnêtes. Dans quelques mois, ils ne se souviendront plus de ce qu'ils ont fait dans les examens qu'ils viennent de passer. Ce qui leur restera, ce sont les expériences qu'ils ont vécues. Leur caractère se définit chaque jour un peu plus, comme une photo qui devient de plus en plus nette ou comme une couleur qui devient de plus en plus vive.

2 **Le Dalaï-Lama, à l'université Emory**

D'après le Dalaï-Lama, l'éducation ne suffit pas. Elle doit être combinée à ce qu'on appelle un « cœur chaud » : on doit être une bonne personne, avoir le sens de l'engagement et de la responsabilité, et avoir de la compassion. La vie est parfois compliquée. Face à elle, il est important de faire preuve de détermination, d'optimisme et de patience. Si on manque de patience quand on affronte un petit obstacle, on va perdre courage. Il faut analyser une situation et penser. De cette façon, on a toutes les chances d'atteindre son but.

Bono, chanteur du groupe U2 à l'université de Pennsylvanie

Bono a grandi à Dublin dans les années 70. Il adorait le rock 'n' roll. Il avait 17 ans quand il est allé voir les Clash pour la première fois. Son conseil aux jeunes diplômés ? C'est de dépenser leur énergie et leur argent pour des causes qui valent le coup et d'en trouver une simple mais sincère.

3 **Lisa Kudrow, à l'université de Vassar**

Quand elle était jeune, elle avait l'intention de devenir actrice. Mais quand elle a choisi l'option biologie au lycée, elle s'est lancée dans la science et à la fin de ses études universitaires, elle avait même l'intention de travailler avec son père, chercheur spécialiste de la migraine. Un jour, elle a entendu une annonce pour auditionner pour une sitcom. Elle a décidé de tenter le coup et de devenir actrice. Elle a rapidement fait des castings pour des séries. Elle a été embauchée pour *Frasier* mais après deux jours de répétition, elle a été renvoyée. Quand une porte se ferme, une autre s'ouvre toujours. Quelques mois plus tard, elle a obtenu le rôle de Phoebe dans *Friends*.

4 Barack Obama, Président des États-Unis à l'université de Wesleyenne

Barack Obama a dit aux étudiants que tout leur est possible : même la Maison-Blanche. Ils ne sont pas obligés de penser aux autres mais il espère qu'ils seront tentés de le faire. C'est seulement en raccrochant son wagon à quelque chose de plus grand que soi qu'on réalise l'ampleur de son potentiel. Chacun a un rôle à jouer dans les prochains chapitres de l'histoire des États-Unis et il n'y a rien de naïf à vouloir changer le monde.

5 J.K. Rowling, écrivain britannique et auteur de la saga *Harry Potter* à l'université de Harvard

J.K. Rowling a toujours voulu écrire des romans mais ses parents venaient d'un milieu très pauvre et pensaient qu'elle ne pourrait jamais vivre de son imagination. J.K. Rowling a expliqué qu'elle avait échoué plusieurs fois : son mariage avait été d'une durée exceptionnellement courte, et elle ne trouvait pas de boulot. Elle était mère célibataire et aussi pauvre qu'on pouvait l'être en Angleterre à ce moment-là. Bien que la presse l'ait présentée comme une sorte de conte de fées, cette période de sa vie était très noire. Elle a canalisé toute son énergie pour survivre et s'occuper de sa fille qu'elle adorait. Grâce à cette énergie, à une vieille machine à écrire et à une grande idée, elle a réussi à reconstruire sa vie. Elle a découvert qu'échouer faisait partie de la vie. Échouer lui a fait découvrir des choses sur elle-même qu'elle n'aurait pas su autrement. Elle a compris par exemple qu'elle avait des amis dont la valeur était bien supérieure à celle des rubis.

Lexique	
vêtus de toges	*wearing academic gowns*
les tracas (*m. pl.*)	*hardships*
atteindre	*to reach*

1 Que portent les diplômés pendant la cérémonie *Alumni* ? (*Section 1*)

2 D'après Jodie Foster, à quoi ressemble le développement de la personnalité d'un jeune ? (*Section 2*)

    a un sujet d'examen   **c** une expérience

    b un chemin de fer   **d** une photo

3 Citez l'exemple d'un trait de caractère essentiel d'après le Dalaï-Lama. (*Section 2*)

4 Relevez l'adjectif au féminin qui décrit la vie d'après lui. (*Section 2*)

5 Quelles sont les meilleures causes, d'après Bono ? (*Section 2*)

6 Quelle était la matière étudiée par Lisa Kudrow à l'université ? (*Section 3*)

7 Relevez un verbe au conditionnel dans la section sur Barack Obama.

8 Cherchez un exemple d'échec dans la vie de J.K. Rowling. (*Section 3*)

9 Most of these celebrities emphasise qualities other than educational achievement as important in making your way in life. Comment on this statement making reference to the text. (*2 points; 50 words*)

B À deux ou en groupes, choisissez un conseil qui vous inspire et un conseil que vous ne voudriez pas suivre. Expliquez pourquoi.

12.13 Le coin des experts

Appelez-nous pour nous parler de vos problèmes d'argent et nos experts vous répondront.

Écoutez les problèmes et remplissez la grille.

VOUS AVEZ UN PROBLÈME ?

NOUS SOMMES LÀ POUR VOUS AIDER !

Person		Problem	Advice given
Emma			
Gilles			
Léa			

12.14 La génération qui a grandi avec la crise

Charlie et Aoife ont grandi en Irlande avec la crise économique. Ils nous racontent leur histoire.

Charlie

1 Where does Charlie live ?

2 What was the cause of the economic crisis, according to Charlie ?

3 How did the financial crisis impact on Charlie's family –

   a as regards his dad?

   b as regards his brother?

4 How does Charlie keep in contact with his brother?

5 How does Charlie feel about emigrating?

Aoife

6 How has the financial crisis impacted on Aoife's family?

7 What example does she give of getting value for money?

8 What has become more important for Aoife?

9 What has Aoife now learned?

 12.2 Texte à trous : Les temps sont durs

- **Civilisation :** Young French people and their musical tastes
- A sociologist gives her opinion on the impact of music reality-TV shows.
- Sophie Tith, the 16-year-old winner on *Nouvelle Star*, talks about her experience on the TV programme.
- **Le coin des experts :** Our experts answer music-related questions.
- A music composer talks about the process of composing film music.
- **Extrait de roman :** *Une guitare pour deux* by Mary Amato: Tripp and Lydia discover that two can be company when it comes to playing music.
- Interesting music-related stories including how carrying a guitar can make you seem more attractive and the Japanese virtual pop star
- Interview with Bono about his humanitarian work

Grammaire

- Le passé simple

Vocabulaire

- The world of music
- Musical instruments

Oral

- Abbie talks about Beyoncé, downloading music and being in a pop group.

Zoom examen

- Writing an email asking for information about French music
- Writing your diary after you win a reality-TV music show

En ligne

- Quiz : La musique
- Classez dans le bon ordre : Le passé simple

13.1 La musique, la passion des ados

13.1 Quiz : La musique

Une étude publiée par l'Institut OpinionWay indique que la musique est l'activité culturelle préférée des 15–24 ans. Près de 73 pour cent des répondants l'ont citée avant le cinéma, la télévision et le sport. Pour un quart des personnes interrogées, la musique est plus qu'un passe-temps, c'est une passion.

La révolution Internet

La musique a envahi la vie des jeunes. L'accès à la musique est en effet devenu plus facile : ils peuvent maintenant l'écouter sur les ordinateurs et leurs portables. La révolution numérique bouleverse les modes de consommation de la musique. Selon OpinionWay, 76 pour cent des 15–24 ans affirment utiliser le web pour télécharger et partager leur musique préférée. Les sites sur lesquels on peut voir les clips vidéo sont leurs sites privilégiés pour écouter de la musique (90%) et le streaming légal vient en seconde position. La musique accompagne tous les moments de la journée comme pendant les trajets en voiture ou en transports en commun, et les moments d'attente.

Ce que les jeunes aiment écouter

Les ados français aiment tous les genres de musique : des boys bands, des rappeurs, des rockeurs, des chanteurs RnB. Leurs goûts sont vraiment éclectiques. D'après un sondage Ipsos (une entreprise de marketing) le DJ David Guetta est le musicien préféré des Français. Il était l'artiste le plus diffusé à la radio l'année dernière. Le groupe One Direction est devenu un phénomène en France et il provoque l'hystérie générale lors de ses tournées. Beaucoup d'artistes et groupes comme One Direction ont trouvé le succès après avoir participé à des émissions de téléréalité. Shy'm a gagné *Danse avec les stars* et M Pokora, le chanteur de RnB, est devenu célèbre grâce à l'émission *Popstars*.

Les Enfoirés

Les Enfoirés est le nom d'un regroupement de chanteurs et de groupes qui chantent au profit de l'association caritive des Restos du Cœur, créée par le comédien Coluche. Chaque année, on réunit de nombreux artistes, des personnalités publiques, des sportifs et des présentateurs animent une émission pendant quatre heures en direct. Tout le monde y participe bénévolement. Des tournées sont aussi organisées et les bénéfices (concerts, CD et DVD) sont tous versés à l'association. C'est devenu un honneur pour un artiste de participer à cet évènement.

La Fête de la musique

Cette fête a été créée par le ministre de la culture, Jack Lang, en 1982. Elle a lieu le 21 juin et coïncide avec le solstice d'été. Elle est actuellement célébrée dans plus de 120 pays. Sous le slogan « Faites de la musique », on organise des concerts gratuits. Elle permet à tous d'accéder à des musiques de toutes sortes : musique classique, jazz, rock, world music et musique traditionnelle.

Lexique

une personne interrogée	a person being asked a question
envahir	to invade
la révolution numérique	the digital revolution
télécharger	to download
le plus diffusé	the most aired

Now check that you have understood the text by reading the incorrect version below and then writing the correct version in your copy.

1 Regarder la télévision est l'activité préférée des jeunes Français.

2 La moitié des jeunes interviewés ont dit qu'ils étaient passionnés par le sport.

3 La révolution technologique n'a rien changé à la façon d'écouter de la musique.

4 Les sites de streaming sont les sites les plus populaires pour la musique.

5 On écoute la musique seulement le matin à la maison.

6 Le groupe One Direction n'a pas attiré les foules pendant leur tournée en France.

7 Le chanteur, M Pokora, est devenu célèbre grâce à l'émission *Nouvelle Star*.

8 Les Enfoirés est un spectacle réservé aux chanteurs et chanteuses.

9 Les artistes qui participent aux Enfoirés reçoivent un salaire.

10 La Fête de la musique est uniquement célébrée en France.

13.2 Expression libre : Ce que j'aime écouter

Écoutez Amélia et Léo parler de leurs préférences musicales et répondez aux questions suivantes.

Amélia

1 What age is Amelia ?

2 Name **one** point she makes about David Guetta.

3 How does she source the music she listens to?

Léo

4 Why does Léo buy music magazines?

5 Why do Daft Punk, Gorillaz and Fauve all hide their faces when singing?

6 What does Léo contrast this with?

13.3 Vocabulaire : Des mots clé sur la musique

A Learn the following music-related vocabulary off by heart.

assister à	to attend
attirer	to attract, draw
une chanson	a song
une chanson anglaise	an English song
une chanson francophone	a French song
un concert	a concert
une fête	1. a festival 2. a party
fêter/célébrer	to celebrate
les paroles (f. pl.)	words of a song, lyrics
une tournée	a tour
un tube	a hit song

un/une artiste	an artist
un/une compositeur(-trice)	a composer
un/une chanteur(-euse)	a singer
un disc jockey / plataniste	DJ
un fan	a fan
un groupe	a group/band
un/une réalisateur(-trice) artistique	a record producer

un baladeur numérique	a digital music player
un casque	headphones
un CD (pl. des CD)	a CD
un clip musical/vidéo	a music/video clip
des écouteurs (m. pl.)	earphones
gratuit(e)	free (of charge)
un lecteur MP3/MP4	an MP3/MP4 player
une playlist	a playlist
le streaming musical	music streaming
un téléchargement	a download

B **La musique est très importante dans la vie des jeunes Irlandais.**

Donnez vos réactions. (75 mots)

For help with giving your opinion/ reaction, see pages 331–32.

13.4 Quelques records des nouvelles stars

Les émissions de téléréalité musicales comme *The Voice*, *Nouvelles Star*, *Popstars* et *Graines de Star* donnent leur chance à des talents en herbe. Voici quelques évènements marquants.

Popstars
En 2001, *Popstars* est devenu la première émission musicale de téléréalité.

Nouvelle Star
La Nouvelle Star française est l'une des 49 versions de *Pop Idol*.

Spectateurs
9,8 millions de téléspectateurs ont regardé la dernière saison de *The Voice*.

Tweets
5 millions de tweets ont été échangés pendant la dernière saison de la même émission.

Le luxe !
La Star Ac a lieu dans un château du 18ème siècle.

La pub
111 550 € est le prix d'un spot publicitaire pendant *The Voice*.

The Voice Kids
L'âge minimum des candidats de la version « kids » est six ans.

Le gros carton
1 milliard de dollars. C'est la somme que le groupe One Direction a gagnée en 2013. Pas mal pour un groupe qui a fini troisième à *X Factor* au Royaume-Uni !

Des perdantes populaires !
Chimène Badi a vendu 1,84 million d'albums mais elle a quand même perdu lors de l'émission *Popstars*.

Amel Bent, perdante de *La Nouvelle Star*, en a vendu 735 000. Pas mal !

Say in English what each of the following numbers refers to and write full sentences in your copy.

1	2001	4	5	7	6	10	3
2	49	5	18	8	1	11	1,84 million
3	9,8	6	111 550	9	2013	12	735 000

13.5 Les émissions de téléréalité musicales

A Listen to this interview with Mme Guichet, a sociologist specialising in reality TV and answer the following questions.

1 Why do the organisers of the music reality-TV shows keep some really poor performers in the competition?

2 Do the stylists get working on the candidates straight away?

3 Who is the real star of the pop TV-reality show?

4 How is the competition described?

5 Who usually decides on the winner?

6 Name **two** of the basic rules.

7 What advice is given about how to survive?

B Sixteen-year-old Sophie Tith is a winner on *Nouvelle Star*. Listen to this interview with her, then answer the following questions.

1 What did Sophie do when she was 12 years old?

2 In what year was the competition *Nouvelle Star* first aired?

3 How did Sophie feel when she first applied for *Nouvelle Star*?

4 Who came to the audition with her ?

5 Name **one** thing she had to do after she won *Nouvelle Star*.

C Imaginez que vous venez de gagner *Nouvelle Star*.

Qu'est-ce que vous notez dans votre journal intime ? 			(75 mots)

For help with writing un journal intime, **see pages 341–42.**

Le saviez-vous ?

En français, on utilise l'expression chanter comme une casserole pour quelqu'un qui chante faux !

13.6 Abbie passe son oral

A Abbie parle de la musique qu'elle aime. Lisez puis écoutez.

1 Aimez-vous la musique, Abbie ?

Oui, je suis passionnée de musique. J'aime écouter de la musique le soir, après avoir fini mes devoirs. Ça me détend et je dors mieux. La musique est ma matière préférée au lycée. J'aime le chant et je joue de la guitare. Quand je joue de la guitare, j'oublie tous mes problèmes.

2 Abbie, je vois que vous avez préparé un document sur Beyoncé ?

Oui, ma chanteuse préférée est Beyoncé. C'est une chanteuse américaine. Elle est hyper cool et très belle aussi. Elle a commencé à chanter dans le salon de coiffure de sa mère avec ses copines. Elles ont testé leurs chansons devant les clients. Le défi numéro 1, c'était de faire en sorte que leurs voix dépassent le volume des casques et des sèche-cheveux !

7 Faites-vous partie d'un groupe de musique ?

Oui, je joue dans un groupe avec deux copains, Josh et Sarah. Josh joue de la batterie et Sarah chante. Nous répétons trois fois par semaine, dans le garage des parents de Sarah.

3 Quel est le meilleur festival auquel vous avez assisté ?

C'était le festival Electric Picnic. L'ambiance était extra. Il y avait des dizaines de groupes célèbres et aussi d'autres groupes moins connus. Nous avons chanté tous leurs tubes !

6 Achetez-vous souvent des CD ?

Non, la plupart du temps, je télécharge la musique. Mais il faut faire attention à ne pas l'écouter trop fort avec un casque ou avec des écouteurs. Beaucoup de jeunes risquent de s'abîmer définitivement l'oreille interne à cause de ça.

5 Aimez-vous la musique classique ?

Pas tellement. Je trouve que c'est un peu trop sérieux et ça m'ennuie.

4 Allez-vous souvent à des concerts ?

De temps en temps. J'ai de la chance parce que le père de mon petit ami reçoit des billets gratuits de temps à autre. L'année dernière, je suis allée voir Beyoncé au 3Arena. Sur mon document vous me voyez avec mes amis avant le concert. C'était super ! J'aime aussi le fait que Beyoncé peut danser en portant des hauts talons sur scène et chanter en même temps. J'adore son look. Beyoncé a créé sa marque de vêtements. C'est une femme vraiment impressionnante !

 Animation

B **Et vous ? À deux, posez-vous à tour de rôle des questions sur votre type de musique préférée.**

1 Aimez-vous la musique ? *Je suis passionné(e) par la musique ...*

2 Quel genre de musique préférez-vous ? *Je m'intéresse à la musique ... Je préfère la musique...*

3 Vous avez un chanteur (ou chanteuse) préféré(e) ? *Mon chanteur préféré est ... / Ma chanteuse préférée est ...*

4 Quel est votre groupe préféré ? *Mon groupe préféré est ...*

5 Quel est le meilleur festival auquel vous avez assisté ? *C'était ...*

6 Allez-vous souvent à des concerts ? *Malheureusement non, les billets coûtent trop cher ... / Je ne suis pas encore allé(e) à un concert ...*

7 Aimez-vous la musique classique ? *Je l'adore. Mon compositeur / ma compositrice préféré(e) est ...*

8 Achetez-vous souvent des CD ? *Assez rarement, je télécharge la musique sur iTunes ...*

9 Vous avez musique comme matière pour le Leaving Cert ? *Non, malheureusement ...*

10 Faites-vous partie d'un groupe de musique ? *Oui, je fais partie d'un groupe ....*

C **You are doing a document on French music for your Leaving Cert oral exam. As part of your research, you write an email to your French penfriend:**

- Ask the names of some singers or groups he or she likes.
- Ask whether he or she could send you a French music magazine.
- Tell him or her that you will be going to a concert next Saturday evening.

For help writing un email, see pages 348–49.

13.7 Le coin des experts

Appelez pour parler de vos problèmes concernant la musique et nos experts vous répondent.

Écoutez et remplissez la grille.

VOUS AVEZ UN PROBLÈME ?

NOUS SOMMES LÀ POUR VOUS AIDER !

Person	Problem	Advice given
Annabelle		
Lucas		
Sophie		

13.8 Vocabulaire : Les instruments de musique

A Les noms d'instruments de musique en français ressemblent beaucoup à leur traduction anglaise. Cependant, il faut savoir s'ils sont masculins ou féminins ! Apprenez les mots suivants :

une batterie	*a drum kit*	une harpe	*a harp*
une clarinette	*a clarinet*	un piano	*a piano*
une contrebasse	*a (double) bass*	un piano à queue	*a grand piano*
une flûte	*a flute*	un piano droit	*an upright piano*
une guitare	*a guitar*	un trombone*	*a trombone*
une guitare acoustique	*an acoustic guitar*	une trompette	*a trumpet*
une guitare classique/sèche	*a classical guitar*	un ukulélé	*a ukelele*
une guitare électrique	*an electric guitar*	un violon	*a violin*
un harmonica	*a harmonica*	un violoncelle	*a cello*

✸ **Note that un trombone also means a paper clip!**

✸ **Remember, in French you use jouer de when saying what instrument you play.**

Je joue du piano.

Je joue de la batterie

B Jouez-vous d'un instrument de musique ? En groupes, posez-vous les questions suivantes et écrivez vos réponses.

1 Jouez-vous d'un instrument de musique ? *Je joue du / de la ...*

2 Est-ce que vous avez pris des leçons ? *J'ai pris des cours de ...*

3 Savez-vous chanter ? *Je chante bien/mal.*

4 Avez-vous déjà écrit vos propres chansons ? *Oui, j'ai écrit ...*

5 Avez-vous utilisé un logiciel de notation musicale ? *Non, mais je voudrais ...*

13.9 *Une guitare pour deux, de Mary Amato**

Read the following extract from a novel about two budding musicians and answer the questions below. The narrative is written in a tense called le passé simple but the first part of each verb should help you follow the story.

Impossible de vivre sans guitare. C'est ce que pense Tripp quand sa mère lui confisque son instrument. Sa seule solution : répéter un midi sur deux (les jours impairs, d'où son surnom, M. Impair) dans la salle B, avec une vieille guitare. Lyla, consciencieuse violoncelliste, occupe la salle les autres jours (Mme Pair). Ces deux-là commencent par se détester par petits mots interposés. Mais bientôt, les échanges virent aux confidences et une toute autre relation s'installe entre eux ...

1 Le son de la radio résonna dans les oreilles de Tripp Broody, qui ouvrit les yeux. Il tendit la main droite pour l'éteindre. Pourquoi le réveil s'était-il déclenché ? On était samedi. Après avoir cligné trois fois des paupières, il finit par distinguer un petit mot entre les cordes de sa guitare, dressée sur son pied en métal au bout de son lit.

Cher Tripp,

Avant que je parte travailler ce matin, le père de Lyla a appelé pour savoir s'ils pouvaient passer te chercher vers 10.30. Alors j'ai mis ton réveil. Ils t'expliqueront de quoi il s'agit. Pour ma part, je n'y vois aucun inconvénient – à condition que tu sois d'accord. Passe une très bonne journée et raconte-moi tout ça ce soir.

Bisous,

Maman

2 Tripp souleva le store. Il n'y avait pas un nuage dans le ciel, et les arbres étaient en train de reverdir. Son téléphone vibra. Un message de Lyla.

Lyla : Tu es réveillé ?

Tripp : Oui. Qu'est-ce qui se passe ?

Lyla : Tu verras bien. À tout à l'heure !

Il enfila un jean, un tee-shirt et avala son petit déjeuner. Quelques minutes plus tard, on frappait à la porte. Il se précipita pour ouvrir.

Lyla se tenait sur le perron. Elle portait son manteau rouge, et un béret noir sur ses cheveux

courts. Elle tenait sa guitare à la main.

–Salut M. Impair, lança-t-elle.

–Salut, Mme Pair.

–Prends ta guitare, parce que ...

Elle sourit de toutes ses dents.

–Quoi ?

–On a un concert.

–Ah bon ?

3 Elle lui tendit le papier qu'elle venait de sortir de sa poche.

DIRECTION GENERALE DES TRANSPORTS DE WASHINGTON

PERMIS DE JOUER DANS LE METRO

ACCORDÉ À TRIPP BROODY ET LYLA MARKS

Derrière elle, son père attendait dans la voiture.

–Alors, tu viens ? demanda-t-elle.

–Oh que oui !

Lorsqu'ils arrivèrent à la station de métro, ils montrèrent leur autorisation au responsable qui leur dit de s'installer sur le quai. Une foule de passagers sortait des rames et passait les tourniquets : des hommes et des femmes d'affaires en costume, d'autres avec des sacs de courses, tous très pressés.

Même s'ils avaient officiellement le droit d'être là, Tripp et Lyla se sentaient un peu gênés dans cette atmosphère électrique. Tous ces gens étaient là pour prendre le métro, pas pour écouter de la musique. Pourtant, les deux amis s'accordèrent, s'encouragèrent d'un regard et commencèrent à jouer. Les accords résonnaient sous la voûte de la station avec une telle clarté qu'ils ne pouvaient plus revenir en arrière.

Ils se mirent à chanter, Tripp se détendit et laissa sa voix le porter. Lyla, rassurée de le voir si confiant, se lâcha elle aussi.

4 Une femme descendit d'un wagon en tirant une valise. Lorsqu'elle entendit la musique, elle s'arrêta pour les écouter. Les métros défilaient. Un homme se planta devant eux avec son petit garçon dans les bras. Il se posa par terre et resta là, hochant la tête en rythme. Le petit dansait sur place. Son père sourit.

La musique de Tripp et Lyla se répandait dans toutes les directions : elle emplit la station de métro, atteignit les oreilles des voyageurs, s'échappa jusqu'à la rue le long des grands escalators et se diffusa dans l'air printanier.

Et tous ensemble, ils vibrèrent.

Lexique

cligner des paupières	*to blink*
s'agir de	*to be about (e.g. the subject of a novel, a meeting, etc.)*
soulever	*to lift*
un store	*a shutter*
une rame	*a train*
un tourniquet	*a turnstyle*
gêné(e)	*embarrassed*

1 Relevez le détail qui vous indique que Tripp ne voulait pas se lever quand la radio sonna. (*Section 1*)

2 Où la mère de Tripp était-elle partie ? (*Section 1*)

3 Trouvez la phrase qui indique qu'il faisait beau. (*Section 2*)

4 Comment Tripp savait-il qu'il avait reçu un SMS de Lyla ? (*Section 2*)

   a Son portable a sonné.   **c** Il a vu une lumière sur son smartphone.

   b Son portable a vibré.   **d** Il était lui-même sur le point de téléphoner.

5 Quel était le surnom (*nickname*) de Lyla ? (*Section 2*)

6 Comment savez-vous que Lyla était de très bonne humeur en arrivant chez Tripp ? (*Section 2*)

7 Pourquoi le papier de Lyla était-il important ? (*Section 3*)

8 Quelle phrase indique que c'était difficile de plaire aux gens dans la station de métro ? (*Section 3*)

9 Despite feeling nervous at first, Tripp and Lyla manage to impress the commuters in the subway station. Refer to the text in support of your answer. (*2 points; about 50 words*)

13.10 Le passé simple
Definition

In the extract from *Une guitare pour deux*, you may have noticed some unusual verb forms:

la radio résonna	Tripp ouvrit les yeux	Tripp souleva le store

- The extract is written in a tense called le passé simple (known as the **past historic** in English).

- Le passé simple is often used for **written narratives** (e.g. in novels and short stories) as a more formal replacement for le passé composé and in combination with l'imparfait.

- You are likely to come across it in the Leaving Cert, especially in the literary text of the **Reading Comprehension**.

- You will need to be able to recognise le passé simple and understand its meaning. Follow these three steps:

  1 Try to recognise what the **stem** of the verb is. This will tell you its basic meaning. Je regardai clearly comes from regarder (*to watch*).

  2 Some irregular verbs have **completely different stems** in le passé simple. Pay particular attention to:

avoir (j'eus)	être (je fus)	faire (je fis)

  3 Watch out, too, for the distinctive passé simple **endings** (see below).

> ❈ **You won't need to use le passé simple in your own written work. Use le passé composé to describe actions or events in the past (see pages 140–141 and 146–148).**

All you have to do then is be aware that it is a verb in the past tense and read on.

Regular verbs

	regarder	finir	rendre
je	regardai (*I looked at*)	finis (*I finished*)	rendis (*I gave back*)
tu	regardas	finis	rendis
il/elle/on	regarda	finit	rendit
nous	regardâmes	finîmes	rendîmes
vous	regardâtes	finîtes	rendîtes
ils/elles	regardèrent	finirent	rendirent

The **circumflex accent** (â, î, û) used in the **first-** and **second-person plural** (nous and vous forms) can be another clue that you are dealing with le passé simple.

Some commonly used irregular verbs

	avoir	être	faire
j'/je	eus (*I had*)	fus (*I was*)	fis (*I did*)
tu	eus	fus	fis
il/elle/on	eut	fut	fit
nous	eûmes	fûmes	fîmes
vous	eûtes	fûtes	fîtes
ils/elles	eurent	furent	firent

Once you know the **first-person singular** of any verb in le passé simple, it follows the pattern as shown above.

Other irregular verbs

j'allai (*I went*)

je bus (*I drank*)

je connus (*I knew (a person or a place)*)

je crus (*I believed*)

je dus (*I had to*)

je lus (*I read*)

je mis (*I put*)

je pus (*I was able to*)

je sus (*I knew (a fact)*)

je vins (*I came*)

je vécus (*I lived*)

je voulus (*I wanted*)

> ✳ **You may have noticed that many of the past historic stems of irregular verbs are identical to the past participle:**
>
> | boire | bu | je bus |
> |---|---|---|
> | pouvoir | pu | je pus |
>
> **This should also help you to spot the past historic form.**

A Traduisez ces verbes au passé simple en anglais.

1 je travaillai
2 il parla
3 elle eut
4 ils vendèrent
5 nous fîmes

6 elle sut
7 nous lûmes
8 il but
9 ils connurent
10 elle put

B Reliez chaque pronom au verbe qui convient et traduisez en anglais.

1 je
2 tu
3 il/elle/on
4 nous
5 vous
6 ils/elles

a fit
b crurent
c fus
d finîmes
e parlas
f vécûtes

 13.2 Classez dans le bon ordre : Le passé simple

C Pick out each of the verbs in le passé simple **from section 4 of *Une guitare pour deux* and say what it means.**

13.11 La musique au quatre coins du monde

A Read the following articles about music and answer the questions that follow.

À Hébron, la musique adoucit les mœurs

On utilise la musique de Beethoven, Mozart et Chopin pour apaiser les nerfs des agents à Hébron dans le sud de la Cisjordanie, où le maintien de l'ordre est très difficile. On a découvert que la musique classique détend les policiers et crée une atmosphère plus agréable pour les visiteurs.

Une guitare séduit !

Selon une nouvelle étude menée en Bretagne, une guitare peut transformer un homme ! En effet, porter une guitare dans la rue augmente considérablement ses chances de séduction !

La musique qui recycle !

Des trésors sont cachés dans les poubelles. Un chef d'orchestre a eu l'idée de génie – pour aider les enfants de Cateura au Paraguay (une région très pauvre) – à créer un orchestre à partir d'instruments recyclés, faits avec des boîtes de conserve, d'anciens barbecues, des bouts de ficelle, etc. Une idée folle mais le Landfill Harmonic est impressionnant et grâce à la musique, les enfants ont retrouvé l'espoir et la joie de vivre !

Ne le faites pas !

One Direction a demandé à leurs fans de leur envoyer via Twitter une photo puisqu'ils voulaient honorer leurs fans les plus dévoués. Mais les parents des fans étaient furieux parce qu'ils pensaient que ça allait inciter leurs enfants à se faire tatouer. Après avoir être inondés de mails de parents en colère, les 1D ont dit qu'ils avaient posté le message par erreur !

La pop-star virtuelle

Elle s'appelle Hatsune Miku. Elle a 16 ans et elle vient du nord du Japon. Elle chante surtout de la pop, mais elle aime aussi tous les styles de musique. Ses chansons font fureur dans les karaokés et … elle n'est pas réelle ! Le chiffre 01 tatoué sur son épaule signifie qu'elle est la première chanteuse du Vocaloid 2, un programme informatique qui permet de créer des chansons. Grâce à un hologramme, son image est projetée sur un écran très spécial, constitué de cristaux liquides. L'illusion est parfaite et elle a l'air très vivante.

Daft Punk

Ce groupe a révolutionné la musique électronique. Quand leur single « Get Lucky » est relayé par des milliers d'internautes, la toile s'affole. À sa sortie officielle, c'était déjà un tube. Il a décroché la première place du hit-parade dans une dizaine de pays en quelques jours et a pulvérisé tous les records. C'était la chanson la plus diffusée de l'année dernière, avec 5 millions d'albums vendus dans le monde.

Bruno Mars

Bruno Mars a chanté pour les 110 millions de téléspectateurs du Super Bowl. L'année dernière, il a été un des artistes le plus diffusé à la radio et aussi l'artiste le plus téléchargé illégalement. Il a également été élu la personnalité de moins de 30 ans la plus influente dans le monde après sa tournée prolongée avec Pharell Williams !

Lexique

apaiser	*to calm*	la toile	*the Web*
détendre	*to relax, to de-stress*	s'affoler	*to go crazy*
faire fureur	*to be all the rage*	décrocher	*to pick up*
relayer	*to pass on*		

1 What effect has classical music had on people in Hebron?

2 What has a recent survey discovered about men who carry a guitar?

3 What is amazing about the Landfill Harmonic orchestra in Paraguay?

4 What effect has being in the orchestra had on the children involved?

5 What did the group 1D ask its fans to do?

6 What was the reaction of the fans' parents?

7 In what way is Hatsune Mikua a very different type of pop star?

8 To what does the figure 5 million refer?

9 Explain how the Internet was a real help in Daft Punk's success.

10 In what way has the Internet been bad for Bruno Mars?

B Imaginez que vous êtes reporter pour le magazine *Star Club*. Écrivez un article sur votre concert ou star préférée pour le magazine. (Votre récit pourrait être réel ou imaginaire.)

(75 mots)

13.12 Une passion pour la musique

A Listen to Sarah and Michael, who have a passion for music, and answer the following questions.

Sarah

1 How did Sarah first get into music?
2 What instrument did she learn?
3 Why does she think singing is more difficult than playing an instrument?
4 What did she do at school last year?

Michael

5 Where does Michael get inspiration for the music that he plays?
6 Explain how the video game Rock Band works.

B Now listen to Bruno Duret, a film music composer.

1 What did Bruno's parents discover when he was really young?
2 What **two** interests did he have?
3 What work was he asked to do when he was 19 years old?
4 Normally, at what stage of the filmmaking process does he work?
5 What is his favourite type of film for music composition?

13.13 La star au service de l'humanité : interview avec Bono

Listen to the interview with Bono and answer the following questions.

1 In what way does Bono say that Nelson Mandela opened his eyes?
2 Name Nelson Mandela's achievements, according to Bono.
3 Why does Bono believe that his daughter is better informed about social issues than he is?
4 How can you change the world, according to Bono?
5 What situation would Bono prefer?
6 Why does Bono not leave humanitarian action to the politicians?

- **Civilisation :** Methods of transport in France

- **Expression libre :** A variety of people talk about cycling

- Dr Marc Laugier tells us why some people opt out of driving.

- **C'est drôle !** Interesting and funny articles including the car a 16-year-old can drive and the new graffiti-style road signs

- **Extrait de presse :** An anti-stress class for those scared of flying

- **Le coin des experts :** Advice on reducing your carbon footprint, cycling to school and how to avoid travel sickness

- Measures to address the poor safety record on French roads

Grammaire

- Les prépositions

Vocabulaire

- Means of transport

Oral

- Holly talks about her dislike of flying and love of motor sports.

Zoom examen

- Writing a diary entry about your experiences of learning to drive
- Texte à trous : Élodie tells us why she doesn't drive.
- Filling out a form about transport

En ligne

- Reliez ! : Le code de la route
- Quiz : Allez-vous survivre ?

14.1 Les moyens de transport

Avant de vous déplacer partout en France, vous devez connaître les différents moyens de transport, adaptés à chaque personne et à chaque budget.

La voiture

La voiture reste le moyen de transport le plus utilisé pour voyager en France. C'est un symbole de liberté. Il y a plusieurs marques françaises de voitures mais les plus connues sont Peugeot, Renault, Citroën et Bugatti. Les routes françaises sont considérées parmi les meilleures et les mieux entretenues du monde. Les facilités sur les autoroutes sont formidables. Le réseau secondaire des routes nationales et départementales est de très bonne qualité et il est gratuit.

Un point négatif : le prix des carburants et des péages sur autoroutes. Le co-voiturage est une solution économique et sociale. De nombreux sites proposent aux conducteurs de s'associer sur les trajets et de partager ces prix. 18 millions de Français utilisent leur voiture pour se rendre au travail (contre 15 pour cent qui empruntent les transports en commun). Autre désavantage : ce sont les embouteillages. On estime qu'on perd 35 heures par an dans les bouchons en France. En Europe, la France occupe la quatrième place pour ce problème, après la Belgique, les Pays-Bas et l'Allemagne, et devant la Grande-Bretagne, l'Espagne et l'Italie.

Le saviez-vous ?

Fondé par un Italien, et basé à l'origine en Allemagne, le constructeur de voitures de luxe, Bugatti est désormais installé en France, à Molsheim, en Alsace. C'est une filiale du groupe allemand Volkswagen. Un véritable projet européen !

Le train

La France bénéficie d'un réseau ferroviaire étendu, géré par la SNCF (Société nationale des chemins de fer français). Le TGV (train à grande vitesse) roule à 300 kilomètres à l'heure. On peut acheter son billet en ligne et il y a de nombreuses cartes de fidélité avec lesquelles on peut bénéficier d'une réduction. Avec l'arrivée du WiFi dans les wagons, on peut travailler et se divertir sur Internet.

Le métro

Il y a un système de métro à Paris, Lyon, Lille, Marseille, Toulouse et Rennes. Le métro permet de traverser la ville de façon rapide et efficace.

Le bus

C'est un moyen de transport souvent boudé par les voyageurs, mais le bus se refait une santé depuis quelques années. On propose des prix attractifs pour attirer le public.

L'avion

L'avion est sans doute le moyen de transport le plus efficace pour de longues distances. Avec l'arrivée des compagnies low-cost, les prix sont plus abordables qu'ils ne l'étaient auparavant.

Le tramway

Il y a des trams dans beaucoup de villes en France y compris Paris, Bordeaux, Lyon, Nantes, Nice, Orléans, Rouen et Strasbourg. Chaque station a un abri couvert où on trouve généralement un distributeur de billets. On doit composter son billet à bord.

Lexique

entretenir (*p.p.* entretenu)	*to maintain*	se divertir	*to enjoy yourself*
le carburant	*fuel*	efficace	*efficient*
un péage	*a toll*	bouder	*to shun*
le co-voiturage	*car-sharing*	se refaire une santé	*to recover (one's health)*
un trajet	*a journey*	attirer	*to attract*
un embouteillage / un bouchon	*a traffic jam*	abordable	*affordable*

Now check that you have understood the text by answering the following questions.

1. What does travelling by car tend to symbolise?
2. Do you have to pay to travel on Routes Nationales (RN) roads?
3. What **two** things does the passenger help pay for in car-sharing?
4. To what does the figure 18 refer?
5. To what does the figure 35 refer?
6. What has made train travel more affordable?
7. What has made train travel more pleasant for passing the time?
8. What is the main advantage of travelling by underground?
9. How have the bus companies tried to attract the public?
10. What do you have to do with your tram ticket as soon as you board?

ÉTUDIANT ÉCOUTEZ

14.2 Expression libre : Mon vélo et moi ...

Prendre son vélo, c'est souvent plus facile et meilleur pour la santé que de sortir la voiture. En effet, prendre la voiture pour un trajet court est du gaspillage de carburant. Presque 50 pour cent des Français ont pédalé au moins une fois au cours des 12 derniers mois et 14 pour cent utilisent leur vélo pour leurs trajets utilitaires.

Lexique

plus drôle que ...	*more fun than ...*
un/une grossiste	*a wholesaler*
un/une coursier(-ière)	*a delivery person*

A Listen to the following vox pop interviews on how these people use their bicycles and fill in the grid. The first example is done for you.

Interviewee	Cycling details
Zoé	Works as a cycle-guide in Paris. Shows monuments. She feels it's better than using the Métro.
Xavier	
Coralie	
Adam	
Charlie	
Noémie	

PARLEZ

B À tour de rôle avec votre partenaire, parlez de votre vélo et de vos trajets à vélo.

Exemple : J'ai un ancien vélo bleu et je vais à l'école tous les jours ...

14.3 Vocabulaire : En voyage

A Learn the following vocabulary by heart.

un avion	a plane
un bac	a ferry
un bateau	a boat
un bus	a bus
un car-ferry	a car-ferry
une mobylette	a moped
une moto(cyclette)	a motorbike
un car	a coach
un car scolaire	a school bus
une navette (gratuite)	a (free) shuttle bus
une patinette	a push scooter
les patins (m. pl.)	roller-skates
à roulettes	
un train	a train
un tramway	a tram
un vélo	a bike
un vélo pliant	a fold-up bike
une voiture	a car

> ✳ To say you go somewhere by moped, train, school bus, etc., use the preposition **en**:
>
> Exemple : Je vais à l'école **en** mobylette / **en** train / **en** car scolaire …
>
> With **vélo** and **moto**, however, you should strictly speaking use **à**.
>
> Exemple : Je vais à l'école **à** vélo.
>
> To say 'on foot', use **à pied**:
>
> Exemple : Je vais à l'école **à pied**. *I walk to school.*

un/une banlieusard(e)	a commuter	un permis de conduire	a driving licence
une compagnie aérienne	an airline	une piste cyclable	a cycle lane
une gare (ferroviaire)	a (train) station	un trajet	a journey, trip
une gare routière	a bus station	les transports (m. pl.)	public transport
les horaires (m. pl.)	timetable	en commun	
un moyen de transport	a means of transport	le volant	a steering wheel
		au volant	at the wheel
un/une passager(-ère)	a passenger		

conduire	to drive (what a person does)	voler	to fly
rouler	to drive/go (what a car does)	voyager	to travel

B Faites un sondage sur les moyens de transport pris par vos camarades de classe.

Pour vous aider

Comment allez-vous à l'école ?

Combien de temps mettez-vous ?

Trouvez-vous ce trajet agréable ?

C Ensuite écrivez un paragraphe pour résumer les résultats. (75 *mots*)

Pour vous aider

La plupart de mes amis …

Personne ne va à l'école en …

50 pour cent prennent (le bus, etc.)

Le trajet moyen pour venir à l'école est de 40 minutes.

ÉTUDIANT LISEZ ÉCOUTEZ

14.4 Holly passe son oral

A Holly répond à quelques questions sur les transports. Lisez puis écoutez.

1 Comment allez-vous à l'école, Holly ?

J'y vais à vélo. J'ai commencé à faire du vélo quand j'étais en France chez mon correspondant. Il y avait une initiative « en ville sans ma voiture » qui encourageait tout le monde à laisser la voiture à la maison.

2 Est-ce qu'il y a des initiatives pour encourager les jeunes à utiliser les moyens de transport verts en Irlande aussi ?

Oui. Dans le centre-ville de Dublin, on peut louer un vélo. Il suffit de signer un contrat de prêt et de payer une caution. Il s'adresse à ceux qui font des trajets courts. D'après les calculs, chaque vélo est utilisé par dix personnes chaque jour.

8 Pensez-vous que ce soit possible de réussir du premier coup au permis de conduire ?

Oui, c'est possible mais très difficile. Ma copine Emma a décroché son permis de conduire du premier coup la semaine dernière et elle était ravie.

3 Vous avez un vélo vous-même ?

Oui, j'ai un superbe vélo. Je l'ai eu pour mon anniversaire. Il a 21 vitesses et de bons freins. Je sors en vélo avec mes amis le weekend.

7 Avez-vous votre permis de conduire ?

Ce n'est pas nécessaire d'avoir son permis de conduire pour participer à la formation de l'Auto Sport Academy. Je suis en train d'apprendre à conduire la voiture de ma mère. Le seul problème, c'est que l'assurance coûte très cher !

4 Est-ce qu'il y a un moyen de transport que vous n'aimez pas ?

Je déteste prendre l'avion. Lorsque je voyage en avion, je n'aime pas tous les contrôles de sécurité et on est très limité au niveau des bagages. Je n'aime pas le scooter non plus parce l'année dernière, un de mes amis a perdu la vie dans un accident de la route : il slalomait entre deux véhicules quand une voiture a grillé les feux et l'a percuté.

6 Vous aimez les voitures, Holly ?

Oui, j'adore les voitures. L'année dernière, quand j'étais chez ma correspondante, au Mans, j'ai fait un stage et j'ai conduit sur le circuit Bugatti du Mans. Mon ambition est de devenir pilote professionnel en kart ou en automobile. J'ai piloté mon premier kart à sept ans et j'ai tout de suite aimé ça.

5 Holly, je suis vraiment désolé. Que faire pour éviter de tels accidents ?

Je crois que le problème majeur est l'excès de vitesse. Je pense que le code de la route devrait être au programme à l'école. Cela augmenterait le taux de réussite au code et pourrait limiter le nombre d'accidents mortels chez les jeunes sur les routes.

 Animation

B À deux, posez-vous à tour de rôle les questions suivantes, puis écrivez les réponses.

1 Comment allez-vous à l'école ? *Je vais à l'école ...*

2 Avez-vous un vélo ? *J'ai / je n'ai pas ...*

3 Est-ce qu'il y a un moyen de transport que vous n'aimez pas ? *Je déteste ...*

4 Vous aimez les voitures ? *J'aime / Je n'aime pas ...*

5 Avez-vous votre permis de conduire ? *J'ai l'intention d'apprendre à conduire ...*

14.5 Apprendre à conduire

A Read Juliette's and Noah's accounts of learning to drive and answer the questions.

Juliette

Je conduis avec ma mère depuis neuf mois maintenant. La première fois que j'ai pris le volant, j'étais super stressée. J'ai roulé très lentement et ma mère était crispée. Maintenant, je me sens plus à l'aise. C'était fatigant de conduire. Au bout de deux heures, je commençais à faire des fautes. J'oubliais les clignotants et je cessais de regarder dans les rétros. Une fois, j'ai failli avoir un accident. J'étais sur un rond-point. Ma mère me disait que j'avais assez de temps pour passer mais elle oubliait que j'étais moins rapide qu'elle. L'autre voiture a dû freiner pour m'éviter. Maintenant, je surveille la façon dont ma mère conduit ! Elle franchit des lignes continues parfois mais grâce à moi, elle respecte à la lettre les limitations de vitesse. On plaisante ensemble là-dessus. Quand je regarde les adultes conduire, je me dis « Comment font-ils pour être si détendus ? Ils ont l'air de faire ça si naturellement ! Serai-je comme ça un jour ? »

1 When does Juliette say she was stressed?

2 What happened after two hours' driving?

3 Describe her near-miss.

4 How has her mother's driving changed?

5 How does Juliette regard adult drivers?

Noah

La première fois que j'ai pris le volant de la voiture de mes parents, c'était bizarre ! J'avais l'impression de me tromper de porte ! Mes parents étaient stressés parce que je suis l'aîné de la famille et ils n'avaient pas l'habitude d'apprendre à conduire à quelqu'un. Mais en général, ça se passe bien. Mon père est très attentif et me donne beaucoup de conseils utiles. Il veut vraiment m'aider. Ma mère me donne plus de liberté. Elle a l'impression que je sais déjà conduire. (Je n'en suis pas si sûr !) Sur la route, il y a toujours des situations différentes et difficiles. Je sais qu'une voiture peut tuer. Depuis que je conduis, je vois les choses différemment même quand je ne suis que passager. Grâce à moi, mes parents sont devenus plus vigilants. Quand j'ai préparé l'examen pratique du code, ça leur a rafraîchi la mémoire ! Je suis hyper motivé et mon but est d'avoir mon permis à 18 ans. La conduite m'a donné l'occasion de faire des sorties avec mes parents. J'en ai assez d'attendre le bus sous la pluie et d'appeler mes parents tard le soir quand je sors avec mes copains. La voiture, pour moi, ça représente la liberté et le confort.

6 What did Noah feel when he first started driving?

7 Why were his parents stressed about teaching him at first?

8 Why does Noah say he is particularly careful while driving?

9 How did Noah doing his theory test impact on his parents' driving?

10 What effect has learning to drive had on his family life ?

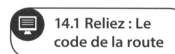

14.1 Reliez : Le code de la route

B Votre mère/père vous apprend à conduire. Qu'est-ce que vous notez dans votre journal intime ? (75 mots)

> For help writing un journal intime, see pages 341–42.

14.6 Je ne veux pas conduire ! Interview avec Dr Laugier

A Écoutez cette interview du Dr Marc Laugier, psychologue, qui expliquent pourquoi certaines personnes ne veulent pas conduire. Répondez aux questions suivantes.

1 Why do young people generally want to learn to drive?

2 Why are boys particularly likely to wish to drive?

3 Name some common reasons that people may have for not driving?

4 What fears do those who have failed their driving text have?

5 Is it advisable to put pressure on people to learn to drive? (Give details)

Le saviez-vous ?

10 millions de Français de plus de 18 ans n'ont pas le permis de conduire !

B Texte à trous : Complétez l'article ci-dessous en écrivant les mots suivants dans les espaces.

permis	*un*
ai	cinq
véhicule	**tout**
leçons	**la**
accident	*frère*

Je suis Élodie et cela fait (1)_____ fois que j'échoue au permis de conduire. Je ne suis pas stupide et j'avais confiance en moi pendant les (2)_____ avec le moniteur de l'auto-école. Mais j' (3)_____ paniqué avec l'examinateur, j'ai confondu (4)_____ droite et la gauche et j'ai pilé en plein milieu d'un carrefour. Une fois, pendant mon test, (5)_____ autre conducteur m'a crié dessus pour avoir grillé un feu rouge !

J'ai toujours pensé que je finirais par obtenir mon (6)_____ mais la semaine dernière, quelque chose s'est passé qui a (7)_____ changé. Je sortais en voiture avec mon (8)_____ aîné et pendant la leçon de conduite, un (9)_____ m'a percutée. Pour une fois, ce n'était pas ma faute ! J'ai été très choquée et depuis, je pense que conduire est un truc de barbare.
Je ne retoucherai plus jamais à un volant. J'ai maintenant l'impression que je vais mourir dans un (10)_____ si je continue. Donc, la conduite, c'est fini pour moi!

Lexique

piler	*to stall*
griller un feu rouge	*to burn a red light*
percuter	*to hit*

C Donnez votre réaction au récit d'Élodie.
(*75 mots*)

For help giving your reaction/ opinion, see pages 331–32.

14.7 Les prépositions

Definition

Prepositions are words that tell you something about the relation between things.
Common prepositions in English include 'to', 'from', 'against', 'by', 'under', 'between' and so on.

The most common ones in French are à and de. These can be translated in lots of different ways.

The preposition à

■ The preposition à often means 'in', 'at' or 'to'. You use it before people, things and places.

Je vais à l'école.	*I go **to** school.*
En été, je reste à Rome.	*I summer I stay **in** Rome.*
Je prête la voiture à Jean.	*I lend the car **to** John.*
Marie attendait à l'arrêt de l'autobus.	*Marie was waiting **at** the bus stop.*

■ The preposition à is combined with the definite article le, la, l', les in the following ways:

à + le = au   à + l' = à l'

à + la = à la   à + les = aux

NEVER say or write àle or àles.

Je vais à vélo à la piscine. (*fem. sing.*: la piscine)

Je prends le train au quai numéro 2. (*masc. sing.*: le quai)

Je vends la moto à l'homme. (*masc. or fem. sing. starting with a vowel or mute* h: l'homme)

Il donne de l'argent de poche aux garçons. (*masc. or fem. pl.*: les garçons)

 Remember : the prepostion à needs a grave accent; the il/elle/on form of the verb avoir does not (il a – *he has*)!

The preposition de

■ The preposition de normally means 'of' or 'from'. You can use this before people, things and places, and it is often used to show possession.

Je viens de Paris. *I come **from** Paris.*

J'ai lavé la voiture de mon père. *I washed my father's car (the car **of** my father).*

■ The preposition de is combined with the definite article le, la, l', les in the following ways:

de + le = du   de + l' = de l'

de + la = de la   de + les = des

NEVER say or write dele or àdes.

Je prends le train du quai numéro 2. (*masc. sing.:* le quai)

J'emprunte le vélo de la voisine. (*fem. sing.:* la voisine)

J'achète la moto de l'homme. (*masc. or fem. sing. starting with a vowel or mute* h: l'homme)

L'avion vole au dessus des nuages. (*masc. pl.:* les nuages)

Other prepositions

The other prepositions are much more straightforward. It is **essential** to know these words, as their meaning can affect your understanding of a whole sentence or passage.

après	*after*	en	*in, into*
au-dessous	*beneath, below*	entre	*between*
au-dessus	*over, above*	par	*by, through*
avant	*before*	pour	*for*
avec	*with*	sans	*without*
chez	*at the house of*	sauf	*except*
contre	*against*	selon	*according to*
dans	*in*	sous	*under*
derrière	*behind*	sur	*on*
devant	*in front of*	vers	*towards, coming up to*

A Complétez les phrases suivantes avec les prépositions appropiées et traduisez les phrases en anglais.

1 Je vais à l'école _____ vélo.

2 Ma mère m'emmène _____ voiture.

3 14 pour cent des Français utilisent leur vélo _____ des trajets courts.

4 Ils se rendent _____ travail en tram.

5 Ce garçon irresponsable conduit _____ ceinture de sécurité.

6 Il joue _____ rugby deux fois par semaine.

7 Le chien a regardé _____ la fenêtre de la voiture.

8 Ils sont arrivés _____ (*towards*) minuit

9 À cause _____ brouillard, toutes les voitures sont interdites au centre-ville.

10 On a annoncé « Une journée _____ (*without*) voitures ».

B Remplissez les blancs avec les prépositions suivantes :

en	*sur*	*en*	en	**au**
de	**du**	*aux*	de	*de*

Plus d'un milliard (1) _____ véhicules circulent (2)_____ les routes (3)_____ monde. Le chiffre a augmenté (4)_____ 20 millions ces deux dernières années. La vente (5)_____ voitures (6)_____ Chine a explosé. (7)_____ ce moment, on compte 240 millions de voitures (8)_____ États-Unis, 78 millions (9)_____ Chine et 74 millions (10)_____ Japon.

14.8 Des articles sur le transport

A Lisez ces articles qui parlent des transports et répondez aux questions qui suivent.

1 La voiture sans permis

Voici la nouvelle voiture, le e-Aixam, qu'on peut conduire dès 16 ans. Elle est spacieuse, 100% électrique et en plus, certains modèles sont très chics avec un toit décoré, gris ou rose. La conduire est un jeu d'enfant puisqu'elle n'a que deux vitesses mais par contre, on ne peut pas dépasser 45 kilomètres à l'heure. On est obligé de faire une formation de sept heures en auto-école avant de pouvoir se lancer dans la circulation. Le e-Aixam coûte environ 12 000€.

2 Panneaux rigolos

L'art du graffiti appliqué aux panneaux de signalisation ? C'est une idée de l'artiste français, Clet Abraham, qui a créé ces nouveaux panneaux pour indiquer les obligations de tourner ou les sens interdits. Quelle imagination !

3 Le vélo-stop

L'artiste, Mapije de Wit, a créé un système de vélo-stop. Quand on lève le pouce à un des arrêts spécialement installés, on peut embarquer sur le porte-bagages d'un cycliste consentant. Ce service est gratuit, c'est bon pour l'environnement et excellent pour faire des rencontres !

4 Les Éco-Cycles

Finis les problèmes de stationnement pour les vélos à Tokyo ! Désormais, on peut disposer son vélo dans un parking automatique souterrain appelé Eco-Cycle. Chacun d'eux contient jusqu'à 140 vélos. On utilise le même système en Espagne.

5 Des bouteilles pour payer le métro !

Vous êtes à court d'argent ? Alors, payez en bouteilles en plastique ! Pour combattre le problème des déchets dans les rues de Pékin, on a introduit de nouveaux distributeurs de tickets : on y glisse 20 bouteilles en plastique compactées et on obtient en échange un ticket de métro. Il faut juste un peu d'organisation !

6 Visitez Berlin au lit !

À Berlin, on peut visiter la ville sans quitter son lit. Le conducteur conduit un vélo électrique et les visiteurs s'installent derrière lui, sur un lit confortable. On peut ainsi découvrir la porte de Brandebourg et le mur de Berlin sans faire l'effort de se lever !

7 Qui voyage léger voyage moins cher !

Une petite compagnie aérienne des îles Samoa en Océanie, Samoa Air, a décidé de faire payer les passagers en fonction de leur poids. Les passagers et leurs bagages sont pesés avant de monter dans l'avion et ils paient selon le poids indiqué. Un bon moyen de lutter contre l'obésité, non ?!

1 Cette nouvelle invention est une voiture :

   a de course

   b pour les personnes sans permis de conduire

   c difficile à conduire

   d pour les handicapés.

2 Dites comment ces nouveaux panneaux attirent l'attention.

3 Citez un avantage de ce système de transport.

4 Les Éco-Cycles apportent une solution à quel problème ?

5 Qu'est-ce qu'on peut obtenir avec 20 bouteilles compactées ?

6 Pourquoi cette invention est-elle la parfaite solution pour les touristes paresseux ?

7 Le prix de votre billet sur Samoa Air dépend

   a du poids de vos bagages

   b de votre poids

   c de ce que vous pesez avec vos bagages

   d du nombre de bagages que vous portez avec vous.

B Écrivez vous-même un fait divers sur les transports. Votre récit peut être réel ou imaginaire.

(*75 mots*)

For help with writing un fait divers or un compte rendu, see pages 349–50.

14.9 Formulaire : Enquête sur les transports

Remplissez le formulaire suivant et participez à une enquête sur ce que les jeunes pensent des différents modes de transport.

Répondez aux questions 5 à 9 par des phrases complètes.

1 Nom : _____   2 Prénom : _____

3 Âge : _____

4 Nationalité : _____

5 Voulez-vous apprendre à conduire ? Pourquoi ? Pourquoi pas ?

6 Vous sentez-vous en sécurité dans les moyens de transport ? Pourquoi ? Pourquoi pas ?

7 Avez-vous peur de voyager dans des tunnels souterrains (métro, Eurostar) ? Pourquoi ?

8 Avez-vous peur de voler ? Pourquoi ?

9 Imaginez que vous ayez beaucoup d'argent. Quel moyen de transport vous achèteriez-vous et pourquoi ?

14.10 Le coin des experts

Parlez-nous de vos problèmes en relation avec les transports. Nos experts vous répondent.

Écoutez les problèmes et remplissez la grille.

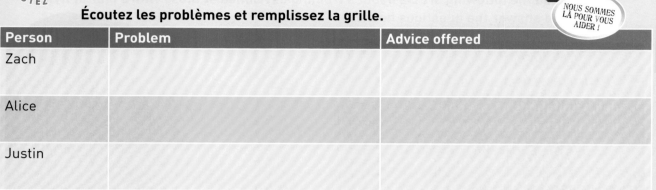

VOUS AVEZ UN PROBLÈME ?

NOUS SOMMES LÀ POUR VOUS AIDER !

Person	Problem	Advice offered
Zach		
Alice		
Justin		

14.11 C'est drôle !

Listen to the following crazy tales about transport and answer the questions that follow.

OBJETS TROUVÉS

Super Jeremy

1 What happened to the school bus driver?

2 What action did Jeremy take?

Lost and found

3 Name **two** commonplace lost items.

4 Name **two** unusual items mentioned (other than those illustrated).

On their way to Lourdes!

5 Where were these five friends from?

6 What mistake did they make?

An exceptional survivor

7 What happened to Clifton Vale?

8 How did he survive?

An espresso in exchange for a yawn

9 Where did this story take place?

10 How does this process work?

14.12 Vous avez peur en avion ? Faites un stage anti-stress

Read the following article about a training day aimed at those with a fear of flying and answer the questions below.

Vous avez des sueurs froides, les mains moites, des palpitations et une peur incontrôlée dès que vous vous envolez ? La solution que j'ai essayé c'est le stage anti-stress de Flight Aventures.

Suivez mon expérience ...

1 À l'initiative de Gilles Grégoire, pilote dans un aéro-club, un simulateur de vol propose des stages anti-stress, deux fois par mois à Strasbourg, dans l'est de la France. Pour voir comment ça marche, j'ai décidé d'y assister, tout comme Sarah, Mathis et Théo, les trois autres participants. Tristan, le pilote chargé de notre formation, nous accueille. Il essaie de trouver l'origine de nos peurs et savoir ce qui nous pousse à faire ce stage. Pour Mathis, l'angoisse commence à la commande d'un billet. Sarah travaille à Air France et ce sont les turbulences qui l'inquiètent. Quant à Théo, sa fille habite à Sydney et il voudrait simplement pouvoir aller la voir. Finalement, on a tous le même objectif : celui de pouvoir annoncer à notre famille et nos amis que nous pouvons voyager en dehors de l'Hexagone.

2 Tristan commence par nous expliquer les mécanismes de la peur et du stress. Il nous explique qu'une visite à l'aéroport peut être stressante avec la foule, la douane et les contrôles. Il nous invite à lui poser des questions, même celles qui nous paraissent les plus bêtes. On lui pose alors un tas de questions. « L'aile peut-elle se casser ? Est-ce qu'il y a plus de risques sur un vol low-cost ? » Tristan explique d'abord que 90 pour cent des accidents ont lieu au décollage ou à l'atterrissage. Le risque est très peu élevé pendant le vol. Selon les statistiques, l'avion est un moyen de transport plus sûr que la voiture. Tout le monde se souvient des catastrophes aériennes mais dans la plupart des cas, on dénombre plus de survivants que de victimes : on compte en général une dizaine de morts et quelques blessés.

3 Tristan nous parle de tous les problèmes possibles. Il souligne qu'on ne laisse rien au hasard dans un avion. « Nous, les pilotes, voulons aussi rentrer chez nous sains et saufs. Notre travail, c'est d'envisager tous les dangers possibles et de trouver une solution pour chacun » dit-il. D'après lui, les ingénieurs de l'aéronautique ont tout prévu. Par exemple, si les deux moteurs cessent de fonctionner, l'avion peut planer sur une distance de 300 kilomètres. Il nous montre aussi l'équipement du cockpit prêt à pallier l'erreur humaine.

4 Après la pause déjeuner, direction le simulateur. Nous entrons dans une reconstitution exacte d'un cockpit de Boeing 777. Lorsqu'un pilote veut utiliser un bouton, il le montre au co-pilote avant de l'actionner. Le co-pilote doit annoncer « vérifié » avant d'appuyer. Cette action diminue le taux d'erreur. Des images du logiciel Prépar 3D simulent la piste. Tristan nous explique que nous allons faire deux vols. Aucun incident ne perturbera le premier vol mais pendant le second, il y aura des pannes, de mauvaises conditions météo et des problèmes technologiques que nous devrons affronter. Il y avait des vibrations, des bruits des moteurs et puis les nuages sont apparus. Nous avions vraiment l'impression de voler. Nous avions totalement oublié que nous étions dans un simulateur. C'était incroyable !

5 Le vrai test, c'était le second vol. Au décollage, tout allait bien. Ensuite, des alarmes se sont déclenchées. Il y avait une panne de moteur. J'avais beau savoir que nous étions dans un simulateur, j'ai pourtant commencé à paniquer. Finalement, le second moteur a pris le relais. Nous étions sauvés !

Notre journée de stage a touché à sa fin. Il nous restait à mettre en pratique tout ce que l'on avait appris. Nous avions maintenant les moyens de contrôler notre peur. Théo a même dit qu'il avait hâte d'aller voir sa fille et que toutes ses peurs avaient été balayées. Sarah avait moins peur des turbulences et Mathis disait que s'il avait encore un peu peur, il se sentait plus courageux qu'avant. Moi, j'ai beaucoup appris et je dois admettre que le stage était fascinant !

Lexique	
le décollage	*take-off*
l'atterrissage (*m.*)	*landing*
pallier	*to mitigate*
le taux d'erreur	*margin of error*
se déclencher	*to go off, to be triggered*
avoir beau	*to do something in vain*
prendre le relais	*to take over*
balayer	*to sweep (away)*

1 De tous les participants au stage, qui était le plus stressé ? (*Section 1*)

2 Trouvez l'expression qui veut dire « quitter la France ». (*Section 1*)

3 D'après Tristan, quand est-ce que la plupart des accidents aériens ont lieu ? (*Section 2*)

4 Selon la deuxième section,

   a il y plus d'accidents aériens que d'accidents de voiture.

   b l'avion est le moyen de transport le plus sûr.

   c il y a plus d'accidents de voiture que d'avion.

   d la plupart des accidents aériens sont sur des vols low-cost.

5 Relevez le mot qui veut dire « rester en l'air sans voler » dans la troisième section.

6 Citez un fait qui rend le simulateur très convaincant. (*Section 4*)

7 Pourquoi est-ce que le deuxième vol était plus difficile pour les participants ? (*Section 4*)

8 Trouvez dans la cinquième section une préposition.

9 The anti-stress course seems to be well organised and to have helped calm the nerves of those who took part. Do you agree with this statement? Refer to the text in support of your answer. (*2 points, about 50 words*)

14.13 Carnage sur les routes

A We learned in the last comprehension that flying is less risky than travelling by car. Unfortunately, French roads continue to be among the most dangerous in Europe. Listen to Gérard Bouillet, a researcher at Lille University, on the topic of road traffic accidents, and answer the following questions.

1 What message is Gérard Bouillet trying to bring home to young people?

2 Name **two** measures taken by the police to try to reduce the carnage on the roads.

3 What types of publicity campaign are there in France?

4 Why are young male drivers more dangerous than young female drivers?

5 What proportion of accidents in France is among the 18 to 25-year-old group?

Lexique	
un fauteuil roulant	*a wheelchair*
une infraction	*a (traffic) offence*
la courtoisie	*courtesy*
l'alcool au volant	*drinking and driving*

B Vous êtes témoin d'un accident de la route pendant vos vacances en France. Écrivez un compte-rendu de ce que vous avez vu. *(75 mots)*

> For help writing un compte-rendu, see pages 349–50.

C Avez-vous des suggestions à proposer pour lutter contre les accidents de la route ?

Écrivez vos idées dans un paragraphe de 75 mots environ.

> For help giving your opinion, see pages 331–32.

 14.2 Quiz : Allez-vous survivre ?

Unité 15 — C'est ça, l'amour !

- **Civilisation :** The vision young French teenagers have of love
- Romantic articles including breaking up by text message and how Ken is coping with life after Barbie
- **Le coin des experts :** Advice on whether having braces on your teeth is a love-killer, being dumped on Facebook and finding out that your parents want to separate
- **C'est drôle !** Amusing stories including the parents who, when their daughter broke off her wedding, found another way to use the wedding meal
- **Extrait de roman :** *Le Journal d'Aurélie Laflamme* by India Desjardins: Aurélie loses a cat but finds love.
- Celebrities talk about love: Emma Watson, Robin Thicke and Taylor Swift give us the low-down.

Grammaire

- Les pronoms personnels toniques

Vocabulaire

- Love and relationships

Oral

- James talks about friendship and his girlfriend.

Zoom examen

- Texte à trous : Anaïs tells Victoria about the importance of friends in her life.
- Writing a diary entry in which you meet someone on the Internet but it doesn't turn out well
- Giving your opinion whether friendship is possible between a boy and a girl

En ligne

- Classez dans le bon ordre : Les pronoms personnels toniques
- Quiz : Filles et garçons – les vraies différences

15.1 Les français et l'amour

Quelle vision les ados ont-ils de l'amour ? Avec le divorce et la pornographie, notre société ne renvoie pas aux ados une image toujours positive de la vie en couple. Malgré cela, les jeunes continuent à croire au grand amour.

En France, les trois quarts des personnes en couple sont mariées mais parmi les moins de 30 ans, elles ne sont plus que 45 pour cent. Une autre possibilité d'union existe depuis 1999, le PACS (pacte civil de solidarité). C'est un contrat que le couple signe et qui lui donne des avantages semblables à ceux du mariage. Beaucoup de jeunes sont découragés par les dépenses qu'occasionne le mariage. On dit que pour une cérémonie de mariage correcte, il faut dépenser entre 20 et 30 000 euros. Avec la crise économique, cette dépense est devenue excessive. Aussi, le déclin de la religion chez les jeunes participe à la baisse du nombre des mariages dans cette tranche d'âge.

Le mariage pour tous

Les Français, spécialement les jeunes (67%), sont toujours favorables au mariage homosexuel après son adoption par l'Assemblée Nationale en avril 2013. Par contre, 56 pour cent des Français se déclarent contre l'adoption d'un enfant par un couple du même sexe.

Le mariage, c'est bon pour la santé !

Le mariage, c'est la santé ! Cela semble vrai puisque le risque de mourir d'une crise cardiaque ou d'une maladie respiratoire est deux fois plus élevé chez les célibataires. Cependant, le mariage n'est pas sans problème. Il peut être cause de stress puisqu'un mariage sur trois se termine en divorce (un sur deux à Paris).

La famille

La famille est très importante dans la société française. Quand on se marie, le maire remet un livret de famille aux nouveaux mariés. Les futurs enfants du couple seront plus tard inscrits dans ce livret, ainsi que le divorce des parents si c'est le cas, et le décès des membres de la famille.

On offre du muguet le 1er mai

Le muguet avec son bel arôme symbolise l'amitié et l'amour et a la réputation d'être un porte-bonheur. Le premier mai, les Français offrent du muguet aux membres de leur famille, à leurs amis et à leur bien-aimé(e). Le muguet sauvage est la seule chose que tout Français a le droit de vendre librement dans la rue mais uniquement le 1er mai.

Le saviez-vous ?

Le 1er mai 1561, on a offert du muguet au roi Charles IX de France comme porte-bonheur. Il a beaucoup apprécié et a décidé d'en offrir chaque année le premier mai aux dames de la cour. Vers 1900, les hommes reprennent la tradition et offrent des brins de muguet aux femmes en gage de leur affection.

Comment dire bonjour

Le français est considéré comme la langue de l'amour et les Français comme étant romantiques et démonstratifs. En France, il y plusieurs façons de dire bonjour. Quand on rencontre quelqu'un, on se serre la main ou avec un ami, on se fait la bise, c'est-à-dire on s'embrasse plusieurs fois sur les joues. Ce rituel fait partie de la tradition française.

L'amour sur Internet

Désormais, une histoire d'amour sur trois commence sur le web. Il y a beaucoup de nouvelles tendances comme par exemple des sites de rencontres et des soirées pour célibataires en ligne. L'Internet allie gain de temps et sens pratique. On peut en effet choisir rapidement parmi une sélection de gens ceux qui nous intéressent le plus sur les sites de rencontres.

Lexique

les dépenses (f. pl.)	expenses
un livret de famille	family record booklet
le muguet	lily of the valley

Now check that you have understood the text by completing the following statements:

1 Divorce and pornography ...

2 45 per cent of young people...

3 Many young French people are discouraged from getting married because ...

4 67 per cent of young French people ...

5 56 per cent of French people ...

6 The proof that marriage is good for your health is ...

7 A livret de famille is ...

8 Lily of the valley is a symbol of ...

9 You greet someone you know in France by ...

10 Internet dating combines ...

15.2 Expression libre : Comment trois jeunes ont rencontré l'âme sœur

Listen to Malik, Arienne and Étienne talking about how they met their boy/girlfriend and complete the grid below.

	Where they were	How their love stories began
Malik		
Arienne		
Étienne		

15.3 L'amour sur le Net

A Émilie et Benjamin se sont rencontrés sur Internet il y a trois mois. Une histoire d'amour touchante racontée par Émilie.

1 How precisely did Émilie meet Benjamin on the Net?
2 How did they converse at first?
3 When did she first really fall for his charm?
4 How did she feel about meeting Benjamin in person?
5 Why does she want to share her story?

B **Les sites de rencontres pour ados sont-ils utiles ou dangereux ? Que pensez vous ?**

À deux, discutez les affirmations suivantes et décidez si elles sont vraies ou fausses.

	Vrai	Faux
Internet allie gain de temps et sens pratique.		
C'est un bon moyen de rencontrer l'amour de votre vie.		
C'est un merveilleux outil de communication.		
On peut se faire piéger par une personne malveillante.		
On peut facilement rencontrer d'autres jeunes.		
On ne sait pas à quoi s'attendre.		
Les personnes peuvent être vraiment horribles en réalité.		
C'est mieux de rencontrer les gens face à face.		
On peut se faire harceler de différentes manières.		
Ça donne la possibilité de rencontrer des gens comme soi.		

Maintenant écrivez votre réaction/opinion.
(75 mots)

> For help giving your opinion, see pages 331–32.

C **Vous avez rencontré quelqu'un sur le Net mais c'était un désastre.**
Qu'est-ce que vous notez dans votre journal intime ? *(75 mots)*

> For help writing un journal intime, see pages 341–42.

15.4 Vocabulaire : L'amour et les relations

A Learn the following words and phrases by heart.

un(e) petit(e) ami(e)	*a boyfriend/girlfriend*
un copain / une copine	*a friend*
mon copain / ma copine	*my boyfriend/girlfriend*
une femme/épouse	*a wife*
un mari/époux	*a husband*
un/une partenaire	*(civil) partner*

 A common slang way of saying 'my boyfriend'/ 'my girlfriend' in French is **mon mec / ma nana.**

Le commencement de l'amour

être amoureux(-euse)	*to be in love with someone*
tomber amoureux(-euse)	*to fall in love with someone*
avoir le coup de foudre	*to fall in love at first sight*
avoir des sentiments pour …	*to have feelings for …*
avoir un faible pour quelqu'un	*to have a soft spot for someone*
il/elle me plaît beaucoup	*I fancy him/her*
draguer quelqu'un	*to chat someone up*
flirter	*to flirt*
la drague	*chatting-up*
sortir avec quelqu'un	*to go out with someone*
avoir un rendez-vous avec quelqu'un	*to have a date with someone*
embrasser quelqu'un	*to kiss someone*
faire la bise	*to kiss on the cheek*
la passion	*passion*

La fin de l'amour

larguer son copain / sa copine (*fam.*)	*to break up with someone*
casser avec quelqu'un	*to break up with someone*
avoir le cœur brisé	*to be broken-hearted*
se quitter bons amis	*to part as good friends*
un divorce	*a divorce*
divorcer	*to get divorced*
se mettre en colère	*to get angry with someone*

B Racontez une histoire d'amour, du début jusqu'à la fin ! (*75 mots*)

For help writing **un compte rendu, see pages 349–50.**

15.5 Les articles romantiques

Read these romantic articles and answer the accompanying questions.

Rupture par SMS

D'après un sondage anglais (qui a paru dans le blog Mashable Social Media) une personne sur dix rompt par SMS mais c'est exceptionnel que l'autre l'accepte. Le texto est en général le prélude à une explication en face à face.

1 According to the results of the survey, in what way does breaking up by text not really work?

Comment demander sa bien-aimée en mariage

Samantha Shepard, qui habite au Pays de Galles, a décidé de transformer une mauvaise expérience en commerce. Quand son petit ami l'a demandée en mariage, cela a été un véritable désastre ! Elle s'est inspirée de cette mauvaise expérience pour créer un site Internet qui aide les hommes maladroits à mettre au point leur demande en mariage. « Pour la somme de 120 euros, j'ai eu 100 pour cent de réussite », s'est vantée Samantha.

2 What bad experience did Samantha Shepard have?

3 How did she change this bad experience into a business?

Les hommes intelligents sont plus fidèles

Encore une étude faite en Grande-Bretagne, cette fois par le Dr Satoshi Kanazawa. Il y a un fort lien entre monogamie et intelligence chez l'homme. L'exclusivité sexuelle serait une sorte d'évolution sociale de l'homme qui démontrerait son intelligence. L'étude n'a pas produit de résultats concernant la fidélité et l'intelligence chez les femmes.

4 Why are intelligent men more likely to be faithful, according to this article?

Les cadenas d'amour

Depuis 2008, les amoureux viennent du monde entier pour déclarer leur flamme sur le pont des Arts, devant le Louvre. Ils se disent « je t'aime » et écrivent leurs initiales sur un cadenas qu'ils accrochent aux balustrades métalliques. Pour verrouiller leurs sentiments, ils jettent la clef dans la Seine. Malheureusement, le poids de tous les cadenas a commencé à poser un problème pour l'équilibre du pont ! Le prix de l'amour !

5 How have couples marked their relationship in Paris?

6 What problem has it caused for the bridge?

Ken

L'ex-petit ami de Barbie fête ses 50 ans. Les deux ex-amoureux ont rompu en 2004 quand Barbie a quitté Ken pour Blaine, le surfeur australien. Pour fêter l'anniversaire de Ken avec dignité, Mattel a commercialisé un nouveau Ken. On peut appuyer sur un bouton et enregistrer ce qu'on a envie qu'il dise à Barbie. On peut voir l'ancien Ken et le nouveau Ken, ainsi que Barbie et Blaine au musée de la Poupée à Paris.

7 Summarise Barbie's recent personal life.

Un vieillard de 90 ans cherche femme

L'annonce mise par Roger-Marc Grenier à la grille de son jardin a fait le tour du monde. Roger-Marc Grenier, 90 ans, cherche une dame d'environ 70 à 80 ans avec ou sans voiture parce qu'il se sent seul après le décès de sa chère épouse. Sa petite-fille vient chaque jour pour l'aider mais elle doit rentrer chez elle après cinq heures. Depuis que son annonce a fait la une des journaux, le téléphone n'a pas cessé de sonner ! La candidate n'a pas besoin d'être Française mais elle doit parler couramment le français. Marc partage désormais sa vie avec Yolande, 86 ans, qui a récemment emménagé chez lui avec ses poules et sa chienne Bianca. Marc aurait préféré une femme plus jeune, mais les deux amoureux semblent être néanmoins très heureux.

8 Why did M. Grenier advertise for a new 'lady friend'?

9 What has happened since?

Vertiges de l'amour

Ces deux amoureux cherchent une pose originale. Le mariage est une étape très importante dans la vie des jeunes Chinoises. Les familles riches rivalisent pour fêter le mariage de leur unique enfant de la façon la plus originale.

10 Why are weddings so important in Chinese culture?

L'amour est dans le pré

Pour résoudre le problème du célibat à la campagne, le syndicat des jeunes agriculteurs a inventé un nouveau concept. L'agri-dating ! Cette journée très conviviale qui favorise les rapprochements entre ruraux et citadins a lieu à Laissac. C'est un peu comme une émission de téléréalité mais ça permet aux fermiers de rencontrer leur âme sœur : Il est vrai que seulement 40 pour cent des citadins veulent goûter la vie à la campagne.

11 What initiative has this farmers' association introduced?

12 To what does the figure 40 refer?

Lexique

maladroit(e)	*awkward*	le poids	*the weight*
se vanter	*to boast*	enregistrer	*to record*
un cadenas	*a padlock*	une étape	*a stage*
verrouiller	*to lock*	les rapprochements	*getting together*

15.6 J'ai survécu à une rupture

C'est très difficile de rompre avec quelqu'un qu'on aime. Écoutez le témoignage de Chloé et d'Antoine et répondez aux questions.

Chloé

1 What age was Charlie when Chloé met him?

2 How did she feel about their relationship at first?

3 Why did they break up the first time?

4 How did they get back together again?

5 How did Chloé feel when they broke up for a second time?

6 What difficulty does she have now?

Antoine

7 How does Antoine describe his relationship with Jade?

8 Why did they break up?

9 How did he feel after the break-up?

10 How are things for him at the moment?

15.7 L'amour, l'amitié et les célébrités

Écoutez des extraits d'interview avec les stars Emma Watson, Robin Thicke et Taylor Swift er répondez aux questions.

Emma Watson

1 What did Emma Watson think when she first had a broken heart?

2 What is her advice for healing a broken heart?

Robin Thicke

3 What does Robin Thicke say about his wife?

4 How does Paula feel about the girls in Robin Thicke's film clips?

Taylor Swift

5 How does Taylor Swift feel about her friends?

6 Does being a celebrity make it more difficult to have friends?

15.8 L'amitié et l'amour

A Texte à trous : Complétez la lettre ci-dessous en écrivant les mots suivants dans les espaces appropriés.

as   les   *beau*   **bonnes**   crois   *à*   téléphone   **copains**   *pour*   *vraie*

Chère Anaïs,

Tu m'as demandé ce qu'est l'amitié pour moi. Je (1)_____ que l'adolescence est l'âge des copains. Sans eux, la vie serait triste ça serait chacun pour soi ! J'ai hâte de retrouver tous mes (2)_____ et copines chaque matin (3)_____ l'école. J'ai peu d'amis mais ce sont de très bons amis ou plutôt de (4)_____ amies car je n'ai pas vraiment d'amis garçons. C'est parfois compliqué de (5)_____ voir à cause du peu de temps que laissent les cours, alors on tchatte sur Internet ou on se (6)_____. Quand on se voit, on fait du shopping ensemble ou on va au cinéma. On parle de tout, de nos problèmes, des garçons, de la pluie et du (7)_____ temps.

Une (8)_____ amie ne raconte jamais tes secrets et se réjouit pour toi quand tu es amoureuse. Elle partage ta joie. Elle évite les sujets qui peuvent te faire de la peine et ne t'empêche pas de te faire d'autres amies. Elle a toujours une pensée pour toi et est toujours disponible (9)_____ t'écouter. Elle est tolérante, aimable et compréhensive.

Et toi ? Tu as peu d'amis ou beaucoup d'amis ? Tu as des amis garçons ? Tu vois souvent tes amis ? Tu (10)_____ une meilleure amie ?

J'ai hâte de te lire.

Bisous, Victoria

B « L'amitié entre les filles et les garçons peut exister. » Qu'en pensez-vous ? (75 mots)

15.9 Grammaire : Les pronoms personnels toniques
Definition

In the last exercise did you notice the following phrases?

These words in blue are called **disjunctive pronouns** – les pronoms personnels toniques (or forme forte).

Sans eux, la vie …

chacun pour soi

se réjouit pour toi

Formation
Here are the French disjunctive pronouns:

Subject pronoun	Disjunctive pronoun	English
je	moi	*me*
tu	toi	*you (sing./ fam.)*
il	lui	*him*
elle	elle	*her*
on	soi	*one*
nous	nous	*us*
vous	vous	*you (pl./ pol.)*
ils	eux	*them*
elles	elles	*them*

Usage
The disjunctive pronouns are used in the following ways:

- After prepositions

Je sors avec lui. — *I go out with him.*
Je rentre chez moi. — *I go home / to my house.*

- To indicate ownership (after à)

Cet ordinateur est à moi. — *That computer is mine.*
Cette maison est à eux. — *This house belongs to them.*

- After c'est (*it is*) or ce sont (*they are*)

C'est moi la gagnante ! — *I am the winner!*
Ce sont eux les perdants ! — *They are the losers!*

- In answers

Qui a mon crayon ? Moi !

- For emphasis

Toi, tu sors avec Nicole. Moi, je sors avec Claude.

You go out with Nicole. As for me, I go out with Claude.

A Complétez les phrases et traduisez.

1 Mélissa sort _____ _____ (*with him*).

2 _____, je suis très content d'être son petit ami.

3 _____, elle a reçu un joli cadeau pour son anniversaire.

4 Ce bracelet en argent est _____ _____ (*yours*).

5 Mes meilleures amies sortent _____ _____ (*with them*)

6 _____, c'est un mec adorable.

7 C'est _____ (*me*) qui ai dit la vérité.

8 « C'était difficile _____ _____ (*for you*), Zoé, de rompre _____ _____
   (*with him*) ? », a-t-elle demandé.

9 Elles sont rentrées _____ _____ (*their house*).

10 _____, tu as eu le cœur brisé après ta rupture ?

B Traduisez les phrases suivantes en français.

1 She herself met her boyfriend on the Net.

2 Sophie has been going out with him since August.

3 They returned home to their house for Christmas.

4 It's you who decides.

5 They (*f. pl.*) are the winners now!

 15.1 Classez dans le bon ordre :
Les pronoms personnels toniques

15.10 C'est drôle !

The double muff

1 What sign of affection is mentioned here?

2 Name **one** adjective used to describe the muff.

Wedding off ... but party on!

3 When was the wedding called off?

4 What did the bride's parents decide to do when they couldn't get a refund?

Good table manners make a good marriage

5 What other factors are important when you decide to marry someone?

6 What bad table manners made the wife want a divorce?

15.11 James passe son oral

A James répond à quelques questions sur l'amour et l'amitié.
Lisez puis écoutez.

1 L'amitié, c'est important pour vous, James ?

L'amitié, c'est crucial, surtout quand on est jeune. L'adolescence, c'est une période difficile. On ressent des sentiments nouveaux et on fait de nouvelles expériences. C'est aussi l'âge des conflits avec les parents.

2 Les amis prennent-ils une plus grande importance dans votre vie ?

Oui. Nous sommes tous à peu près du même âge et on a les mêmes problèmes. C'est important de pouvoir compter sur ses amis pour nous aider et nous conseiller.

3 Vous avez beaucoup de copains et copines ?

On est une bande de copains, rien que des garçons. Entre garçons, on s'amuse plus ! Les filles sont plus compliquées, je crois, et moins drôles. Entre nous, on s'entend très bien et on est tous très amis. On s'amuse comme des fous. Il y a une bonne ambiance quand on est ensemble. En général, on ne se cache rien et on peut compter les uns sur les autres.

6 C'est difficile d'avoir une petite amie en terminale ?

Un peu, car je n'ai pas beaucoup de temps libre. Cette année est importante pour moi et j'essaie aussi de me concentrer sur mes études. Souvent Mia et moi, nous étudions ensemble. Comme ça, je peux étudier et la voir en même temps !

4 Vous avez une petite amie en ce moment ?

Oui, elle s'appelle Mia. Elle a 17 ans et elle prépare son Leaving Cert cette année. J'aime sa simplicité et sa spontanéité. Elle peut porter un jean tout simple avec un tee-shirt. Elle ne se maquille pas et elle est quand même très jolie. Elle aime rire et elle s'enthousiasme pour beaucoup de choses. Elle a beaucoup d'empathie pour les gens.

5 C'est très romantique ! Quand vous sortez, où allez-vous ?

Nous sommes de vrais potes. On va au café ensemble ou au cinéma quand nous avons de l'argent. On se balade aussi souvent et on rigole bien !

▶ Animation

B Et vous ? Êtes-vous romantique ? Discutez en groupes et donnez votre opinion.

1 L'amitié, c'est important pour vous ? *Oui, c'est très …*
2 Les amis prennent de plus en plus d'importance dans votre vie ? *Oui, parce que …*
3 Vous avez beaucoup de copains et copines ? *J'ai un tas d'amis et d'amies …*
4 Vous avez un(e) petit(e) ami(e) en ce moment ? *Non, je n'ai pas de petit(e) ami(e) …*
5 Quand vous sortez avec vos amis, où allez-vous ? *Nous allons …*
6 C'est difficile d'avoir un(e) petit(e) ami(e) en terminale ? *C'est …*

 15.2 Quiz : Filles et garçons – les vraies différences

15.12 Le coin des experts

A Vous avez des problèmes en relation avec l'amour? Nos experts répondent à vos questions.

Écoutez les problèmes et remplissez la grille.

VOUS AVEZ UN PROBLÈME ?

NOUS SOMMES LÀ POUR VOUS AIDER !

	Problem	Advice given
Émy		
Gabriel		
Maéva		

B Quels conseils donneriez-vous à Émy, Gabriel, et Maéva ? En groupe, proposez des solutions pratiques à leurs problèmes.

Pour vous aider

Il vaut mieux + *infinitif* … que + *infinitif*	*It's better to … than to …*
Vous feriez mieux de + *infinitif* …	*You would be better to …*
Moi, à ta place, je + *conditionnel*	*In your place, I would …*
L'important, c'est de + *infinitif* …	*The important thing is to …*
Il ne faut surtout pas + *infinitif* …	*Most of all, you mustn't …*
Évitez de + *infinitif* …	*Avoid doing …*

C Imaginez que vous êtes Gabriel. Vous décidez de téléphoner à votre copine pour l'interroger sur ce qu'elle avait fait sur Facebook. Écrivez le dialogue entre vous et elle. *(90 mots)*

For help writing un dialogue, see pages 351–52.

15.13 *Le Journal d'Aurélie Laflamme, de India Desjardins*

A Read the following extract from the teen novel by India Desjardins and answer the following questions.

Dans cet extrait Tommy, le nouveau voisin d'Aurélie retrouve Sybil, la chatte blanche d'Aurélie.

1 J'ai perdu Sybil ! Ça puait trop la peinture et ma mère et moi commencions à nous sentir étourdies. Ma mère, sentant venir un petit malaise, a ouvert la porte et Sybil s'est sauvée. Mais trouver une chatte blanche dans la neige est quasi impossible !

13h 44

Oh non ! Sybiiiiiiiiil ! Je l'imagine enfouie sous la neige. Congelée. Je l'imagine essayer de revenir à la maison, et avoir toutes sortes d'obstacles comme l'écureuil qui essaie d'attraper sa noisette dans *L'Âge de glace*. Pourquoi elle s'est sauvée ? Pourquoi ??????????????????

14h 37

J'ai cherché partout. J'ai frappé chez tous mes voisins pour leur demander s'ils avaient vu Sybil. Rien. Personne n'a vu de petite chatte avec une tâche grise sur le front [...]

2 **15h 14**

Alors que je suis assise contre la porte et que je fonds en larmes, on sonne. Je me lève difficilement (parce que j'ai les jambes engourdies) et un garçon de mon âge, les cheveux noirs qui descendent jusque sous ses oreilles, portant une guitare en bandoulière, me regarde avec ses yeux bleus et me demande :

–C'est ton chat ?

Il me montre Sybil qu'il tient dans une main.

Moi : Sybiiiiiiiiiiiiiiiiiil !

Je pleure de joie, et je donne plein de bisous à Sybil sans me soucier de la présence du garçon. [...]

3 *Le garçon :* Je m'appelle Tommy

Moi : Moi, c'est Aurélie.

Tommy : J'habite juste à côté. J'ai trouvé ton chat, je l'ai ramené chez moi et mon frère m'a dit que tu le cherchais.

J'ai déposé Sybil par terre.

Moi : Hein ? Je ne t'avais jamais vu !

Moi : Je viens juste d'emménager.

Moi : T'as déménagé en plein milieu de l'année ?

Tommy : Un peu après les fêtes.

15h 23

Sur le pas de la porte, Tommy m'a raconté que depuis le divorce de ses parents, il vivait avec sa mère. Il ne voyait presque jamais son père parce sa mère habite à cinq heures de voiture. Il le voyait à Noël et, parfois, à son anniversaire. La plupart du temps, ils communiquent par courriel ou par téléphone. Ce qui explique pourquoi je ne l'avais jamais croisé avant. Mais, depuis un an, il a exprimé à sa mère son désir d'habiter avec son père. Il voulait le voir plus souvent et apprendre à connaître son demi-frère et sa demi-sœur. Sa mère en a été bouleversée. Après un an de négociation, elle a laissé Tommy partir. Il dit qu'elle lui manque, mais qu'il est content d'habiter ici.

15h 45 *Tommy* : Tu ne vas pas à l'école Louis-de-Bellefeuille ?

Moi : Non, je vais dans une école privée … de filles.

Tommy : Ah. Ben, on ne se verra pas là, alors.

Moi : Non, hi ! hi ! Ben, merci pour mon chat.

Tommy : De rien.

Lexique

étourdi(e)	*light-headed*
se sauver	*to run off*
enfoui(e)	*buried*
congelé(e)	*frozen*
un écureuil	*a squirrel*

1 Pourquoi est-ce que Sybil s'est sauvée ? (*Section 1*)

2 Trouvez la phrase qui vous dit que c'était difficile de retrouver Sybil. (*Section 2*)

3 Qu'est-ce qu'Aurélie a fait pour essayer de retrouver Sybil ? (*Section 1*)

4 Comment savez-vous qu'Aurélie était vraiment très inquiète de ne pas avoir retrouvé Sybil? (*Section 2*)

   a Elle a téléphoné à son amie.

   b Elle pleurait.

   c Elle s'était couchée.

   d Elle jouait de la guitare.

5 Cherchez la phrase qui explique que Tommy a les cheveux longs. (*Section 2*)

6 Comment savez-vous qu'Aurélie est vraiment ravie de retrouver Sybil ? (*Section 2*)

7 Pourquoi Aurélie ne connaît-elle pas Tommy ? (*Section 3*)

8 Trouvez dans la troisième section l'exemple d'un pronom personnel tonique.

9 Aurélie is clearly attracted to her new neighbour. Making reference to the text, say how the narrative shows this. (*2 points, around 50 words*)

B Imaginez que vous êtes Aurélie. Qu'est-ce que vous notez dans votre journal intime ce soir-là. (*75 mots*)

For help with writing un journal intime, see pages 341–42.

15.14 Le mec ou la nana de ma vie !

Nous avons interrogé séparément un couple, Loïc et Béatrice, puis nous avons comparé leurs réponses. En groupes ou à deux, comparez les réponses de Béatrice et Loïc. Pensez-vous qu'ils forment un bon couple ? Sont-ils sur la même longueur d'onde ? Comment imaginez leur avenir ?

Béatrice : C'était un samedi après-midi, au mois d'octobre. On s'est donné rendez-vous en ville. On a fait des magasins ensemble, puis on s'est posés dans un Starbucks. On a parlé ensemble pendant longtemps. Ensuite, il m'a raccompagnée chez moi. Mes parents étaient là donc je ne l'ai pas fait entrer. Il m'a embrassée avant de me quitter. Le soir, il m'appelée et le lendemain, nous sommes allés au cinéma en amoureux !

Décrivez votre première sortie ensemble ?

Loïc : On est allés à Starbucks. C'était pas mal ! Il faisait froid. On a parlé de tout et de rien ! J'étais déçu quand elle ne m'a pas invité à entrer quand je l'ai raccompagnée chez elle. Quelques heures plus tard, je la rappelais pour qu'on se revoie le lendemain.

Béatrice : Il n'est pas organisé. Il me dit qu'il arrive et je dois toujours l'attendre.

Qu'est-ce vous ne supportez pas l'un chez l'autre ?

Loïc : Elle est exigeante. Ça, c'est stressant !

Béatrice : Il a oublié la Saint-Valentin !

Parlez-nous de votre dernière dispute.

Loïc : J'ai refusé de l'inviter à une fête de potes mais c'était une soirée entre mecs !

Béatrice : Je l'adore quand il me prend dans ses bras. Je sais que je peux compter sur lui.

Qu'est-ce que vous adorez l'un chez l'autre ?

Loïc : J'aime sa gentillesse et sa douceur. Elle est très protectrice.

Unité 16 — Buzz sur le Web

- **Civilisation :** French people and what they expect from science; modern-day cyborgs; the impact of technology on teenagers today and being addicted to modern-day media

- **C'est drôle !** Curious and humorous stories including the burglars who gave themselves away through technology; tweeting the presence of a shark; and matching up your socks after washing them

- How to take the perfect selfie

- Astounding facts and figures about the Net

- Psychologist Olivier Leroux gives his advice on social networking.

- **Le coin des experts :** Our experts answer questions about whether it's dangerous to sleep near your mobile at night, how to write the perfect blog, and taking an online relationship on to the next stage.

- 'A simple text changed the course of my life': Éva tells us her story.

- **Article de presse :** The changing world of blogging

Grammaire

- Les pronoms complément d'objet direct
- Les pronoms complément d'objet indirect
- Les pronoms indéfinis

Vocabulaire

- New technology

Oral

- Amelia talks about science.

Zoom examen

- Nicolas thinks his girl-friend is seeing someone else when he sneaks a look at her mobile phone. What would Nicolas write in his diary?

En ligne

- Quiz : Les inventions
- Reliez ! : Les nouvelles technologies

16.1 La science et les Français

Qu'est-ce que les Français attendent de la science ?

En très grande majorité, les Français pensent que la recherche scientifique devrait se concentrer sur la lutte contre les grandes maladies comme le cancer et le sida et sur la protection de l'environnement. Ils s'intéressent aussi à la voiture non-polluante, les voyages dans l'espace, des explications sur l'origine de la vie, et les robots et les cyborgs.

Bientôt, l'homme « augmenté » ?

Google a commercialisé Google Glass, des lunettes futuristes équipées d'une caméra, dotées d'un micro et d'un petit écran connecté à Internet. Ces lunettes magiques vous permettent de téléphoner, de prendre des photos, de filmer, de consulter vos emails ou d'envoyer des SMS, de recevoir des infos en un clin d'œil sans lever le petit doigt.

Il existe aussi des cyborgs, c'est-à-dire des êtres à qui on a greffé des parties mécaniques, pour remplacer par exemple des membres amputés, ou bien qui ont des prothèses robotiques pour solutionner un problème auditif ou visuel. Bien sûr, les handicapés sont les premiers à bénéficier de ces progrès techniques, mais nous en profiterons sans doute tous un jour. Neil Harbisson, un artiste britannique qui ne peut pas voir les couleurs, est le premier cyborg officiel dans le monde. Il a un appareil connecté à son cerveau qui lui permet de percevoir les couleurs sous forme de sons. Cette machine appelé « eyeborg » apparaît même sur la photo de son passeport !

La Google Car

Parfois, on a le sentiment de vivre dans un monde de science-fiction. La Google Car peut se conduire elle-même tandis que tous les passagers peuvent lire ou dormir durant le trajet. C'est vraiment ça, la magie de la technologie moderne !

La star des robots

Nextage est le premier robot humanoïde à travailler à côté des hommes. Ce robot est utilisé au Japon dans l'assemblage, l'emballage et la vérification de produits électroniques. Ce robot n'est jamais malade. Il travaille de jour comme de nuit sans pause, ni weekend ni jours fériés. Il fait le travail effectif de trois humains. Il n'oublie rien, ne fait pas d'erreurs et n'est jamais fatigué.

Les ados ultra-connectés

La technologie a provoqué un vrai big bang chez les ados. Au total, ils passent environ 12 heures par semaine à surfer sur le Net à partir de leur smartphone ou leur tablette. La plupart maîtrisent une grande variété de médias simultanément. Ils regardent la télé (pour la plupart des émissions musicales ou de téléréalité), ils surfent sur le Web, ils jouent à des jeux vidéo et ceci tout en écoutant de la musique !

Accros aux écrans

Quand on est accro, on ne contrôle plus le temps qu'on passe devant des écrans. Si l'usage des écrans est excessif, ça peut avoir des conséquences négatives sur la santé, la vie de famille et la scolarité. Il y a un risque de repli sur soi, de se couper des copains et d'utiliser le smartphone ou l'ordinateur moins pour se distraire et plus pour échapper à une réalité devenue difficile.

Lexique	
une lutte	*a fight*
un appareil	*a machine*
un cerveau	*a brain*
l'emballage (*m.*)	*packaging*
le repli sur soi	*becoming withdrawn*

Now check that you have understood the text by answering the following.

1 Which **two** main areas do French people think that scientific progress should focus on?

2 What **three** things does Google Glass enable you to do?

3 How does the article define a cyborg?

4 Which group of people have been the first beneficiaries of technical progress?

5 Name **three** points about Neil Harbisson.

6 How is the Google Car described?

7 What is Nextage and where would you find it?

8 Name **two** advantages of robot workers.

9 How do teenagers tend to use digital technology?

10 Describe the problem with digital addiction mentioned here.

 16.1 Quiz : Les inventions

16.2 Expression libre : Le progrès scientifique

Listen to Élodie, Louis et Mélodie talking about science and fill in the grid below.

	Attitude to scientific progress	Scientific or ethical issue mentioned
Élodie		
Louis		
Mélodie		

16.3 Vocabulaire : Les nouvelles technologies

A **Learn the following words by heart.**

Les technologies informatiques

allumer	*to turn on*
un clavier	*a keyboard*
copier coller	*to copy and paste*
le haut débis	*broadband*
un écran	*a screen*
effacer	*to delete*
un fichier	*a file*
graver	*to burn (e.g. a CD)*
une imprimante	*a printer*
un logiciel	*software*
un mot de passe	*a password*
numérique	*digital*
un ordinateur portable	*a laptop*
un réseau	*a network*
sauvegarder	*to save*
une souris	*a mouse*
une tablette	*a tablet*
tomber en panne	*to crash*
un tapis de souris	*a mouse mat*
tchatter	*to chat online*
(l')Internet (m.)	*the Internet*
un/une internaute	*web user*
la Toile / le Web	*the Web*
être en ligne	*to be online*
une messagerie	*a messaging service*
une mise à jour	*an update*
un moteur de recherche	*search engine*

un navigateur	a browser
naviguer/surfer	to browse
le piratage	illegal downloading
un pirate informatique	a hacker
le réseau	network
le réseautage social	social networking
un site web	a website
skyper	to skype
télécharger	to download
la virtualité	virtual reality

La technologie mobile

une carte SIM	*a SIM card*
le paiement sans contact	*contactless payment*
un portable	*a mobile*
un smartphone	*a smartphone*
un SMS/texto	*a text message*
envoyer un SMS/texto	*to text*

 16.2 Reliez ! : Les nouvelles technologies

B Leave the following message for your friend Dominique with whom you are staying in Nantes. Say that

- You were using the computer to chat online.
- The computer crashed at 12 noon.
- You managed to save all the files.

For help writing un message, see pages 343–44.

16.4 Éva : « Un simple texto a changé ma vie ! »

A Écoutez l'histoire d'Éva et répondez aux questions.

1 Describe Nicolas.

2 For how long had Éva and Nicolas been going out together?

3 Describe Édouard.

4 What was Nicolas doing when Édouard's first text arrived?

5 How did Édouard get Éva's number?

6 What is the second text message from Édouard about?

7 What was Nicolas's reaction?

8 How did Éva try to make things up with Nicolas?

B À deux ou en groupes, discutez et dites ce que vous pensez de l'histoire d'Éva. Qui a raison ? Nicolas avait-il le droit de fouiller dans le portable d'Éva ? Si vous étiez à la place d'Éva, que feriez-vous ?

C Imaginez que vous êtes Nicolas. Vous venez de rompre avec Éva à cause du texto d'Édouard. Qu'est-ce que vous notez dans votre journal intime. *(75 mots)*

For help with writing un journal intime, see pages 341–42.

16.5 Le mobile : une source de conflit ?

Le portable est-il une source de conflit entre vos parents et vous ? Écrivez un paragraphe de 75 mots.

Le saviez-vous ?

Selon une enquête menée par l'Union nationale des Associations familiales, pour 61 pour cent des parents, le mobile est une source de conflit. Les ados ont le nez dans leurs SMS ou naviguent sur Internet continuellement. Les disputes s'aggravent avec l'âge. Au hit parade des sanctions utilisées par les parents, l'interdiction de téléphoner pendant les repas familiaux et le contrôle des factures (coût et contenu).

16.6 Interview avec Olivier Leroux, psychologue spécialisé dans les relations en ligne

Listen to this interview and answer the questions that follow.

1 Name **two** things that teenagers do on social networking sites according to M. Leroux.

2 In what way have social networking sites changed the notion of friendship?

3 How can social networking sites be harmful for teenagers?

4 In what way may social networking sites evolve in a positive way in the future?

16.7 Le coin des experts

Trois jeunes, Lucas, Alice et Adam appellent avec des questions sur la science. Écoutez-les ainsi que les réponses des experts. Remplissez la grille.

VOUS AVEZ UN PROBLÈME ?

NOUS SOMMES LÀ POUR VOUS AIDER !

		Problem	Advice given
Lucas			
Adam			
Alice			

16.8 Les pronoms complément d'objet direct
Definition

We use pronouns to avoid repeating names of people or things. A pronoun usually refers back to a person or thing mentioned in the previous sentence. For example:

'Do you like **science**?' 'Yes, I love **it**!' ('it' stands for 'science')

In both English and French there are two main types of pronoun – **direct** and **indirect**.

- The French direct object pronouns (pronoms complément d'objet direct) are:

Direct object pronoun
me (*me*)
te (*you, sing./fam.*)
le* (*him or it masculine*)
la* (*her or it feminine*)
nous (*us*)
vous (*you, pl./polite*)
les (*them*)

> **Before a vowel or mute h both le and la become l':**
>
> **Tu as acheté ton magazine ?**
> **Je l'ai acheté.**

Tu connais Jean ?	Je le connais.
Tu as vu Marie ?	Je l'ai vue.
Est-ce que tu vas voir tes parents demain?	Oui, je vais les voir.

- In the above examples, the words in blue are **direct objects** of the verbs. Notice how the direct object pronoun comes **before** the main verb.

- When using le passé composé, remember that the **past participle** must agree with a **preceding direct object pronoun**:

J'ai allumé la tablette.	Je l'ai allumée.
Vous avez sauvegardé les fichiers ?	Oui, je les ai sauvegardés.

Réécrivez les phrases suivantes en remplaçant les mots en caractères gras par des pronoms complément d'objet direct.

1 Je connais **les enfants**.

2 J'aime bien **Tumblr**.

3 Tu fais **cette expérience** ?

4 Il regarde **son portable**.

5 Nous avons allumé **notre ordinateur**.

6 J'achète **cette nouvelle tablette**.

7 Vous tweetez **vos amies** ?

8 Elle utilise **Internet**.

9 Je demande ce **smartphone** pour Noël.

10 Il a posé **ses questions** à ASK.fm.

16.9 Votre blogue sans bugs !

A Read the following magazine extract about blogging and answer the questions below.

1 Il y a environ 200 millions de blogs dans le monde (dont 14 millions en France en ce moment). La plupart d'eux se trouvent aux États-Unis et presque 30 pour cent en Europe. Il y a 3 millions de nouveaux blogs chaque mois. On estime que 48 pour cent des blogs sont vus par environ 1 000 visiteurs uniques par mois. Seulement 11 pour cent des blogueurs gagnent de l'argent grâce à leurs blogs donc pourquoi bloguent-ils ? Apparemment, on blogue principalement pour exprimer sa passion et partager son savoir. Comme Facebook, Twitter et beaucoup d'autres réseaux sociaux, bloguer offre la possibilité de rester en contact avec la famille et ses amis. On a aussi la possibilité d'entrer en contact avec ceux qui partagent les mêmes idées que soi.

2 On peut aussi devenir une star de la Toile mais ça n'arrive pas souvent. On sait qu'on est devenue une star quand on admire votre savoir-faire et votre créativité. La vérité, c'est que les blogs ont changé. Fini les blogs intimes. Personne ne veut lire les blogs intimes où les bloggeurs ou les blogueuses racontent leur vie. Vive les blogs passions où on partage les centres d'intérêts et donne son avis. Il faut être pertinent, fidèle et clair. Un blog doit être agréable à regarder. On peut utiliser les réseaux comme sa page Facebook ou son compte Twitter pour poster les liens vers ses blogs pour attirer les lecteurs.

Trouver un titre cool avec des superlatifs comme « top » et « merveilleux » est important et créer des catégories pour chaque type d'article – sinon le visiteur risque de se lasser.

Trois blogeurs nous ont parlé des blogs :

3 *Marianne :* « J'adore la mode et la beauté et bloguer est la meilleure manière de partager mes idées. Je m'inspire de ce que je vois quand je sors le samedi soir et ce que je regarde dans la rue. Je consacre environ 15 minutes par jour à mon blog le soir avant d'aller au lit. »

4 *Victor :* « J'ai commencé a bloguer l'année dernière. Je faisais des vidéos mais je me suis bien amélioré grâce à mes blogs et le conseil que j'ai reçu des autres. Je parle des problèmes de la vie quotidienne des ados : les sorties, l'amour, Internet, la scolarité. J'ai de la chance parce que depuis quelque temps j'ai un partenariat avec YouTube et je touche un peu d'argent tous les mois. Je voudrais travailler dans l'audiovisuel plus tard. »

5 *Olivier, chercheur en science de l'information et spécialiste des blogs* : « Le blog n'est pas une fin définitive en soi. C'est plutôt une ouverture sur un domaine ou une passion. Quand on ouvre un blog, on passe à l'action, mais il faut être motivé et publier régulièrement. Ça c'est du travail mais ça peut être très valorisant. »

Lexique

partager	*to share*
un lien	*a link*
s'améliorer	*to improve*

1 Combien de blogueurs profitent financièrement de leur blog, selon la Section 1 ?

   a tous les blogueurs   **c** un peu plus de 10 pour cent

   b la moitié d'entre eux   **d** un quart d'entre eux

2 Relevez un mot utilisé pour « Internet » dans la Section 2.

3 Citez la phrase qui indique que les blogs très personnels ne sont plus à la mode. (*Section 2*)

4 D'après cet article dites comment on peut augmenter le nombre des lecteurs qu'on a sur son blog en utilisant Internet. (*Section 2*)

5 Trouvez le verbe qui veut dire « être gagné par l'ennui ». (*Section 2*)

6 Comment Marianne trouve-t-elle de l'inspiration pour son blog ? (*Section 3*)

7 Comment Victor a-t-il amélioré son savoir sur l'audiovisuel grâce à son blog ? (*Section 3*)

8 Selon l'expert, Olivier, dans la quatrième section le plus important pour tenir son blog est d'être

   a bon travailleur   **c** confiant en soi

   b mal organisé   **d** expert

9 There is lots of practical advice given here for a really successful blog. Do you agree with this statement? Answer in English giving **two** points and referring to the text.   (*About 50 words*)

ÉCRIVEZ

B Écrivez votre propre blog en décrivant vos passions et vos idées.   (*75 mots*)

Le saviez-vous ?

Les blogs les plus populaires en France sont les blogs de hi-tech (22%) suivis par les blogs de cuisine (17%) et en troisième place on a la beauté et la mode (14%). Ensuite, on a les divertissements, la politique et la famille.

C You leave a message for your French friend Dominique. In it say that

■ It is half past ten and you are going to bed.

■ You are going to write your football blog about the match you saw together today.

■ You would really appreciate his input on the design of your blog.

                  (*75 mots*)

For help with writing a message, see pages 343–44.

16.10 60 secondes sur Internet

Listen to these amazing facts regarding what happens every minute on the Internet and fill in the grid below.

Before doing this exercise, you may want to revise French numbers – see pages 5 and 81–82 or the table at the end of this book.

Exemple : Each 60 seconds *480* people connect to the Internet for the first time

Each 60 seconds ...

1   2 million _____ .

2   _____ apps for smartphones and tablets are downloaded.

3   28 000 _____ .

4   _____ 'Likes' on Facebook

5   _____ articles are published on Wikipedia.

6   61 000 € _____ .

7   _____ songs are downloaded on iTunes.

8   14 _____ .

9   _____ victims of identity theft.

10   _____ breaches of Internet security by botnets.

16.11 Réussis ton selfie !

A Read this article on how to take the perfect selfie and summarise it in English.

C'est très tendance de faire son autoportrait avec son portable à bout du bras, avec son smartphone ou une webcam telle qu'on en voit sur les réseaux sociaux. Si tu optes pour le *selfie* (seul) ou le *usie* (un portrait de groupe) ou bien le *braggie* (photo prise en vacances), fais attention – c'est facile d'obtenir des photos floues ou pas flatteuses. Donc, appliquez la règle des *ni … ni*.

1 *Ni trop près, ni trop loin*

Entraîne-toi à trouver la bonne distance. Ce n'est pas flatteur pour la personne de zoomer sur le visage.

2 *Ni trop classique, ni trop statique*

N'hésite pas à bouger ton cadre. Regarde-toi dans le miroir pour un bon effet.

3 *Ni trop de détails ni trop vide*

On n'a pas beaucoup d'espace avec un selfie. Trop de détails sont gênants.

4 *Ni trop haut, ni trop bas*

Fais attention à la prise de vue. Trop haut, on a le nez écrasé, trop bas et on a un double menton. À éviter !

5 *Ni trop sérieux, ni tête de croque-mort*

C'est mieux d'avoir un *duck face* qu'une tête de croque-mort !

B Vous avez passé une soirée ou peut-être un séjour inoubliable ! L'évènement s'est terminé avec un selfie (ou bien un usie ou un braggie) ! Racontez ce qui s'est passé. Votre récit peut être réel ou imaginaire.   (90 mots)

For help with writing un compte rendu, see pages 349–50.

16.12 Les pronoms complément d'objet indirect
Definition

The difference between the **direct object** and the **indirect object** is best illustrated with an example:

> Elle donne son portable à son ami.   *She gives her mobile to her friend.*

son portable (*her mobile*) is the **direct object**.

son ami (*her friend*) has the preposition à (*to*) before it so it is an **indirect object**.

 Attention !

In English the 'to' is not always present. In the sentence, 'I give Marc the tablet' (= 'I give the tablet to Marc'), the 'to' is only understood.

In French the à is always written or spoken: **Je donne la tablette à Marc.**
NEVER ~~Je donne Marc la tablette.~~

The French indirect object pronouns

The French indirect object pronouns are:

Indirect object pronoun		English translation	
me (*to me*)	Il me prête son stylo.	*He lends me his pen. / He lends his pen to me.*	
te (*to you*)	Je te donne mon numéro de téléphone.	*I give you my phone number. / I give my phone number to you.*	
lui (*to him or her*)	Je lui parle sur mon portable.	*I am speaking to him/her on my mobile.*	
nous (*to us*)	Il nous a déjà expliqué les règles.	*He has aleady explained the rules to us.*	
vous (*to you*)	Elle vous donne un livre.	*She gives you a book. / She is giving a book to you.*	
leur (*to them*)	Je leur donne de l'argent.	*I give them money. / I give money to them.*	

 Attention !

Some common verbs that take indirect objects in English don't in French:
J'écoute la radio.   *I listen to the radio.*
Je regarde la télévision. *I look at the TV.*

Les pronoms indéfinis

The pronoun y

The pronoun y means 'there', 'at it' or 'to it'.
It replaces à + a noun (but **never** a person).

Je vais à la piscine. J'y vais.

Emma est allée à Narbonne. Emma y est allée.

The pronoun en

The pronoun en means 'some of it/them'.
It replaces de + a noun (but **never** a person).

J'ai beaucoup de photos. J'en ai beaucoup.

Élodie parle du site Internet. Élodie en parle.

A Dans les phrases suivantes, identifiez les compléments d'objet directs et indirects.

1 J'envoie un SMS.
2 Il vend sa vieille PlayStation à son voisin .
3 Il adore Facebook.
4 Il montre son dernier jeu vidéo à son frère.
5 J'ai offert un cadeau à ma petite amie.

6 Tu envoies un email à ton correspondant.
7 Nous écrivons un blog.
8 Nous demandons à notre ami de nous montrer son nouveau smartphone.
9 Ils visitent le site.
10 Je montre les photos à mes parents.

B Identify which noun each of the pronouns in bold refers back to.

Je m'appelle Théo et j'utilise Facebook et Twitter parce qu'on peut **y** discuter et partager des photos et des évènements entre potes. Mes parents **me** disent qu'**ils** sont d'accord à condition que je n'**en** abuse pas ! Mes amis utilisent Snapchat, Skype et la messagerie Gmail. Certains d'entre **eux** adorent Ask.fm. Je ne **l'**aime pas du tout parce que je ne vois pas l'intérêt de poser des questions à des gens quand on ne **les** connaît pas. En plus, il y a des risques: c'est dangereux quand des internautes **en** harcèlent d'autres.

The order of pronouns

You will have noticed that there are many different kinds of pronouns, and that they come **before the verb** in a sentence.

If you have **more than one** pronoun in a sentence, they should follow this order:

	1	2	3	4	5	
Subject	me	le/la	lui	y	en	Verb
	te	les	leur			
	se					
	nous					
	vous					

Il m'en parle.	He speaks to me about it.
Je leur en parle.	I speak to them about it.
Je le lui ai donné.	I gave it to him.
Il la leur a donnée.	He gave it to them.

C Traduisez les phrases suivantes en anglais.

1 Il me téléphone sur Skype.
2 Ses grands-parents lui ont donné un nouvel ordinateur.
3 J'en ai acheté.
4 J'y vais tout de suite.
5 Je vous ai envoyé un mail.
6 Nous y sommes arrivés à 10 h 00.
7 Elle lui a donné son numéro de téléphone.
8 Elle en a beaucoup parlé.
9 Ils adorent leur blog. Ils y parlent de leur vie.
10 Regardez ces photos. Marie les a prises en Espagne.

D Réécrivez ces phrases en remplaçant les mots en caractères gras par un pronom.

1 Nous donnons **une tablette à Anthony**.
2 Je parle **à Jérémie et Raphaëlle**.
3 Charlie a envoyé un courriel **à sa mère**.
4 Je raconte l'histoire **à mon petit ami**.
5 Elle passe **les photos à Mégane et Gabriel**.
6 Florence écrit **son journal intime** sur Internet.
7 Il montre **sa chambre à ses amis**.
8 Liam pose **l'ordinateur sur la table**.
9 J'explique **la situation à ma meilleure amie**.
10 Marianne donne **son numéro de téléphone à Jean au cinéma**.

 16.3 Classez dans le bon ordre :
Ordre des pronoms personnels

16.13 Amelia passe son oral

A Amelia s'intéresse aux inventions scientifiques et rêve de devenir astronaute. Lisez puis écoutez !

1 Quelle est votre matière préférée ?

J'adore les matières scientifiques. J'étudie la biologie, la physique et la chimie pour mon Leaving Cert. J'adore les travaux pratiques et les expériences en laboratoire. J'adore même les dissections parce qu'au lieu d'être collé le derrière sur une chaise, on peut bouger et faire des expériences.

2 Pour vous, la science, c'est quoi ?

Pour moi, la science, c'est avant tout l'amélioration de notre niveau de vie. Les progrès scientifiques nous permettent de guérir des maladies graves et d'avoir un meilleur niveau de vie. Globalement, les filles ont de meilleurs résultats scolaires que les garçons mais elles s'engagent moins vers les sciences dans leurs études. Moi, je pense qu'il faudrait plus de femmes dans les domaines scientifiques et techniques.

6 Pensez-vous, Amelia, que la science soit toujours positive ?

Pierre Curie a dit qu'il y avait toujours plus de bien que de mal dans la science et je partage son opinion. Le progrès scientifique est toujours profitable même s'il peut aussi poser des questions éthiques comme celle de l'euthanasie.

3 Vous pensez que ces métiers sont victimes des stéréotypes ?

Il faut rendre ces métiers attirants pour les femmes. J'ai toujours aimé les technologies. J'ai toujours cherché à comprendre comment les objets fonctionnent. Mon père est mécanicien dans l'aviation, ma mère est ingénieure et mes deux frères sont pilotes. Je voudrais devenir ingénieure et ensuite astronaute.

5 Qu'est-ce que vous devez faire pour réaliser votre rêve ?

Je fais beaucoup de sport, surtout de la plongée, j'ai déjà mon permis de conduire et je prends des leçons pour devenir pilote. J'ai un plan tout tracé. Il suffit de prendre les choses étape par étape : travailler très dur à l'école, ouvrir des portes et toujours essayer de faire de son mieux.

4 Ce sera possible ?

Même si je suis quelqu'un d'ordinaire, je pense que oui ! J'ai toujours envie de faire plein de choses. Je voudrais piloter des avions, faire du parachutisme et voir le monde. Ce n'est pas toujours simple de sortir de sa zone de confort mais on ne devient pas astronaute du jour au lendemain. C'est une succession de choix.

 Animation

B Et vous ? En groupes ou à deux, posez-vous les questions suivantes à tour de rôle.

1 Aimez-vous la science ? *J'aime …*

2 Étudiez-vous des matières scientifiques pour le Leaving Cert ? *J'étudie …*

3 Pour vous, la science, c'est quoi ? *Pour moi, la science signifie …*

4 Pourquoi les femmes sont-elles découragées par les métiers scientifiques ? *Je crois …*

5 Pensez-vous que la science soit toujours positive ? *Non, par exemple, je suis contre le clonage humain et …*

16.14 C'est drôle !

Écoutez des histoires amusantes sur la science.

Félfie

1 Explain exactly what a 'félfie' is.

2 Explain how félfies originated.

The new automatic telephone answering service

3 Why did the voice recognition answering service not work in the Birmingham Town Hall?

4 How was the problem solved?

Tweeting the arrival of sharks

5 What incidents caused the Australian authorities to attach transmitters to sharks?

6 What group are opposed to this action and why?

Technological burglars

7 Name some items stolen from the youth club near Toulouse.

8 How did the police track down the thieves?

A special jacket

9 Where did this story take place?

10 Describe exactly how this very special jacket works.

Matching up socks after a wash

11 Describe this new way of matching up socks after a wash.

12 What sort of socks do you need?

Lexique	
une doudoune	a *puffa jacket*
un câlin	a *hug*

- **Civilisation :** The French health system, the **carte vitale** and the use of technology in health care

- Interesting articles including the man who wanted to cash in on the fact that he had 12 fingers

- **C'est drôle !** Unusual stories including the man who had a pencil trapped inside his head and the surgeon who had a heart attack just before doing an operation

- **Littérature :** *Je veux vivre* by Jenny Downham: Tessa is dying from leukaemia but she wants to fulfil her bucket list.

- Celebrities and their health: We talk to Kirsten Dunst, Zayn Malik, Rihanna and Jude Law.

- **Le coin des experts :** Our experts answer your health problems.

Grammaire

- Les phrases négatives

Oral

- Alexis talks about keeping fit, his hygiene routine, having diabetes and wearing contacts.
- Elisabeth talks about alcohol, binge-drinking, smoking and e-cigarettes.

Vocabulaire

- Parts of the body
- Health
- Addictions

Zoom examen

- Writing a postcard to a friend telling him/her you have given up smoking
- Filling in a form about your health
- Texte à trous : Advice from psychologist Dr Marion Dubois on managing stress
- Giving your reaction to a newspaper article condemning young Irish people for excessive drinking

En ligne

- Classez dans le bon ordre : Les phrases négatives
- Écoutez : L'invention de la e-cigarette

17.1 Les Français et la santé

La santé est quelque chose de sacré pour les Français et ils y font très attention. En effet, les Français bénéficient de l'un des meilleurs systèmes de santé au monde. Grâce à la prévention et aux progrès médicaux, l'espérance de vie est passée en moyenne à 85 ans et la plupart des Français se déclarent être en bonne santé. Cependant, les Français sont les plus gros consommateurs de médicaments au monde et consultent leur généraliste environ cinq fois par an. Près de sept Français sur dix ont recours à l'automédication et de nos jours, la médecine en ligne est devenue à la mode.

La technologie aide la santé

En 1967, un an après la première greffe du cœur réalisée par le docteur Christiaan Barnard en Afrique du Sud, le Français Christian Cabrol a réalisé la première greffe cardiaque européenne. En 2005, la première greffe de visage a été réalisée sur Isabelle Dinoire après l'attaque d'un chien et

en 2013, Claude Dany devient la première personne à recevoir un cœur artificiel. La médecine a fait des pas de géant grâce au travail des médecins français. De nos jours, en France, on utilise plus de robots dans les blocs opératoires. Du coup, les opérations sont devenues moins invasives et laissent des cicatrices moins grandes, les risques d'infection ont diminué et la durée d'hospitalisation est devenue plus courte grâce à leurs prouesses techniques.

La carte vitale

Quand on va chez le médecin généraliste, on le paie directement. Ensuite, les soins médicaux sont remboursés totalement ou en partie par la sécurité sociale. La carte vitale, une petite carte verte, facilite ce remboursement. Elle peut également s'utiliser en pharmacie. Ça garantit des soins gratuits pour les plus démunis.

Plus jamais malade à l'avenir ?

La technologie va bouleverser notre santé à l'avenir. Les machines seront capables de nous dire comment faire des diagnostics et soigner les malades. Cette nouvelle médecine améliorera sans aucun doute nos conditions de vie. Les imprimantes 3D permettront de faire des prothèses beaucoup moins chères. On pourra reconstituer une dent saine en utilisant des cellules spéciales cultivées en laboratoire, et avec une autre innovation, le Scanadu Scout, on pourrait même surveiller son rythme cardiaque, sa température etc. sur son portable et si les résultats ne sont pas bons, le médecin traitant sera averti !

Lexique

l'espérance (f.) de vie	*life expectancy*
les soins (m. pl.)	*treatment*
rembourser	*to reimburse / pay back*
démuni(e)	*deprived*
une greffe	*a transplant*
les pas (m. pl.) de géant	*huge steps/advances*
une cicatrice	*a scar*

Now check that you have understood the text by answering the following questions.

1 Citez la phrase qui vous dit que la santé est importante pour les Français.

2 L'espérance de vie n'a pas changé depuis des années. Vrai ou faux ?

3 Relevez le mot qui indique le fait de prendre des médicaments qui ne sont pas prescrits par le médecin.

4 Qu'est-ce qui facilite le remboursement des frais de santé quand on est malade ?

5 Quand est-ce que la première greffe de cœur a été réalisée ? (*en mots*)

6 Pourquoi Isabelle Dinoire a-t-elle besoin d'une greffe de visage ?

7 Quelle était la prouesse technique qu'on a fait en 2013 ?

8 Trouvez **deux** avantages de l'intervention chirurgicale faite par les robots.

9 Comment les imprimantes 3D vont-elles changer les prothèses ?

10 Dans l'avenir, si on est malade, comment pourra-t-on utiliser son portable pour obtenir de l'aide?

17.2 Vocabulaire : Le corps et la santé

A **Vous connaissez déjà les noms désignant les différentes parties du corps humain. Pour les réviser, faites correspondre les mots suivants avec les parties du corps correspondantes.**

l'œil (*m.*) / les yeux

la main

le nez

le dos

l'épaule (*f.*)

le cou

le doigt

la cheville

le pied

l'oreille (*f.*)

le pouce

la gorge

la jambe

le ventre

la tête

la bouche

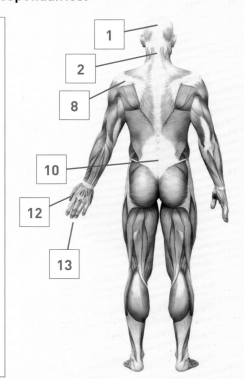

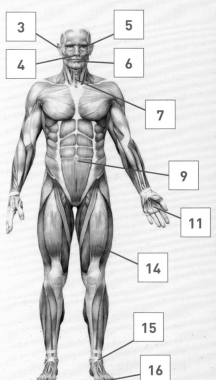

B **Maintenant apprenez le vocabulaire suivant :**

La santé

avoir mal à la gorge/tête	to have a sore throat/headache
avoir de la fièvre	to have a high temperature
un cancer	a cancer
se casser un bras	to break one's arm
douloureux(-euse)	painful
éprouver une douleur	to feel pain
éternuer	to sneeze
être blessé(e)	to be injured
être malade	to be ill
être en mauvaise santé	to be in bad health
être de santé fragile	to be delicate
faire de la chimiothérapie	to have chemotherapy
la grippe	flu
guérir	to cure
une maladie grave	a serious illness
mortel(-elle)	fatal
ressentir une douleur	be in pain
un rhume	a cold
souffrir	to suffer
soulager	to relieve
tomber malade	to fall ill
tousser	to cough
une toux	a cough

Le système de santé

un/une chirurgien(-ienne)	a surgeon
un/une dentiste	a dentist
un docteur/médecin	a doctor (male or female)
l'état (m.) de santé	state of health
se faire vacciner	to get vaccinated
un médecin généraliste	GP (male or female)
la médecine	medicine
une ordonnance	a prescription
un/une pharmacien (-ienne)	a chemist
prendre un médicament	to take medicine
la prévention	prevention
la santé publique	public health
un vaccin	a vaccine

C À deux ou en groupes, faites correspondre chacun
des mots suivants à sa définition.

1 la chimiothérapie

2 la prévention

3 une toux

4 un vaccin

5 soulager

A substance qui confère l'immunité contre une maladie

B alléger/aider/secourir

C mesures prises pour limiter les maladies

D expiration brusque et convulsive

E traitement des maladies (spécialement le cancer)
par des produits chimiques

17.3 Formulaire : Bonne santé

Vous voudriez travailler dans une salle de gym à Brest. Remplissez le formulaire.

Pour les questions 6 à 10, vous devez écrire des phrases complètes.

1 Nom : _____ 2 Prénom : _____

3 Date de naissance : _____

4 Lieu de naissance : _____

5 Taille (height) : _____

6 Êtes-vous en parfaite santé ? Prenez-vous des médicaments ? Expliquez.

7 Êtes-vous membre d'une salle de gym ou d'un club de sport ? Lequel ? Qu'y faites-
vous ? Pourquoi ?

8 Avez-vous fait des stages (courses) de sport ? Lesquels ?

9 Fumez-vous ? Buvez-vous de l'alcool ? Décrivez votre consommation.

17.4 Alexis passe son oral

A Alexis répond à des questions sur son état de santé.
Lisez puis écoutez.

1 Alexis, la santé est importante pour vous ?

Pour moi, être en bonne santé, c'est la forme assurée ! Je pense que le mode de vie affecte la santé : il faut manger équilibré et faire beaucoup de sport. Personnellement, je préfère bouger plutôt que de rester scotché devant la télé ou des jeux vidéo.

2 Votre look est important aussi ?

Oui, c'est important. Je dors huit heures par nuit pour être en forme, je ne fume pas et je ne bois pas trop. Je me douche chaque matin et comme j'aime avoir les dents blanches, j'évite les ennemis des dents comme le café et le thé. Je me mets du gel dans les cheveux parce que je me préfère avec ce look-là.

6 Vous portez des lentilles je crois. Est-ce que vous portiez des lunettes quand vous étiez jeune ?

Oui, et je les détestais. C'était une torture ! Il fallait les mettre, les enlever, ne pas oublier de les remettre. Alors, j'ai demandé des lentilles à mes parents. C'est plus pratique et plus confortable surtout quand on fait du sport. Plus tard, j'aimerais me faire opérer.

3 Vous êtes en parfaite santé ?

Je suis diabétique et au début j'en avais honte parce je me sentais différent des autres. Le diabète provoque un excès de sucre dans le sang à cause de la disparition d'une substance normalement secrétée par le corps : l'insuline. Avant de découvrir que j'étais diabétique, j'avais tout le temps soif et j'étais très fatigué. C'était dangereux parce que je risquais de tomber dans le coma.

5 Vous trouvez cela difficile ?

Pas vraiment. Le plus dur, c'est de se priver de sucre et de se dire que c'est pour la vie ! Mais mes amis sont super : ils me soutiennent vraiment. Quand je vais chez eux, ils ne m'offrent rien de sucré et ils préparent des boissons sans sucre.

4 Vous l'avez maîtrisé maintenant, votre diabète ?

Je suis un régime très strict et je dois me faire des piqûres. Comme l'insuline est détruite pendant la digestion, je ne peux pas prendre par la bouche. Je dois faire un dextr c'est un test pour mesurer le taux de sucre dans le sang, avant chaque repas et je m'injecte sous la peau avec une piqûre.

▶ Animation

B Et vous ? À deux ou en groupes, posez-vous les questions suivantes à tour de rôle, puis écrivez vos réponses.

1 La santé est importante pour vous ? *Pour moi, être en bonne santé, c'est …*
2 Votre look est important pour vous ? *J'aime le look …*
3 Que faites-vous pour rester en forme ? *Je fais beaucoup d'exercice …*
4 Vous êtes en parfaite santé ? *Je souffre d'asthme et …*
5 Qu'est-ce que vous faites pour résoudre vos problèmes ? *Je prends des médicaments.*

17.5 Des articles sur la santé

L'homme aux 12 doigts !

Vijay Singh est né avec 12 doigts, six sur chaque main. Il voulait tirer profit de ses mains extraordinaires, alors il a appris à taper sur un clavier. Il peut taper 100 mots à la minute contre cinquante pour une personne normale ! Malheureusement, en Inde, on n'embauche que des dactylos femmes. Du coup, Vijay voudrait aller chercher du travail en Grande-Bretagne.

1 What is extraordinary about Vijay Singh's hands?
2 Why has he decided to emigrate?

Une poupée normale

Voici Lammily. Elle a quelques kilos en trop, des yeux marron et elle ne porte qu'un maquillage distrait. Cette poupée est destinée à faire concurrence à la trop parfaite Barbie.

3 Describe Lammily (**three** points).
4 What is her relationship with Barbie?

Grossir pour séduire !

En Mauritanie, au Niger et dans le nord du Mali, les femmes mangent pour séduire. Elle mange même les produits vétérinaires qui provoque la croissance chez les vaches. Ce phénomène prend de l'ampleur parce que les femmes veulent montrer qu'elles n'ont pas le sida. Ici, c'est effectivement ce qu'on pense quand on voit une femme mince !

5 In what way do these women try to gain weight?

6 Why is it important for them not to look too thin?

L'escargot-thérapie

Ces escargots, on ne les mange pas. Au lieu de cela, on se les met sur le visage. C'est une nouvelle méthode de beauté imaginée par un institut japonais. On applique trois ou quatre de ces bestioles sur le visage : le mucus de l'escargot a des vertus hydratantes et anti-rides. Que ne ferait-on pas pour être belle !

7 How are these snails used?

8 Explain the benefits mentioned here.

Miroir, mon beau miroir ...

D'après une enquête du quotidien britannique *The Guardian*, les hommes et les femmes se voient d'une façon différente quand ils se regardent dans un miroir. Les hommes se voient plus beaux et plus minces qu'ils ne le sont en réalité. Quant aux femmes, c'est l'inverse. Presque 30 pour cent d'entre elles se voient plus rondes qu'elles ne le sont et en plus s'imaginent aussi être moins belles qu'elles ne le sont en réalité.

9 Explain the findings of this survey.

10 In what way do men and women interpret their respective self-images?

17.6 Le coin des experts

Appelez-nous pour nous parler de vos problèmes de santé et nos experts vous répondront.

Écoutez les problèmes de Nathan, Maëlie et Michèle ainsi que les conseils des experts.

VOUS AVEZ UN PROBLÈME ?

NOUS SOMMES LÀ POUR VOUS AIDER !

Person		Question	Advice given
Nathan			
Maëlie			
Victoria			

17.7 Texte à trous : Des conseils sur le stress

Logan a besoin de conseils pour gérer le stress. Voici la réponse qu'il a reçue du docteur Marion Dubois, psychologue. Complétez la lettre ci-dessous en écrivant les mots suivants dans les espaces appropriés.

importants   continues   est   leur   t'amuser   avoir   provoque   le   quelques   sans

Cher Logan,

Une vie (1)_____ stress, ça n'existe pas ! Le stress est une réaction du corps face aux évènements (2)_____ . Le stress donne l'alerte. Sa présence booste les performances. Avant un contrôle à l'école, un petit stress te réveille et t'aide à te concentrer. Le sportif et le comédien ont aussi besoin du stress pour la maîtrise de (3)_____ jeu.

Mais le stress peut devenir handicapant s'il t'empêche d'aller à l'école, d'(4)_____ des amis ou d'avancer dans la vie. Il est nécessaire de comprendre ce qui (5)_____ le stress. Est-ce que la pression (6)_____ trop grande pour toi ? As-tu vécu une séparation ou un décès ? Considères-tu que ton stress est normal ou au contraire te fragilise-t-il ?

Essaie les méthodes de relaxation comme (7)_____ yoga. C'est vraiment très important de t'octroyer des moments de plaisir et de (8)_____ avec tes amis. Va au théâtre et au cinéma. Si tu (9)_____ 'e souffrir du stress , cela peut indiquer un manque de confiance en toi. Je te conseillerais alors (10)_____ séances chez un psychologue.

J'espère que cela te donnera quelques idées.

Cordialement,

Dr Marion Dubois

17.8 Les phrases négatives
Basic negative sentences

French negatives are made up of two parts (e.g. ne ... pas). The two negative words are usually placed **before** and **after** the verb. (Think of it as a sandwich with the verb in the middle!)

> Je regarde la télé. → Je ne regarde pas la télé.

Other negatives

ne ... guère	hardly (literary)
ne ... jamais	never
ne ... ni ... ni ...	neither... nor
ne ... personne	nobody

ne ... plus	no longer
ne ... point	not (literary)
ne ... rien	nothing
ne ...que	only

Je ne bois guère.	I hardly drink.
Je ne vais jamais en Belgique.	I never go to Belgium.
Je n'ai ni voiture ni vélo.	I have neither car nor bike.
Je ne dors pas assez.	I don't sleep enough.
Je ne connais personne.	I don't know anybody (I know nobody).
Je ne fume plus.	I don't smoke anymore (I no longer smoke).
N'oublions point les sacrifices de nos soldats.	Let us not forget the sacrifices of our soldiers.
Je n'ai que 10 euros.	I have only 10 euro.
Je ne fais rien le weekend.	I do nothing at the weekend.

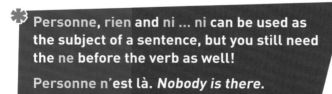

Personne, rien and ni ... ni can be used as the subject of a sentence, but you still need the ne before the verb as well!

Personne n'est là. *Nobody is there.*

Rien ne me fait peur. *Nothing scares me.*

Rien ne me fait peur.

Use with le passé composé

In le passé composé the negative parts usually go before and after the avoir or être parts.

Je ne suis jamais allé(e) en Grèce.	I have never been to Greece.
Je n'ai pas vu Marie.	I did not see Marie.

Personne, however, follows the past participle: Je n'ai vu personne.

A Traduisez les phrases suivantes en anglais.

1 Je ne suis jamais malade.

2 Nous n'avons pas attrapé la grippe.

3 Elle n'a plus de carte vitale.

4 Personne ne les connaît.

5 N'oubliez pas de mettre beaucoup de crème.

6 Justine ne boit plus.

7 Il n'a fait ni sport ni exercice.

8 Ne restez pas longtemps au soleil.

9 Nous ne sommes jamais allés chez ce dentiste.

10 Je ne fume guère.

B Écrivez les mots qui manquent en français.

1 Ils ne font (*anymore*) _plus_ de yoga.

2 (*Nobody*) _personne_ n'a répondu.

3 Elle n'a pris (*neither*) _ni_ fruits (*nor*) _ni_ légumes.

4 Marie n'a (*never*) _jamais_ été malade.

5 En Irlande, les cigarettes électroniques (*are not*) _ne sont pas_ interdites dans les pubs.

6 (*Neither*) _ni_ le docteur _ni_ (*nor*) le patient ne sont arrivés.

7 La pharmacienne ne m'a (*nothing*) _rien_ donné.

8 Il n'y avait (*only*) _que_ une explication.

C Translate the following into French.

1 She never bought e-cigarettes.

2 They neither drank nor smoked.

3 Nobody was sick.

4 She didn't receive a transplant.

5 He hardly slept that night.

6 They don't take drugs anymore.

7 Nobody was injured.

8 He was never in the best of health.

9 She never broke her arm.

10 We only self-medicated.

 **17.1 Classez dans le bon ordre :
Les phrases négatives**

17.9 *Je veux vivre*, de Jenny Downham*

A Read the following extract from Jenny Downham's moving novel and answer the questions that follow.

 Traduit par Aleth Paluel-Marmont

Atteinte d'une leucémie, Tessa sait qu'il ne lui reste que peu de temps. Mais, à 16 ans, elle a envie de vivre intensément jusqu'au bout.

Dans cet extrait, Tessa et son père donnent une interview à la radio. Le présentateur s'appelle Richard.

1 « L'interview sera en direct », dit-elle en baissant la voix car nous arrivons à la porte du studio. « Vous voyez cette lumière rouge ? Cela veut dire que Richard est à l'antenne et que nous ne pouvons pas entrer. Dans une minute, il lancera une musique d'enchaînement et la lumière passera au vert. » [...]

La lumière rouge passe au vert.

« C'est à vous, annonce-t-elle en ouvrant la porte. Tessa Scott et son père ! »

On dirait un aboyeur introduisant des invités à une soirée, un bal. Mais Richard Green n'a rien d'un prince charmant. Il empeste le tabac, se soulève vaguement de sa chaise pour nous tendre une main grassouillette et terriblement moite, se rassied en soufflant comme un phoque, agite ses papiers [...]

2 Asseyez-vous, dit-il. Je commencerai par vous présenter et on lance tout de suite le sujet. » [...]

Puis il tourne vers le micro :

« Et maintenant, je suis très honoré d'accueillir dans ce studio notre nouvelle invitée, une courageuse jeune fille nommée Tessa Scott » [...]

« Tessa est atteinte de leucémie, et elle est venue aujourd'hui, accompagnée de son père, nous parler de l'expérience qu'elle vit depuis quatre ans. »

Papa se penche en avant, comme s'il était prêt à intervenir. C'est donc à lui que Richard pose la première question :

« Parlez-nous du moment où vous vous êtes aperçu que Tessa était malade, monsieur. »

Papa démarre sur son terrain favori. Il décrit cette sorte de rhume interminable, qui a duré des semaines sans que notre médecin généraliste en comprenne la cause tant la leucémie est une maladie rare.

« Puis nous avons remarqué que Tessa avait des contusions, des bleus dans le dos, dus à la diminution de son nombre de plaquettes. »

Mon père, ce héros. Il raconte qu'il a dû abandonner son métier de conseiller

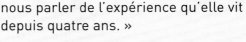

302

financier, comment notre vie a alors sombré dans les méandres des services hospitaliers et des traitements.

3 « Le cancer n'est pas une maladie localisée, poursuit-il. Il atteint le corps tout entier. Quand Tessa a décidé d'arrêter les traitements les plus agressifs, nous avons mis en place un mode de vie holistique, à la maison. Elle suit un régime spécial. C'est extrêmement coûteux, mais je suis absolument persuadé que ce n'est pas la nourriture dans notre vie qui nous apporte la santé, c'est la vie dans notre nourriture qui est vraiment importante. » [...]

L'air grave, Richard se tourne vers moi :

« Vous avez décidé d'arrêter tout traitement, Tessa. Ce doit être une décision très difficile à prendre quand on a seize ans. »

« Pas vraiment » dis-je, la gorge sèche. [...]

« La chimio prolonge la durée de vie, » dis-je. Mais on se sent terriblement mal. Le traitement qu'on m'administrait était très lourd, et je savais que si j'arrêtais, je pourrais faire bien plus de choses. »

« Votre père dit que vous voulez devenir célèbre. C'est pour cela que vous êtes venue à la radio aujourd'hui ? Pour décrocher votre quart d'heure de gloire ? » [...]

Je respire un grand coup.

« J'ai dressé une liste de choses que je veux accomplir avant de mourir. Devenir célèbre fait partie de ma liste. »

L'œil de Richard s'allume. Il est journaliste et sait reconnaître un bon sujet.

« Votre père ne m'a pas parlé de cette liste. »

« Parce que la plupart de mes objectifs sont illégaux. » [...]

« Ah bon ? Comme quoi, par exemple ? »

« Par exemple, j'ai piqué la voiture de Papa et je suis partie me balader toute la journée alors que je n'ai pas mon permis. Je n'ai même pas passé l'examen. »

« Oh oh ! Attention à votre prime d'assurance, monsieur Scott ! »

Il pousse papa du coude pour bien lui montrer qu'il plaisante mais papa est complètement déstabilisé. Je me sens si coupable que je détourne les yeux.

« Un jour, je me suis promis de dire oui à tout ce qu'on me suggérait. »

« Et qu'est-ce qui s'est passé ? »

« J'ai fini au fond d'une rivière. »

Lexique

un aboyeur	*announcer*
empester	*to stink*
grassouillet(-ette)	*plump*
moite	*moist*
un phoque	*a seal*
comprenne	*subjunctive form of* comprendre *following* sans que *
la durée	*the length/duration*
piquer *(fam.)*	*to nick*
se balader	*to go for a walk*
coupable	*guilty*

❋ **To find out more about the subjunctive in French, go to *Panache en ligne*.**

1 Relevez la phrase qui vous explique que l'interview n'est pas enregistrée pour passer plus tard. (*Section 1*)

2 Richard Green n'est pas en forme. Citez une phrase qui vous indique cela. (*Section 1*)

3 Citez un adjective utilisé dans la deuxième partie par Richard Green pour décrire Tessa.

4 Trouvez la phrase qui indique que le père de Tessa aimait parler de sa maladie. (*Section 2*)

5 Quel a été le premier symptôme de la leucémie de Tessa d'après son père ? (*Section 2*)

   a Elle toussait.

   b Elle était enrhumée.

   c Elle avait la grippe.

   d Elle était fatiguée.

6 Relevez un exemple de négation dans la troisième section.

7 Comment savez-vous que Tessa ne mangeait pas n'importe quoi ? (*Section 3*)

8 Richard Green voulait attirer l'attention des auditeurs. Comment le savez-vous ? (*Section 3*)

9 Tessa is a courageous and fun-loving person. Do you agree? Comment on this referring to the text. (*2 points; around 50 words*).

B Créez votre propre liste de seau et partagez la avec un/une partenaire.

C Le père de Tessa dit « c'est la vie dans notre nourriture qui est vraiment importante. » Êtes-vous d'accord ? Donnez votre opinion/réaction. (*75 mots*)

For help giving your opinion, see pages 331–32.

D Tessa est une jeune fille courageuse. Connaissez-vous quelqu'un qui comme Tessa a fait preuve de beaucoup de courage, face à une situation difficile. Quelles étaient les circonstances ? Votre récit peut être réel ou imaginaire. (*90 mots environ*)

17.10 La santé des célébrités

A Beaucoup de monde s'intéresse à la santé des célébrités, à leur look, à leurs problèmes et aux conseils qu'elles donnent. Écoutez ces courts entretiens avec Kirsten Dunst, Zayn Malik de One Direction, Rihanna et Jude Law.

Kirsten Dunst

1 What is the secret of Kirsten Dunst's lovely skin?

2 How does she soothe her eyes when she's tired?

3 What does she do to keep fit?

Zayn Malik

4 Why has Zayn got the reputation of being the 'bad boy' in the group One Direction?

5 Give **two** details about his tattoos.

Rihanna

6 What does Rihanna do to calm herself down?

7 How does she feel about her work?

8 What does Rihanna say about staying slim?

Jude Law

9 What does the brand Dior symbolise for Jude Law?

10 What did Jude Law worry about in his 20s?

B Choisissez une star et écrivez un court article sur ses astuces de santé et de beauté, ses conseils et ses problèmes.

(75 mots)

17.11 Elisabeth passe son oral

A Elisabeth nous parle de l'alcool, du binge-drinking, du tabac et des e-cigarettes. Lisez puis écoutez.

1 Vous buvez de l'alcool, Elisabeth ?

Toujours avec modération. Mon oncle est mort d'une cirrhose. Il était alcoolique. Je ne veux pas que cela m'arrive. Je fais donc très attention à ce que je bois. Pas de *binge-drinking* pour moi !

2 Qu'est-ce que c'est exactement ?

Pour beaucoup de jeunes, l'alcool joue le rôle d'un rite de passage – une preuve qu'ils entrent dans le monde adulte. L'objectif du *binge-drinking* est de boire un maximum d'alcool en un minimum de temps. L'idée est de rechercher l'état d'ivresse, parfois jusqu'au coma éthylique. C'est une façon de s'intégrer dans un groupe et d'être populaire. C'est aussi un moyen pour tester sa résistance à l'alcool.

3 L'abus d'alcool est un grand problème de santé. La drogue est aussi un problème parmi vos amis ?

Je connais des gens qui ont essayé les drogues qu'on fume comme le haschich, mais tous mes amis ont peur des drogues qu'on injecte comme l'héroïne.

5 Pensez-vous que le tabac est un grand problème parmi les jeunes ?

Le tabac tue. Un fumeur a une chance sur deux de mourir du tabac. On risque les maladies graves comme le cancer du poumon, la crise cardiaque sans parler des problèmes de santé comme la toux, la peau sèche, la chute des cheveux, la dépression, etc. En plus, ça coûte très cher aussi. On sait tous combien c'est très difficile d'arrêter de fumer.

4 Vous fumez des cigarettes ?

Je fumais mais j'ai arrêté. C'était vraiment très difficile d'arrêter parce que j'étais accro au tabac. J'ai essayé le chewing-gum et les patchs sans succès. Finalement, j'ai réussi à y renoncer avec l'aide des e-cigarettes.

B Et vous ? À deux ou en groupes, posez-vous les questions suivantes à tour de rôle.

1 Vous buvez de l'alcool ? *Je bois quand je sors …*
2 Est-ce que vous avez l'expérience du *binge-drinking* ? *Parmi mes amis, il y en a qui …*
3 Quand avez-vous goûté à l'alcool pour la première fois ? *J'avais environ 15 ans …*
4 La drogue est un problème parmi vos amis ? *Non, mes amis …*
5 Vous fumez des cigarettes ? *Non, mais mon frère fume …*

ÉTUDIANT

ÉCOUTEZ

17.12 L'invention de l'e-cigarette

A Listen to the interview with Hon Lik about the invention of the e-cigarette and reply to the following questions.

1 What was the common attitude to smoking when Hon Lik's dad used to smoke?

2 What age was Hon Lik when he started to smoke?

3 How many packets of cigarettes did he smoke each day?

4 Why were patches not successful for Hon Lik when he wished to give up smoking?

5 Why was Hon Lik unsuccessful when he went looking for partners to develop his idea?

6 What was the price that Imperial Tobacco paid for the patent for e-cigarettes?

 17.2 Écoutez : L'invention de l'e-cigarette

ÉCRIVEZ

B Les ventes de cigarettes ont baissé tandis que le nombre de vapoteurs ne cesse d'augmenter. Évidemment, on ne peut pas s'empêcher de faire le lien entre les deux. Mais est-ce que l'e-cigarette est un produit idéal ?

Êtes-vous pour ou contre la vente libre de ces produits ? Cochez pour indiquer si vous pensez que les affirmations suivantes sont vraies ou fausses.

	D'accord	Pas d'accord
1 La vapoteuse ou cigarette électronique est beaucoup moins dangereuse que la vraie cigarette.	☐	☐
2 Le risque de toxicité, même minime, existe.	☐	☐
3 Mieux vaut vapoter que fumer.	☐	☐
4 On ne connaît pas les effets à long terme.	☐	☐
5 Les e-cigarettes encouragent les non-fumeurs à commencer à fumer.	☐	☐
6 La cigarette électronique est un bon moyen d'arrêter de fumer.	☐	☐
7 On peut devenir dépendant de la nicotine.	☐	☐
8 La vapeur des vapoteurs peut enfumer les autres.	☐	☐
9 La vente des e-cigarettes doit être interdite aux moins de 18 ans.	☐	☐
10 La publicité pour les e-cigarettes doit être illégale.	☐	☐

C Et vous ? Êtes-vous pour ou contre la vente libre des e-cigarettes ? Donnez votre réaction en 75 mots.

For help giving your opinion, see pages 331–32.

17.13 C'est drôle !

Selling cannabis to pay for a drug detox

1 What was the cost of the detox programme for Frank Jones's son?

2 Where did Frank get the cannabis?

Transparent schoolbags

3 Name some dangerous objects that were being brought into this Argentinian school.

4 Who came up with the solution of introducing transparent school bags?

A pencil trapped inside his head!

5 What medical problems did this man suffer from?

6 When did the accident happen?

The surgeon has a heart attack

7 What age was the surgeon when this incident happened?

8 What did the surgeon do just before getting chest pains?

- **Civilisation :** Holidays in France and French people on holiday; the joy of beach holidays; the tourist industry now and in the future

- **Expression libre :** Dream holidays in Algeria, La Rochelle, Wicklow and Bondi Beach

- **C'est drôle !** Zany holiday stories including the person who gets paid to sleep in hotels, the rent-a-goldfish hotel scheme and the campsite that guarantees good weather

- **Extrait de roman :** *Mon journal intime* by Lisa Azusias: The heroine talks about going on a school tour to London.

- **Weather stories:** Why politicans are presenting the weather on TV, getting a storm named after you, a floating house (ideal for floods), and a heatwave in France

- **Le coin des experts :** Our experts give advice about packing your suitcase, getting a super holiday at a great price and what to be careful of when doing a house swap.

Grammaire

- Tout
- Le plus-que-parfait

Vocabulaire

- Holidays
- Weather forecasts

Oral

- Daniel brings in a photo of his holiday in the Ardèche ...

Zoom examen

- Texte à trous : Giving your penpal advice about what places to visit while doing the Wild Atlantic Way
- Writing a postcard about a skiing holiday in Chamonix
- Writing a letter cancelling a booking and rearranging holidays

En ligne

- Quiz : Les vacances
- Texte à trous : Voyages avec un clic

18.1 Les vacances, c'est sacré

Les touristes toujours plus nombreux !

La France est le pays des vacances par excellence ! C'est la première destination touristique au monde. L'année dernière, elle a accueilli plus de 83 millions de visiteurs étrangers, essentiellement des Allemands, des Anglais, des Belges et des Luxembourgeois. Chaque touriste dépense plus de six cent cinquante euros en moyenne en France et l'industrie du tourisme rapporte près de quarante milliards d'euros à l'économie.

Les Français en vacances

Le nombre de Français qui partent en vacances augmente tout le temps. En 1964 seulement 40 pour cent des Français partaient en vacances mais ce chiffre a presque doublé l'année dernière. Les Français ont besoin d'environ dix jours pour se sentir reposés et d'après un sondage *Mémento* sur le tourisme, la majorité des vacanciers français préfère la mer, ensuite la campagne, la ville et la montagne. La plupart d'entre eux font désormais leurs réservations de vacances sur Internet, ce qui leur permet de diminuer drastiquement leurs frais. L'internaute a la possibilité de comparer les tarifs en quelques clics et de trouver ainsi les prix les plus bas.

Le bonheur de la plage

Quand on étudie le comportement des vacanciers français, on constate que la plage reste de loin leur destination préférée.

Ils adorent se retrouver en famille dans cet endroit de rêve où il est facile d'oublier le stress de la vie quotidienne, même si on y trouve beaucoup de monde de la mi-juillet à la fin août, période pendant laquelle la majorité des Français prennent leurs vacances. Et puis, pour 63 pour cent des Français, il est important de rentrer de vacances bien bronzés !

L'industrie du tourisme

Le tourisme est né au 18e siècle, quand les jeunes aristocrates partaient à la fin de leurs études faire ce qu'on appelait le « grand tour » pour découvrir d'autres cultures et enrichir leur esprit. L'expression a donné le mot *tourisme*. Le tourisme de masse est une invention du 20e siècle. Il permet au plus grand nombre de découvrir d'autres pays et d'autres cultures. Grâce au concept des congés payés apparu en 1936, on a vu l'arrivée des

vacances pour tous. Les vacances n'étaient plus réservées qu'aux riches. L'idée de pouvoir prendre des vacances, du repos et d'avoir des loisirs était considérée pour la première fois comme bien méritée pour tous les travailleurs.

En France, on totalise 25 jours de congés annuels et beaucoup d'entreprises ferment leurs portes pendant les périodes des vacances.

Le tourisme de demain

L'Inde, la Chine, le Brésil, l'Arabie saoudite misent sur le tourisme pour accélérer leur croissance économique. Avec l'amélioration des moyens de transport, l'apparition des vols à bas prix et l'augmentation du niveau de vie dans les pays émergents, de plus en plus de gens peuvent désormais goûter aux joies des voyages à l'étranger. Cependant, le tourisme doit rester conscient des dangers qu'il représente pour la planète. Chaque année, le 3 juin, on célèbre la Journée mondiale pour un tourisme responsable.

Lexique	
accueillir	*to welcome*
un chiffre	*a figure*
le comportement	*behaviour*
l'amélioration (f.)	*improvement*

 18.1 Quiz : Les vacances

Check that you have understood the text above by completing the following summary:

France is the most popular holiday destination in the world. Most of the 83 million visitors come from _____.
The French tourist industry is worth _____. The number of French people going on holidays is increasing and last year _____. The Internet allows people to _____. The beach is the most popular holiday destination because _____ _____. The word 'tourism' comes from _____ _____ and mass tourism came about when _____.
In France annual leave is _____. Most French people tend to go on holidays in _____.
Tourism in the future _____.

18.2 Vocabulaire : Youpi ! C'est les vacances

A Learn the following vocabulary off by heart.

une agence de voyage	a travel agency
une auberge de jeunesse	a youth hostel
des bagages	bags/luggage
une caravane	a caravan
un camping	a campsite
un camping-car	a camper van
une chambre double	a double room
une chambre simple	a single room
une destination lointaine	a faraway destination
être en congé	to be on a break
faire le tour du monde	to go around the world
faire bon voyage	to have a good trip

bronzer	to sunbathe
faire du camping	to go camping
faire du tourisme	to tour around
faire des visites	to go on visits
les grandes vacances (*f. pl.*)	summer holidays
loger à l'hôtel	to stay in a hotel
louer	to rent
une maison de campagne	a country home
une maison secondaire	a second home
partir à l'étranger	to go abroad
partir en vacances	to go on holidays
réserver	to book
un sac à dos	a backpack
séjourner	to spend a holiday
un site touristique	a tourist site
une tente	a tent
le tourisme	tourism
un/une touriste	a tourist
une trousse à pharmacie	a first-aid kit
une valise	a case
un vol	a flight
voyager en bus, train, etc.	to travel by bus, train
un/une voyageur(-euse)	a traveller

Où partez-vous ?

Je vais/pars …
au bord de la mer.
à la montagne.
à la campagne.
en France.

Avec qui partez-vous ?

Je pars …
avec mes parents.
avec ma famille.
avec mes copains et mes copines.
Je vais chez mon/ma correspondant(e).

Où logez-vous ?

Je loue un appartement.
Je passe une semaine dans un hôtel.
Nous louons une maison.
Nous logeons dans une auberge de jeunesse.
Nous allons dans un camping.

**Comment
étaient vos vacances ?**

C'était génial/fantastique !
Je me suis beaucoup
amusé(e)et je me suis bien reposé(e).
C'était extra et j'ai profité de mon séjour
pour parler français.
C'était horrible, il pleuvait tout le temps !
Je me suis terriblement ennuyé(e).
Je n'ai pas trop aimé
la région.

Quel temps fait-il ?

Il fait beau et chaud.
Le soleil brille.
Il fait gris.
Il y a quelques éclaircies.
Malheureusement, il fait froid.

Que faites-vous ?

Je me baigne et je bronze
sur la plage.
Je joue au volley sur la plage.
Je me promène et je fais du vélo.
Je fais de la planche à voile et
du surf.
Je visite la ville et je vais à des
spectacles.
Je fais du shopping et j'achète
les spécialités de
la région.

B Carte postale : **You are skiing with your family in Chamonix. Write a postcard to
your French Canadian penpal to say that:**

- you are really enjoying you holidays with your family
- the sun is shining and there is plenty of snow
- yesterday you fell for the first time but didn't hurt yourself.

Pour vous aider

Bonjour de ...	*Greetings from ...*
Me voici en vacances à ...	*I am on holidays in ...*
Je m'amuse beaucoup !	*I am really enjoying myself!*
pour la première fois	*for the first time*

**For more help writing
une carte postale, see
pages 339–40.**

C **Lettre formelle :** **You had planned to go on holidays with your family to Hôtel Hélianthal, place Maurice Ravel, Saint-Jean-de-Luz. However, your sister has broken her arm and your family can't travel. Email a letter to the hotel manager in which you say the following:**

- You are sorry that you have to cancel a booking made for your family.
- Your sister was involved in an accident.
- She is not seriously hurt but your family is unable to travel.
- Your booking was for two rooms for the first two weeks in July.
- You would like to know if they have any availibity for your family for the last week in October instead.

(*75 words*)

Pour vous aider

J'ai le regret de vous informer que …	*I'm sorry to let you know that …*
Je dois annuler ma réservation.	*I have to cancel me booking*
Ma réservation est au nom de …	*My booking is in the name of …*
… pour les deux premières semaines de juillet	*for the first two weeks in July*
Je voudrais savoir …	*I would like to know …*

For more help writing une lettre formelle, see pages 345–47.

18.3 Expression libre : Vos plus belles vacances !

Listen to the following young people describe where they love to go on holidays and give one detail about what they do there.

		Favourite holiday destination	What he/she likes to do on holidays
Abel			
Élodie			
Charles			
Laurie			

18.4 Daniel passe son oral

A Daniel répond à quelques questions sur ses vacances. Lisez et écoutez.

1 [présent]
Daniel, je vois que vous avez apporté une photo avec vous ?

Oui, c'est une photo prise pendant mes dernières vacances en Ardèche avec ma famille. On peut voir les gorges spectaculaires et la rivière sauvage. C'est une région d'une grande beauté et nous y avons passé des vacances inoubliables. Mes parents adorent la France et nous y allons presque chaque année. Nous faisons du camping. Mes parents ont leur propre tente et mon frère et moi partageons une petite tente igloo. C'est le paradis pour les canoéistes et les amateurs de rafting que nous sommes. Il fait beau et chaud presque tout le temps et nous aimons revenir de vacances tout bronzés ! Nous avons rencontré beaucoup de Français et je profite de la moindre occasion pour pratiquer mon français. Presque tous les soirs, nous avons fait un barbecue et nous sommes allés au resto une ou deux fois par semaine.

2 [passé] Vous y êtes allé l'année dernière ?

Non, l'année dernière, je suis allé avec mes amis dans un collège dans le Donegal pour perfectionner mon gaélique. C'était la première fois que je quittais ma famille et que je devais faire des activités obligatoires. Au début de mon séjour, j'étais assez faible en irlandais mais comme je l'ai pratiqué pendant trois semaines, je crois que j'ai fait beaucoup de progrès. En plus, je me suis bien amusé. Je me suis aussi fait beaucoup de nouveaux amis et j'ai changé un peu ma façon de vivre ...

3 [futur]
Où irez-vous l'année prochaine ?

Après le Leaving Cert, beaucoup de mes amis vont aller aux îles Canaries. Mon grand frère y est allé lui aussi, il y a deux ans, après ses examens. Il m'a raconté qu'il y avait des centaines de bars et de boîtes de nuit. Moi, le binge-drinking sur les plages, ça ne m'intéresse pas du tout, et je voudrais faire quelque chose de différent. Avec ma petite amie on va partir voyager en Europe avec InterRail. On pourra voyager de façon illimitée jusqu'en Turquie. Ça sera génial !

 Animation

B Et vous ? En groupes ou à deux, posez-vous les questions suivantes à tour de rôle. Ensuite, écrivez vos réponses.

1 Où allez-vous en vacances en général ? *Je vais ...*

2 Est-ce que vous restez en Irlande ou vous allez à l'étranger ? *Je reste ...*

3 Avec qui êtes-vous parti(e) l'année dernière, ou l'année d'avant ? *Je suis parti(e) ...*

4 Où logiez-vous ? *Je logeais ...*

5 Où irez-vous l'été prochain ? *J'irai ...*

18.5 Texte à trous

A La famille de Lucas, le correspondant de Gráinne, voudrait passer une semaine sur la côte ouest de l'Irlande. Gráinne leur écrit pour leur donner quelques conseils. Complétez sa lettre en écrivant les mots suivants dans les espaces appropriés.

faire *poisson* *belle* *rythmées* *des* ***deux*** *ville* **ta** *petit* *dans*

Limerick, le 3 avril

Cher Lucas,

J'étais ravie d'apprendre que toute (1) _____ famille va passer une semaine en Irlande. Ce sera super ! Tu m'as demandé des conseils. Ta famille voudrait (2)_____ ce qu'on appelle the *Wild Atlantic Way* donc, le meilleur aéroport pour vous sera celui de Shannon (3)_____ le comté de Clare. Il faut compter un peu plus de (4)_____ heures pour arriver au cœur du Connemara.

Les paysages tout au long de la route sont très jolis, avec une série de petits lacs, les douze collines rondes (*The Twelve Bens* en anglais) et le (5)_____ port de Clifden. Si vous allez à Killary Harbour, vous pourrez peut-être observer (6)_____ dauphins. En route, ne ratez pas le château de Kylemore Abbey et sa (7)_____ silhouette de pierre. La péninsule de Clifden est célèbre pour ses jolies plages de sable blanc. Vous n'êtes pas trop loin de Galway, une (8)_____ universitaire qui bouge ! Je sais que vous aimez tous la musique, et le petit bourg de Doolin est renommé pour les soirées (9)_____ par la musique celtique. Il y a aussi les Îles d'Aran qui ne sont qu'à 30 minutes en ferry de la côte. On peut y louer un vélo pour faire un tour. Comme vous aimez la cuisine, vous devez goûter le ragoût d'agneau, un authentique (10)_____ frites et les homards, en particulier ceux qu'on trouve sur la jetée de New Quay, dans le comté de Burren.

Je pourrais vous retrouver à Limerick avant votre départ si vous voulez. Vous allez faire un superbe voyage, j'en suis certaine.

Bisous à tout le monde,

Gráinne

B Choisissez un autre endroit en Irlande et écrivez une lettre à la famille de votre correspondant(e) en leur expliquant ce qu'il y a à faire dans cette région. (75 mots)

C « L'Irlande est un endroit fantastique pour les vacances. » Donnez votre opinion. (90 mots)

18.6 Tous en vacances !

Lisez les articles suivants à propos des vacances et répondez aux questions.

Un hôtel plein de pandas !

Le premier hôtel entièrement consacré aux pandas a ouvert ses portes en Chine. L'hôtel est décoré avec des images de pandas et il y a des pandas en peluche dans les chambres. Ici, tous les employés portent un costume : ils sont déguisés en panda !

1 Relevez l'expression utilisée pour « a commencé à faire du business ».

2 Citez la phrase qui nous décrit la décoration des chambres.

3 Décrivez l'uniforme de ceux qui travaillent à l'hôtel.

Dormir à la belle étoile à New York !

Les touristes recherchent toujours de nouvelles sensations. La dernière tendance ? Dormir à la belle étoile dans une chambre tout confort sur la terrasse au dernier étage de l'hôtel ! Il faut bien vérifier la météo avant !

4 Relevez l'expression qui veut dire « le dernier truc à la mode ».

5 Cherchez l'expression qui veut dire « en plein air pendant la nuit ».

6 Quel est le problème que les touristes pourraient avoir ?

Les Français et les Irlandais les rois des minibars !

D'après un sondage mené par le site de réservation, *hotels. com*. Les Irlandais dépensent en moyenne 24,59€ et les Français 22,37€. Les Allemands arrivent en bas du classement avec seulement 11,18€. Les clients ne boivent pas forcément de l'alcool, on choisit aussi de l'eau minérale et du jus de fruits.

7 Quelle nationalité dépense le moins dans les minibars selon cette enquête ?

8 Citez l'exemple d'une boisson non-alcoolisée cité dans cet article.

Eliza a le meilleur job du monde !

Une Française, Eliza Detrez, a remporté un concours organisé pour encourager les touristes à découvrir la beauté de l'Australie. Eliza a suivi des études de tourisme et elle parle plusieurs langues. En échange de cette vie de rêve, elle doit écrire un blog pour faire connaître ses activités et donner envie aux gens de visiter tous les endroits fantastiques qu'elle découvre, comme la forêt tropicale et la Grande Barrière de corail. C'est le meilleur job du monde sans aucun doute!

9 Dans quel pays Eliza est-elle née ?

10 Expliquez pourquoi on dit qu'elle a le meilleur job du monde.

18.7 Vocabulaire : La météo

A Learn the following words and phrases off by heart.

Beau temps

Il fait beau (temps).
Il fait chaud.
Il fait un temps doux.
Il fait soleil. / Il y a du soleil.
Il y a des éclaircies.
Le ciel est bleu.
Il n'y a pas de nuages.
Le ciel est dégagé.

Mauvais temps

Il fait mauvais
  (temps).
Il fait froid.
Il fait frais.
Il pleut.
Il y a des averses.
Il y a du vent. / Il fait du vent.
Il y a du brouillard.
Il y a un orage.

Il y a du tonnerre et des
  éclairs.
Il neige.
Il y a de la neige.
Il y a du verglas.
Il gèle.
Il grêle.
Le ciel est couvert.
Il y a des nuages menaçants.

Le temps extrême

un blizzard	*a blizzard*
une canicule	*a heatwave*
une inondation	*a flood*
un ouragan / une tempête	*a hurricane*
la sécheresse	*drought*

There are three basic types of sentences when talking about the weather:

1 Il fait ... *mauvais, chaud, froid, etc.*

2 Il y a ... *du verglas, du vent, du soleil, des inondations, de la pluie, etc.*

3 Il + verbe – *il grêle, il pleut, il gèle, etc.*

Very often, the weather forecasts will be in *le futur simple:*

Il fera *beau, froid, etc.*

Il y aura *du vent, de la pluie, etc.*

Il pleuvra / neigera.

Ce sera *une journée ensoleillée.*

B La météo : **Listen to the weather forecast and answer the following questions.**

1 What is the general outlook, mentioned here?

2 What will the weather be like first thing in the morning?

3 How will the weather improve?

4 What are the maximum expected temperatures?

5 What can you expect in the Pyrenees at the end of the day and next morning?

6 Name **two** things you are advised to bring with you if you go out early in the morning.

C Faits divers sur la méteo : **Listen to these weather stories and fill in the grid.**

		Details and explanation
1	French politicians present the weather	
2	Get a weather event named after you	
3	The floating house	
4	Fighting the heatwave	

D Écrivez un journal intime en exprimant vos sentiments sur un évènement important qui était complètement gâché par le mauvais temps. (*75 mots*)

For more help writing une journal intime, see pages 341–42.

18.8 Le coin des experts

VOUS AVEZ UN PROBLÈME ?

NOUS SOMMES LÀ POUR VOUS AIDER !

A Vous avez des problèmes en relation avec les vacances ? Nos experts vous répondent. Écoutez les problèmes et remplissez la grille. Donnez le plus possible de détails.

	Question	Advice given
Jayden		
Océane		
Mathéo		

 18.2 Texte à trous : Voyages avec un clic

B You are Mark/Martha from Maynooth. You are on holidays with your family in Nice. Write an informal letter to your French friend François/Françoise in which you say that:

- you are all staying in a camper van
- you are going on outings with your family every day
- unfortunately you are not getting along with your younger brothers. (*75 mots*)

18.9 Tout/toute/tous/toutes

Definition

Tout is an adjective meaning 'all' or 'every'. Like all adjectives, it agrees with the noun. In other words, it has a different form for masculine and feminine, singular and plural.

You will have seen many examples of tout already in this unit.

« Il fait beau et chaud presque tout le temps »

« Bisous à tout le monde »

« toute ta famille »

« vous aimez tous la musique »

Declension

masculine singular	tout	→ tout le monde (*everybody*)
feminine singular	toute	→ toute la planète (*the whole planet*)
masculine plural	tous	→ tous les jours (*everyday*)
feminine plural	toutes	→ toutes les situations (*every situation*)

Fill in the blanks with the correct form of tout. Then translate into English.

1 _____ les vols sont annulés à cause de la grève.

2 _____ les touristes sont allés aux Paris Plages*.

3 _____ les enfants sont allés en voyage scolaire.

4 _____ les chambres étaient déjà réservées.

5 _____ le pays était couvert de neige.

6 _____ la famille est allée en vacances.

7 _____ les vélos ont été pris.

8 _____ les sports sont disponibles en colo.

9 _____ le monde veut aller en vacances.

10 _____ les garçons dans son groupe sont allés au Portugal.

Le saviez-vous ? ●

Paris Plages : Chaque année, entre juillet et la mi-août depuis 2002 on construit une plage sur le bord de la Seine. On y pratique des activités et des sports, ça donne un peu de fraîcheur à Paris pendant les journées chaudes de l'été.

18.10 C'est drôle !

Écoutez ces histoires drôles et amusantes et répondez aux questions.

Paid to sleep on the job

1 What job precisely does the hotel owner want the job applicant to do?

2 Name **one** attribute necessary for the job.

Happy loves you

3 How much does it cost to rent Happy per day?

4 What comfort is Happy supposed to bring?

Bad-weather-free camping

5 Where is this campsite situated?

6 What is considered to be 'bad weather', entitling guests to free camping?

Sorry, Mum!

7 How do you know that 'Charles Bronson' is a dangerous criminal?

8 What did he do with the money he got from selling his paintings?

Special map for cheap coffees

9 What is the average price of an espresso in Paris?

10 What has the mayor done about this situation?

Pope mania!

11 What country is mentioned here?

12 Name **two** of the places mentioned on the Pope's tours.

18.11 *Mon journal intime*, de Lisa Azusias

A Read the following extract from the entertaining French novel
Mon journal intime and answer the questions below.

In this extract Lola talks about a school trip to London.

1 SAMEDI 28 FÉVRIER

Bon voilà : demain, c'est le grand départ.

Ma valise est bouclée. Ça me fait un peu bizarre de partir aussi loin de chez moi, sans ma mère ni rien. C'est super excitant parce que je serai avec mes potes, mais je me dis que ces expériences en solo, ce n'est pas fait pour nous rapprocher, maman et moi. C'est dur de rester proches, de continuer à partager des choses, et de faire pourtant SA vie. Comment font les adultes pour avoir des amis, un travail, des enfants, un conjoint ? Comment réussir à tout combiner sans rien sacrifier ? C'est mission impossible. Déjà moi, je n'arrive pas à cumuler le lycée, mes potes et mes parents ... Quand j'aurai un travail, qu'est-ce que ce sera ! Bon, pour le moment, je vais penser à mon voyage et profiter de la vie. On improvisera ensuite ! Bonne nuit, Journal. Demain, on se lève tôt !

PS : POURVU QU'IL NE PLEUVE PAS TROP, LÀ-BAS ! SINON, JE MEURS !

2 DIMANCHE 1er MARS

JE SUIS DANS LE CAR.

« C'EST QUAND QU'ON ARRIVE ?? »

Bon, je ne vais pas la faire en anglais, vu que je n'aurai jamais assez de vocabulaire-LOL !

ON EST ARRIVÉS

Le temps est pourri.

[...]

Finalement, le car ce n'était pas si long que ça. Par je ne sais quelle présence d'esprit,

Maël est venu s'asseoir à côté de moi. J'avoue, je n'étais pas vraiment pour, au début. Mais ça nous a permis de discuter, et, ça valait la peine ! [...]

Et on s'est embrassés. Dans le car, devant tout le monde ! Sauf que tout le monde dormait ... ! LOL.

Je l'aime tant !

Je suis si heureuse.

3 2 MARS

La famille dans laquelle je suis avec Charlotte, C'EST ANGOISSE ABSOLUE !
Je ne sais même pas par où commencer.

Ça m'avait frappé hier soir en arrivant, mais je dois dire que ce matin, en pleine lumière, j'ai failli vomir.

Tout est d'un kitsch ! Et à l'effigie de Lady Di !

Même le mari ressemble au Prince Charles.

Quant à la petite fille, c'est le sosie de la Princesse.

Ils l'ont appelée Diana, t'imagines ?!

Tu peux juste le croire ?! Moi pas ?!

De vraies caricatures, ces gens-là. [...]

4 C'EST TROP BIEN LONDRES !

Bon, au niveau architectural, je n'en sais rien. Je veux dire, si déjà je ne m'intéresse pas à l'architecture de Paris, pourquoi m'intéresser à celle de Londres ?!

Ce matin, ils nous ont fait visiter les endroits célèbres, genre Buckingham Palace et Big Ben. Mais cet après-midi, on a fait les boutiques !

Et il y a des fringues trop stylées, ici !

C'est grunge, c'est rock, je ne sais pas vraiment comment le définir, mais ça pète !

Ma mère va être dégoutée : Je me suis trouvé un petit haut pile comme elle les aime !

Mais celui-là, no way, je ne lui parlerai jamais !

Par contre il fait vraiment trop froid. Merci Maman, pour ton pull en cachemire ! Sans lui, je serais déjà transformée en glaçon vu que les fans de Lady Di ne mettent pas le chauffage la nuit, alors qu'il doit faire deux degrés dehors !

Des malades. [...]

5 AVEC MAËL C'EST LE PARADIS.

On est à nouveau ensemble.

Alors on reste discrets. Dans le métro, on se prête une oreillette d'iPod ; dans un magasin de fringues, il me demande des conseils. Il me lance des regards que je suis la seule à pouvoir comprendre. Je te le dis : C'EST LE PA-RA-DIS.

Lexique

boucler	*to fasten*
un conjoint	*a husband*
pleuve	*subjunctive form of* pleuvoir *following* pourvu que
les fringues (*f. pl.*) (*fam.*)	*clothes*

1 Où est-ce que Lola a mis tous ses trucs pour aller à l'étranger ? (*Section 1*)

2 Relevez le mot utilisé par Lola pour ses amis. (*Section 1*)

3 Trouvez l'expression dans la première partie qui révèle que Lola a peur qu'il fasse mauvais en Angleterre.

4 Pourquoi Lola n'écrit-elle pas son journal en anglais ? (*Section 2*)

5 Pourquoi était-elle super contente du trajet en car ? (*Section 2*)

6 Citez **deux** exemples trouvés dans la troisième section qui révèlent que la famille d'accueil de Lola ressemble à une caricature anglaise.

7 Comment savez-vous que Maël et Lola s'entendent bien ensemble ? (*Section 5*)

8 Relevez le mot qui indique que Lola est au septième ciel avec son petit ami Maël. (*Section 5*)

9 Lola likes her school trip less because of London than because she is getting on well with her boyfriend. Discuss this statement making reference to the text. (*2 points; about 50 words*)

B Révision des verbes : Revise your verbs using the verb table (pages 353–58) and Exam attitude ! (pages 325–52), then find examples for each of the following in the extract above.

1 un verbe au futur (*Section 1*)

2 un verbe à l'infinitif (*Section 1*)

3 un verbe au présent (*Section 1*)

4 un participe au passé (*Section 2*)

5 un verbe à la forme négative (*Section 2*)

6 un verbe à l'imparfait (*Section 3*)

7 un verbe au futur proche (*Section 4*)

8 un verbe au conditionnel (*Section 4*)

9 un verbe pronominal (*Section 5*)

10 un verbe à l'infinitif (*Section 5*)

18.12 Plus-que-parfait
Definition

Did you notice the following phrase in the extract in 18.11 (*Section 3*)?

> Ça m'avait frappé hier soir … *That had struck me …*

The 'had' tense is used to talk about events that took place **before** other events in the past tense took place. In French, this tense is known as le plus-que-parfait and in English as the **pluperfect**.

Formation

■   The pluperfect is formed in the same way as le passé composé except that the auxiliary verb avoir or être is presented in l'imparfait.

> **To refresh your mind as regards** le passé composé, **see pages 140–41.**
>
> **To refresh your mind as regards** l'imparfait **of** être **and** avoir, **see pages 167–68.**

■   **All** the **agreement rules** in le passé composé apply.

déjeuner	venir
j'avais déjeuné	j'étais venu(e)
tu avais déjeuné	tu étais venu(e)
il/elle/on avait déjeuné	il/elle/on était venu(e)
nous avions déjeuné	nous étions venu(e)s
vous aviez déjeuné	vous étiez venu(e)(s)
ils/elles avaient déjeuné	ils/elles étaient venu(e)s

A Mettez les verbes entre parenthèses au plus-que-parfait.

1 elle (donner)
2 il (finir)
3 nous (rendre)
4 ils (faire)
5 vous (sortir)
6 elles (s'amuser)
7 tu (fermer)
8 je (se laver)
9 on (parler)
10 elle (courir)

B Traduisez les phrases suivantes en français.

1 She had stayed in the hotel in Toulouse before.
2 We had gone to France many times.
3 They had worked hard for the exam.
4 She had sunbathed on the beach all week long.
5 I had been enjoying myself for many weeks.

324

Exam attitude

Utilisez un carnet (notebook)

- Organise un carnet for yourself. Simply get a medium-sized notebook and divide it into sections.
- Bring your carnet to your French class and use it when doing your homework.
- Each time you come across an expression or a phrase, make it your own.
- Write it in the relevant part of your carnet (see below)
- Your carnet can become your guide when doing your written work and when revising for your exam!

Here are some suggested divisions for your carnet:

Ordinary Level students

- Expression orale – this will need to be a large section
- Compréhension auditive (*listening*)
- Compréhension
- Formulaire
- Journal intime
- Texte à trous
- Message/mot
- Carte postale
- Lettre formelle et informelle
- Grammaire

Higher Level students

- Expression orale – this will need to be a large section
- Compréhension auditive (*listening*)
- Journal intime
- E-mail et mot
- Lettre formelle et informelle
- Dialogue
- Compte-rendu (*account of an accident or incident*)
- Réaction et opinions (*large section*)

Terminologie de l'examen

Selon / d'après	*According to*
Au début de cet article …	*At the beginning of this article …*
À la fin de cette histoire …	*At the end of this story …*
le narrateur / la narratrice	*the storyteller*
Comment avez-vous réagi à cet extrait ?	*How did you react to this extract?*
Trouvez les mots qui décrivent …	*Find the words that describe …*
Trouvez une expression qui veut dire …	*Find an expression that means …*
Lequel des mots suivants … ?	*Which of the following words …. ?*
Indiquez la bonne réponse …	*Show the correct answer …*
Remplissez le formulaire suivant.	*Fill in the following form.*

L'épreuve orale

Breakdown of marks

25% of the Higher Level paper and 20% of the Ordinary Level paper (computer makes adjustment in marks)

Pronunciation	20 marks
Vocabulary	20 marks
Communication	30 marks
Structure	30 marks

Each oral lasts 13 minutes. While many students find this part of the exam a bit scary, most students do well in this section. Since your oral is likely to be one of the first parts of your Leaving Cert exam, feeling that you have done well in your oral is a real confidence booster and sets you up for the rest of your exam.

Pronunciation

While you are not expected to sound like a native French person, it is important that your interview sounds French and allows you to be easily understood.

- As a general rule you do not pronounce the end of a word in French.

Je vais   ils travaillent   nous sortons

- ll in the middle of a word is usually not emphasised.

famille

Exception : the ll in ville is sounded

- Be careful of the school subjects:

la géographie (*Jay o grafy*)   la chimie (*shimy*)   le français (*fransay*)

Do not pronounce the t in the French word for 'and' – et.

Mémo

Be careful of giving an echo response

Question : Vous jouez ?   **Réponse : Je joue (*no a sound*)**

Question : Vous sortez ?   **Réponse : Je sors (*also no s sound at the end*)**

Question : Vous allez ?   **Réponse : Je vais (*no s sound at the end*)**

Vocabulaire

Your examiner will start off your oral by checking your name, the day of your birthday and getting you to sign in. You don't have to say your examination number in French if this is a worry to you. If your birthday occurs around the time of your oral exam, make sure that you prepare for this.

Usually SHSH (self, home, school and hobby) questions follow.

Look down the road and see where your answers lead. For example, if you say that you like to read, be prepared to talk about your favourite author or the books you like to read. Write out your basic CV in French listing out all your school subjects and say which is your favourite subject and why. Abstract subjects usually derive from your basic conversation. For example, if you say that your brother has lost his job and emigrated, this may lead to a discussion of le chômage or l'émigration.

The 'tree' diagram here is an illustration of how one topic leads to another.

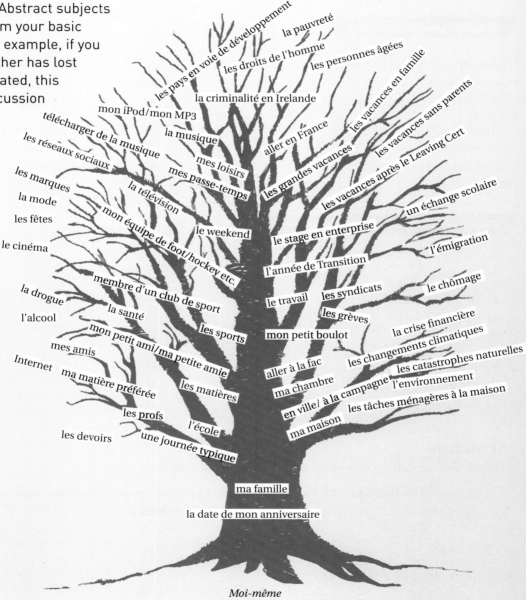

les pays en voie de développement
la pauvreté
les droits de l'homme
les personnes âgées
la criminalité en Irelande
les vacances en famille
mon iPod/mon MP3
la musique
aller en France
les vacances sans parents
télécharger de la musique
les réseaux sociaux
mes loisirs
les grandes vacances
les vacances après le Leaving Cert
les marques
mes passe-temps
la mode
la télévision
un échange scolaire
les fêtes
mon équipe de foot/hockey etc.
le weekend
le stage en enterprise
l'émigration
le cinéma
l'année de Transition
membre d'un club de sport
le travail
les syndicats
le chômage
la drogue
la santé
les grèves
l'alcool
mon petit boulot
la crise financière
mon petit ami/ma petite amie
les sports
les changements climatiques
mes amis
aller à la fac
les catastrophes naturelles
Internet
ma matière préférée
ma chambre
l'environnement
les matières
en ville/ à la campagne
les tâches ménagères à la maison
les profs
l'école
ma maison
les devoirs
une journée typique

ma famille

la date de mon anniversaire

Moi-même

Communication

This mainly involves your willingness to talk. Think of your oral as an interview for your dream job.

- Be chatty and prepared but avoid sounding too learned off.
- Learn your question words (see page 11).
- Learn your thinking-time break words:

Alors ...   Eh bien ...   Donc ...   Puis ...

Trouble understanding

Je regrette, je ne comprends pas la question.	*I'm sorry, I don't understand the question.*
Pourriez-vous répéter, s'il vous plaît ?	*Could you repeat, please?*
Pourriez-vous parler plus lentement, s'il vous plaît ?	*Could you speak more slowly, please?*
J'ai oublié le mot pour dire ...	*I have forgotten the word for ...*

Polite ways to agree or disagree

Oui, bien sûr, madame.	*Yes, of course!*
Je suppose que oui, monsieur.	*I suppose so.*
Je pense que oui !	*I think so!*
Je ne pense pas !	*I don't think so!*
Pas du tout !	*Not at all!*
Non, au contraire ...	*No, on the contrary ...*
Ça dépend !	*That depends!*
Je ne suis pas sûr(e).	*I am not sure.*

Structure

This is your ability to use language gramatically and logically.

- As mentioned already, you will most likely start with your birthdate, leading on to you being asked your age. Remember to use the verb avoir here.

J'ai 18 ans.

Je vais avoir 19 ans la semaine prochaine.

Je viens d'avoir 18 ans samedi dernier.

Be careful also of ages of family members:

Mon frère a 16 ans et les jumelles ont 18 ans.

Je viens d'avoir 18 ans samedi dernier.

■ Be careful to use the correct gender of the possessive adjective:

mon père, ma mère, mon frère et ma soeur

■ Watch out for the correct use of tenses.

Que faites-vous le weekend ? (*présent*)	Je fais / Je vais ...
Qu'est-ce que vous avez fait le weekend dernier ? (*passé composé*)	J'ai fait / Je suis resté
Que ferez-vous le weekend prochain ? (*futur*)	Je ferai / Je resterai

■ If asked about your daily routine, take care with your verbes pronominaux (*reflexive verbs*)

Présent :	Je me réveille	Je me lève	Je me brosse les dents
Passé composé :	Je me suis réveillé(e)	Je me suis levé(e)	Je me suis brossé les dents

Expression orale : Le document

Bringing in a document is a great help; it means that you can predict some of what you will need to say and it makes what you say in your oral exam more interesting.

One coloured A4-size page in a plastic pocket is ideal. Your document can be as simple as a photo of a pop star, holiday or your hobby ... whatever interests you! Your document **must not** have any English words. It should be **short** and **to the point**.

How to prepare

Remember that your document will give rise to a range of topics and questions. For instance, a document on l'alcool will lead on to health, pubs, young people drinking, ads, etc.
Try to have a different topic from the rest of your classmates.
You may like to choose a topic that has a French connection. If you like sport, you might like to talk about a French sports star such as the golfer Victor Dubuisson or footballer Paul Pogba. A student who studies art might prepare a document on les impressionnistes. A student who loves home economics might choose la cuisine française.
If you are especially good at French, you might consider a current topic such as e-cigarettes or technology. This will also be useful preparation for the written part of your paper.

Mémo

You are not marked on the actual document but on your conversation about it.

How to introduce your document

Students often ask, 'What happens if the examiner never mentions the document?', or they wonder at what point the document discussion should come up.

The best thing to do is to place your document on the table as you enter the room. Have your basic starter questions on your family, home and school. If the examiner makes no mention of the document or you feel your conversation drying up a little, politely ask:

Madame/Monsieur, est-ce que je peux vous présenter mon document.

Madame/Monsieur, j'ai préparé un document sur ... Je pourrais vous le montrer ?

Handy phrases for talking about your document or photo

J'ai choisi ce document parce qu'il me rappelle ...

Cette photo a été prise récemment par ...

Sur cette photo, on voit ma classe pendant une visite en France ...

Me voici ...	Nous voilà	Au premier plan
Tout près il y a ...	Au loin on peut voir ...	À l'arrière plan

Votre opinion/réaction

Breakdown of marks

30 marks or 7½% of the Higher Level paper

Communication   15 marks

Language   15 marks

Mémo

- This is a question on the Higher Level paper. All students, however, need to be able to express their opinions in the oral, even if it is just a few simple words.
- Higher Level students should remember that what they prepare for the oral forms the basis of their written work.

Saying how you feel

Je pense que …	*I think that …*
Je suis d'accord avec …	*I agree with …*
Je ne suis pas d'accord avec …	*I don't agree with …*
Je ne partage pas du tout l'opinion de …	*I don't share …'s opinion at all.*
Il est vrai que …	*It is true that …*
À mon avis, il est évident que …	*In my opinion, it is obvious that …*

Saying you are between two minds

J'hésite.	*I am not sure.*
Ça dépend !	*That depends!*
Je suis à la fois pour et contre.	*I am both for and against this.*

Phrases for every occasion

Les politiciens prétendent que …	*Politicians maintain that …*
Vous pouvez être sûr(e) que …	*You can be sure that …*
La clef/source du problème est que …	*The main key to / source of the problem is that …*
Il est impossible d'ouvrir un journal sans lire un article sur …	*It is impossible to open a newspaper without reading an article on …*
Prenons le cas de …	*Let's take the case of …*
D'après une enquête …	*According to a survey …*
La moitié des personnes interrogées …	*Half of all people interviewed …*
A mon avis il est grand temps que (+ subj.)	*In my opinion it is high time that …*
J'irais même jusqu'à dire que …	*I would go so far as to to say that …*
Je crois que c'est vrai pour certains …	*I believe that it's true for some people …*

Mots de liaison (link words)

D'abord ... ensuite ... enfin	*Firstly ... then ... finally*	au lieu de	*instead of*
D'une part ... d'autre part	*On the one hand ... on the other hand ...*	cependant/toutefois/ pourtant	*however, nevertheless*
à cause de (du, de la, de l', des)	*because of*	donc	*so, therefore, thus*
		encore	*again*
		en fait	*in fact*
ainsi que	*as well as*	néanmoins	*in any case*
au contraire	*on the contrary*	ni ... ni	*neither ... nor*

Subjunctives to impress!

Il semble que tout le monde sache ce qu'il faut faire.	*It seems that everyone knows what needs to be done.*
Il est dommage qu'il pleuve souvent ici en Irlande.	*It's a shame it rains often here in Ireland.*
Agissons tous avant que ce ne soit trop tard !	*Let's all act before it's too late!*

Teasing things out

À en croire quelques chiffres ...	*If we are to believe the figures given ...*
Considérons, par exemple, le cas de ...	*Take for example the case of ...*
C'est triste mais c'est la realité.	*It's sad but it's true.*
J'en discute souvent avec mes copains et copines.	*I often discuss this with my friends.*
À vrai dire, on ne devrait pas généraliser.	*Really, you shouldn't generalise.*
Ce n'est pas le cas pour tout le monde.	*It isn't the case for everybody.*

Offering a solution

Que pourrions-nous faire pour régler le problème ?	*What could we do to sort out the problem?*
Il faut trouver une solution.	*We have got to find a solution.*
Il faut introduire plus de contrôles.	*We have got to introduce more controls.*
Je pense que la solution serait de ...	*I think the solution would be to ...*

Finishing up

Toutes choses considérées, je pense que ...	*All things considered, I think that ...*
Quels que soient les problèmes, je suis sûr(e) que ...	*Whatever the problems, I'm sure that ...*
En conclusion, je crois que ...	*To finish up, I think that ...*

Compréhension auditive

Breakdown of marks

Ordinary Level

100 marks or 25% of total exam

Higher Level

80 marks or 20% of total exam

Remember!
- Questions are asked in English, so you must answer in English.
- Never leave a blank. If you are clueless, make a logical guess. You may well be correct.
- Underline key words in the question (where, when, why, etc). This keeps you alert.
- Practise listening with your Panache CDs and textbook. Listen at home to what you have done in class. Practice makes perfect!

What to expect
- The listening exam takes place after the written paper. It demands total concentration. Try not to be overtired for this exam.
- The CD is the same for both levels. On the Ordinary Level paper, questions tend to be multiple-choice questions. On the Higher Level paper, questions are open-ended.
- Generally, the CD consists of interviews with celebrities and ordinary people, or three simple conversations. Section V consists of three short news items.

QTLA — Question, Tune-in, Listen and Answer
- When you get your exam paper into your hands, the first thing you should do is note (or circle for yourself) the number of times you will hear each section.
- Most sections are played **three** times: first, right through; then, in segments with pauses to allow you write down your answers (the pauses actually help you find the correct answer). The final playing right through again allows you to check your answers. Most of these questions are worth **3 marks** each.
- Each of the radio news items in Section V are played twice. These questions are worth **2 marks** each.

Mémo
- Tune in and concentrate on the answers to the questions as you listen to the CD.
- Check what you have written down on the final playing of the CD.
- Don't worry if you don't understand some words or phrases. You don't need to understand every word.

Compréhension (*reading comprehension*)

Ordinary Level   160 marks out of 400 *or 40% of total exam: 4 x 40 marks each*

Higher Level   120 marks out of 400 *or 30% of total exam: 2 x 60 marks each*

Mémo

In the Ordinary Level paper, there are four comprehension exercises. Two are information retrieval type (i.e. the questions asked are in English, so answer in English). In the other comprehensions, most of the questions are in French (so you answer in French), with the final two questions on each assignment being asked in English (so you answer in English). (See last section below.)

Remember

- Comprehension exercises with questions in French can seem more intimidating. Again, a logical plan of action is essential.
- A good knowledge of basic vocabulary is necessary for success. The Lexique boxes and Vocabulaire sections of *Panache* provide invaluable help here.

Tips on approaching compréhensions

- Scan the passage given. Note illustrations and any words of vocabulary given.
- Read the final English question as it can help you understand the gist of the text.
- Look at the questions. Circle question words such as qui, quand, comment and pourquoi.
- When reading the questions, note whether you are required to give **ONE** or **TWO** points.
- You can usually quote directly from the text when you are asked to:

Relevez (*lift out*)   Citez (*quote*)   Cherchez (*look for*)   Trouvez (*find*)   Nommez (*name*).

This is like using the copy-and-paste function on your computer.

Mémo

- **Some answers require manipulation or change. The most frequent manipulation needed is where you have to change a je in the text to an il or elle in order to correctly answer the question.**
- **Remember the following: un mot (*one word*), une phrase (*full sentence*), *une expression* (need not be a full sentence).**
- **When answering, remember that if you write too much, or too little, you will lose marks!**
- **The last question tends to be in English and is worth double marks. Never leave blanks and remember that you do not need to understand every word.**

Grammar questions in compréhensions

Identifying pronouns

You are frequently asked to find a noun that a pronoun replaces. The answer will always be one word but may require you going back a line or two in the passage.

Question : Pour le pronom en italics (*le*), trouvez le mot auquel il se refère.

Passage : Nous avons signé un contrat et nous *le* prolongerons sans doute.

Réponse : The student should write the single word 'contrat'.

Identifying tenses and moods

Use the following table to help you remember the French names for the tenses and how many words you will need to give in your answer.

Tense/mood	Example and meaning	Your answer
l'infinitif	donner (*to give*) / finir (*to finish*) / vendre (*to sell*)	donner/finir/vendre
le présent	tu vas (*you go / are going / do go*)	vas
le participe présent	en chantant (*while singing*)	chantant
le verbe pronominal	elle se lave (*she washed herself*)	se lave
le passé composé	nous avons vendu (*we sold*)	avons vendu
le participe passé	vous avez rendu (*we gave back*)	rendu
le passé proche	je viens d'étudier (*I just studied*)	viens d'étudier
l'imparfait	elle parlait (*she was speaking or used to speak*)	parlait
le plus-que-parfait	il avait bu (*he had drunk*)	avait bu
le passé simple	il alla (*he went*)	alla
le futur proche	je vais étudier (*I am going to study*)	vais étudier
le futur simple	vous partirez (*you will leave*)	partirez
le conditionnel	ils feraient (*they would do/make*)	feraient
le subjonctif	... que je sois (*that I may be*)	sois
l'impératif	parlez (*speak*)	parlez

Question : Trouvez dans la .... section un verbe au participe présent.

Réponse : Student gives a one-word answer: e.g. trouvant

Other grammar terms

Terminology	Explanation	Your answer
nom	name of a person, place or thing	enfants/Paris/voiture
adjectif	word that describes a noun	bleu
adjectif possessif	word indicating ownership	mon
adjectif interrogatif	which or what	quel
adverbe	word that describes a verb	rapidement
pronom	word standing for noun	je/lui
pronom relatif	that/which	... que ..
pronom forme forte	words that stand for me, you, etc.	moi/nous/eux
préposition	word indicating position	sur/devant/sous
article défini	'the' in English	le/la/les
article indéfini	'a', 'an' or 'some' in English	un/une/des
le comparitif	making a comparison	plus ... (que ...)
le superlatif	superlative	le moins cher

Expression écrite : Texte à trous

7.5% of total

Ordinary Level   30 marks out of 400 *or 3 marks for each blank*

- This exercise is usually presented in the form of a letter, with **ten** blank spaces.
- The ten words are given in random order. Your task is to fit each word into the correct blank space.
- Read the letter once and try to understand the main ideas. Then, read each word given on the list. Choose the words you understand perfectly and start filling the blanks.
- Put a little tick above each word as you use it. If you are stuck, guess!
- Be careful with your spelling and accents when you fill in the blanks.

What to watch for

- Verbs that need a pronoun (je, tu, il, elle, on, nous, vous, ils or elles) to precede them
- Missing verbs, where you have a name or a pronoun before a blank. For example : Marc _____
- Missing past participle – e.g. Je suis _____ (with the verb allé in your word list)
- Missing adjective before a noun – e.g. une _____ ville (with belle on your word list)
- Missing part of a negative (usually either ne or pas)
- Blank before a country (with en (for feminine countries), au (masculine) or aux (plural) on your word list)
- Missing prepositions (with a position word such as derrière or devant on your word list)
- Blank before the infinitive of a verb – e.g. _____ faire (with à or de on your word list)

Expression écrite : Formulaire

There are 30 marks for this section.

Questions 1–5: 2 marks each (10 in total)

Questions 6–9: marked as a whole out of 20

- The first five questions are basic and are worth 2 marks each. These might include:

Nom : *surname* (given on the top of your page)

Prénom : *first or given name* (given on the top of your page)

Âge : 18 ans

Date de naissance : *date of birth*

Lieu de naissance : *place of birth*

Nationalité : irlandais(e)

Niveau de français : *level of French* (bon/moyen)

Nombres d'années d'étude de français : *number of years you have studied French*

Langue(s) parlée(s): *languages spoken* (e.g. anglais, irlandais, français, espagnol, allemand, etc.)

- Questions 6 to 9 are open-ended and are marked as a unit out of 20. For these, a full sentence is required. Simple, clear answers are best and your oral preparation is invaluable here.

Mémo

Pay particular attention to your tenses:

Aimez-vous ? = présent

Qu'est-ce que vous avez fait ? = passé composé

Irez-vous ? = futur

Answer using the same tense.

Phrases to help you

J'aime jouer au foot, faire de la natation et je suis membre d'un club de golf.

J'étudie les maths, la biologie, la géographie et la comptabilité à l'école.

Je suis de nature responsable, sociable, travailleur/travailleuse et sympa.

J'adore les animaux. J'ai un chien à la maison et je le promène tous les jours.

Je voudrais travailler en France pour améliorer mon français.

J'ai déjà travaillé dans un bistrot près de chez moi.

Je serai libre du 15 juin jusque fin août.

J'irai en France en avion.

Expression écrite : La carte postale

Breakdown of marks

Ordinary level paper

30 marks or 7.5 %

Communication : 3 points at 5 marks each

Language : 15 marks

Mémo

The expressions listed below are also really useful for oral work and letter writing at Higher Level.

- By their very nature, postcards tend to be short and about holidays.
- Pay particular attention to your tenses when writing about what you are doing (présent), what you did (passé composé) and what you will do (futur proche or futur simple). There are usually **three** points that you have to cover in your postcard and you are marked on each of these tasks.

Dates

Write the date and the place, such as Nancy, le 2 mai. Use a small letter for the month.

Starting off

Me voici ici à Bordeaux !	*Here I am in Bordeaux!*
Nous sommes en vacances à Nice !	*We are on holidays in Nice!*
Bonjour de Marseille !	*Greetings from Marseille!*

For help writing dates in French, see page 82.

Your holiday in general

Tout se passe bien ici.	*Everything is going well here.*
Quel temps magnifique !	*What fantastic weather!*
Il fait beau.	*The weather is fine.*
Il y a du soleil tous les jours.	*It is sunny every day.*
Il fait trop chaud !	*It is too hot!*
Il pleut tout le temps / sans arrêt !	*It is raining all the time/non-stop!*
Le paysage est magnifique.	*The landscape is beautiful.*
Les gens sont très sympas.	*The people are really nice.*
L'hôtel est confortable.	*The hotel is comfortable.*
L'hôtel est en plein centre-ville.	*The hotel is right in the city centre.*
Le camping se trouve en face de la mer.	*The campsite is facing the sea.*

What you will do

Je pars en Italie demain / la semaine prochaine.	*I am leaving for Italy tomorrow / next week.*
Je pars en excursion en juillet prochain.	*I am going on a trip next July.*
Je te téléphonerai la semaine prochaine.	*I will phone you next week.*
Je vais t'écrire une lettre le weekend prochain.	*I will write you a letter next weekend.*

What you did

Hier, je suis allé(e) au marché.	*I went to the market yesterday.*
J'ai rencontré des Français hier soir.	*I met French people last night.*
J'ai acheté des souvenirs samedi dernier.	*I bought souvenirs last Saturday*
Je suis allé(e) à un festival le weekend dernier.	*I went to a festival last weekend.*
Je suis allé(e) à la plage il y a quelques jours.	*I went to the beach a few days ago.*
C'était super !	*It was great!*
Il y avait beaucoup de monde.	*There were lots of people there.*

What you are doing

Je m'amuse vraiment ici !	*I am really enjoying myself here!*
Ce soir, je sors en boîte de nuit.	*Tonight I am going to a night club.*
Je joue au volley sur la plage.	*I am playing volleyball on the beach.*
En ce moment, je suis à la plage et je me fais bronzer.	*I am on the beach sunbathing at the moment.*

What you hope to do

J'espère aller à Madrid demain.	*I hope to go to Madrid tomorrow.*
J'espère partir en vacances le mois prochain.	*I hope to go on holiday next month.*
J'aimerais faire une longue promenade cet après-midi.	*I would like to go for a long walk this afternoon.*

Finishing up

À bientôt	*See you soon ...*
Amitiés	*Your fond friend ...*
Amicalement/Cordialement	*Kindest regards ...*
Grosses bises	*Fond kisses ...*

Exemple : Une carte postale

You are on holidays in Paris. Write a postcard to your friend Aurélien and say

- you arrived safely
- you are staying in a hotel and your room is nice
- you are going to the Louvre (museum) near the hotel tomorrow.

Paris, le 20 juin

Salut, Aurélien

Juste un petit mot pour te dire que je suis arrivée saine et sauve hier soir. Il fait très chaud ici à Paris. Je reste dans un petit hôtel au centre-ville. Ma chambre est assez agréable et propre. Demain matin, j'irai au Louvre, qui est tout près de l'hôtel. Je te verrai la semaine prochaine.

À bientôt,
Audrey

Expression écrite : Le journal intime

Breakdown of marks

Both Higher and Ordinary Level papers

30 marks out of 400 or 7.5 % of total

Higher Level	Communication 15 marks
	Language 15 marks
Ordinary Level	Communication 15 marks (3 points at 5 marks each)
	Language 15 marks

Remember

- It may involve describing a concert you went to, an outing or a house move.
- It frequently provides you with an opportunity to say how you feel!
- The diary usually involves changes of tense.

Ordinary Level diary tasks (for the most part)

Things you did and where you did them

J'ai regardé un film à la télé.	*I watched a film on TV.*
J'ai vu un film au cinéma.	*I saw a film in the cinema.*
Je suis allé(e) au restaurant avec mon petit ami / ma petite amie.	*I went to the restaurant with my boyfriend/girlfriend.*
J'ai fêté mon anniversaire avec ma famille.	*I celebrated my birthday with my family.*
J'étais à un concert de rock avec mes amis.	*I was at a rock concert with my friends.*
Nous avons vu le groupe …	*We saw the band …*
Nous sommes rentré(e)s à la maison en taxi.	*We returned home by taxi.*
J'ai pris de super photos.	*I took some great photos.*

Things you will do

Je vais organiser une soirée avec mes amis.	*I will organise a party with my friends.*
Je devrai me lever tôt demain matin.	*I will have to get up early tomorrow morning.*
J'irai en boîte de nuit ce soir avec mes amis.	*I will go to a night club this evening with friends.*
Je vais chercher un nouvel emploi demain après-midi.	*I will look for a new job tomorrow afternoon.*

Things you hope

J'espère que le Leaving Cert ne sera pas trop difficile.	*I hope that the Leaving Cert will not be too difficult.*
J'espère aller à la plage avec mes cousins.	*I hope to go to the beach with my cousins.*

Higher Level diary tasks

At Higher Level you are asked to express your emotions.

Feeling happy / Things going well

Que je suis content(e) !	How happy I am!
Je suis très heureux/se !	I am very happy!
Je suis ravi(e) !	I am delighted!
C'est formidable !	That's fantastic!
Quelle chance !	What good luck!
Chouette !	Great!

Feeling surprised

Je suis surpris(e).	I am surprised.
Je suis étonné(e.	I am amazed to.
Quelle surprise !	What a surprise!

Feeling sad / Things not going well

Je suis triste.	I'm sad.
J'en ai marre (de) ...	I'm fed up (with) ...
J'en ai assez ...	I've had enough ...
C'est horrible !	That's awful!
C'était ennuyant !	It was boring!
Quelle horreur !	That's awful!
Quelle journée !	What a day!
C'est insupportable !	That's unbearable!

Feeling angry

Je suis fâché(e).	I am feeling angry.
Je suis vraiment en colère.	I am really angry.
Ce n'est pas juste !	That's not fair!

Higher Level example

Vous avez eu la chance de trouver un petit boulot dans un magasin près de chez vous. Mais la première journée de travail était difficile et vous êtes rentré(e) très fatigué(e) et déçu(e).

Qu'est-ce que vous notez dans votre journal intime ?

(75 mots environ)

---

21 h (et déjà au lit)

Cher journal, hier soir, je t'ai dit que j'étais ravi d'avoir trouvé un petit boulot dans un petit supermarché près de chez moi. Eh bien j'ai changé d'avis ! J'en ai déjà ras-le-bol ! Que je suis épuisé !

J'ai commencé à travailler très tôt, à huit heures pile. J'ai servi les clients qui se rendaient au travail. Puis j'ai nettoyé les sols et j'ai rangé les produits sur les rayons. À midi, j'ai fait du café et j'ai préparé des sandwiches pour mon patron, M. Martin. À midi et demi, j'avais seulement vingt minutes pour préparer et manger mon déjeuner. J'en avais marre!

L'après-midi était encore pire. Le magasin était toujours bourré de gens et j'ai dû travailler d'arrache-pied. Les clients étaient exigeants et impolis ! C'était dingue !

À six heures et demie, j'ai fini de travailler ! J'étais épuisé et fatigué ! J'ai travaillé si dur et j'ai gagné seulement soixante euros ...pas même le SMIC ! Je ne suis pas un esclave ! Que faire ? Je veux gagner de l'argent car je n'ai pas de sous en ce moment. Je n'ai pas les moyens d'aller en vacances avec mes amis. Je ne sais pas quoi faire, cher journal. En plus, je suis trop fatigué pour prendre une décision.

Donc, maintenant, dodo!

Le message / le mot

Breakdown of marks

Both Higher and Ordinary Level papers

30 marks out of 400 or 7.5% of total

Communication: 15 marks

Langauge: 15 marks

On the Ordinary Level paper, the student is asked to answer any one question from a choice of message, diary, postcard or letter. In each assignment there are usually three tasks. You are marked on each of these tasks.

Remember

- First, decide whether your note is a vous note or a tu note.*
- Pay particular attention to your spelling and tenses.

✳ Remember :

- You use vous for the plural form of you, or when you are adressing someone older than you or in the formal sense.
- You use tu when someone is the same age as you or younger and you are addressing them in an informal way.

Starters

Je vous (te) laisse ce petit mot parce que ...	I'm leaving you this note because ...
Juste un petit mot pour vous (te) dire que ...	Just a note to let you know that ...
Pendant votre absence, Jean a téléphoné.	While you were out Jean phoned.

Where you have gone

Je suis allé(e) en ville.	I've gone to town.
Je suis allé(e) chez Marc.	I've gone to Mark's house.

Inviting someone to join you

Tu veux venir avec nous ?	Would you like to come with us?
Ça vous (te) dit de nous accompagner ?	Would it suit you to join us?
Tu veux me rejoindre ?	Would you like to join me?

Where you went or did

Je suis allé(e) à la boucherie acheter de la viande.	I went to the butcher's to buy some meat
Nous sommes allé(e)s au supermarché acheter de quoi manger.	We went to the supermarket to buy something to eat.
Jean et moi sommes allés en ville.	John and I went to town.
Pierre a fini ses examens.	Peter has finished his exams.

Je voudrais organiser une boum. | *I would like to have a party.*
Je voudrais emprunter des CD. | *I would like to borrow some CDs.*
Pourrais-je décorer la salle de classe ? | *Could I decorate the classroom?*

What you will do

Je vais vous (te) rendre visite. | *I'll visit you.*
Je vais aller en disco avec mes amis ce soir. | *I will go to a disco with my friends tonight.*

What you hope or hope to do

J'espère aller au stade. | *I hope to go to the stadium.*
Nous espérons passer dimanche à la plage. | *We hope to spend Sunday at the beach.*
J'espère que vous avez aimé le concert. | *I hope you liked the concert.*

When will you be back

Je serai de retour à huit heures du soir. | *I will be back at 8 p.m.*
Je reviendrai plus tard. | *I will be back later.*
Je rentrerai vers seize heures. | *I will be back around 4 p.m.*

You will ring someone

Je te téléphonerai plus tard. | *I will phone you back later.*
Je vous téléphonerai si nécessaire. | *I will phone you if necessary*
Je vous téléphonerai à dix heures du matin. | *I will phone you at 10 a.m.*
J'ai ton numéro de portable en cas de retard. | *I have your phone numer in case of delay.*

Asking someone to phone back

Pourriez-vous lui téléphoner plus tard ? | *Could you phone him later?*
Peux-tu rappeler demain ? | *Could you phone back tomorrow?*

Example

Your French friend Benjamin, who is staying with you, has gone out for the morning. Leave a note for him saying that

- you are going to the supermarket to buy ham and bread for lunch
- you will be back home at 12.30
- you are going to the cinema tonight and ask if he would like to go too.

Salut Benjamin,   11h30

Je vais au supermarché. Je vais acheter du pain et du jambon pour le déjeuner. Je serai de retour à 12h30. Ce soir, je vais au cinéma avec des copains. Est-ce que tu veux venir avec nous ? Envoie-moi un SMS.

À plus tard,
Deirdre

Expression écrite : La lettre formelle

Remember

- Be careful to use the vous form throughout.
- Do not use cher or chère.
- Instead, use Madame / Monsieur.
- Always remember to **write the year in the date** (business letters may be kept on file in
- a company).
- The ending formule de politesse is not an option. You **MUST** learn **one version** (and
- your spelling must be perfect!).
- Most often, you will be writing to ask for information, make a reservation or enquire
- about getting a job.
- Learn the **position of the addresses** and **the date** as shown on the example on page 320.

Breakdown of marks

Both Higher and Ordinary Level papers		30 marks out of 400 or 7. 5% of total
Higher Level	Layout of letter:	6 marks
	Communication:	12 marks
	Language:	12 marks
Ordinary Level	Layout of letter:	6 marks
	Communication:	3 tasks at 4 marks each
	Language:	12 marks

Saying what you want to do

Je voudrais travailler dans votre hôtel.	*I would like to work in your hotel.*
Je voudrais faire une réservation dans votre hôtel.	*I would like to make a reservation at your hotel.*
Je voudrais réserver trois chambres pour deux nuits.	*I would like to book three rooms for two nights.*
Je voudrais un plan de votre ville.	*I would like a map of town.*
J'aimerais passer une quinzaine de jours en France au mois de juin.	*I would like to spend two weeks in France in the month of June.*
J'aimerais aller en France cet été.	*I would like to go to France this summer.*
Je cherche un(e) correspondant(e).	*I am looking for a penpal.*

Saying what you are asking for

Pourriez-vous m'envoyer des informations ?	*Could you send me some information?*
Pourriez-vous m'envoyer des renseignements/brochures ?	*Could you send me details/brochures?*
Je voudrais réserver une chambre double.	*I would like to book a double room.*
Pourriez-vous m'indiquer vos tarifs ?	*Could you tell me your prices?*
Pourriez-vous répondre aux questions suivantes ?	*Could you answer the following questions?*

Asking questions

Quel sera le salaire ?	What is the salary?
Où serai-je logé(e) ?	Where will I be staying?
Est-ce qu'il y a une piscine ?	Is there a swimming pool?
Où se trouve la gare ?	Where is the railway station?
Le petit déjeuner est-il compris ?	Is breakfast included?
Est-ce qu'il est possible de louer un vélo ?	Can you rent a bike?
Votre camping est-il bien équipé ?	Is the campsite well-equipped?

Saying what you are putting in

Ci-joint mon CV.	*I am including my CV.*
Veuillez trouver ci-joint une lettre de recommandation.	*I am enclosing a letter of recommendation.*

About yourself

Je voudrais perfectionner mon français.	*I want to improve my French.*
Je viens de terminer mes études.	*I have just finished my studies.*
J'ai déjà de l'expérience professionnelle dans ce domaine.	*I have already done work experience in this area.*
Je serai disponible à partir de... / dès le...	*I will be available from...*
J'attends votre réponse avec impatience.	*I am looking forward to your reply.*
Je vous serais reconnaissant(e) de bien vouloir me répondre aussi vite que possible.	*I would be grateful if you could reply as soon as possible.*

Making a complaint

J'ai le regret de vous informer que ...	*I sorry to inform you that ...*
Je ne suis pas du tout satisfaite(e) de ...	*I'm not at all satisfied with ...*
J'ai à me plaindre de ...	*I have to complain about ...*

What was wrong

Les pièces étaient en désordre.	*The rooms were untidy.*
La salle de bain était sale.	*The bathroom was dirty.*
La douche ne marchait pas.	*The shower didn't work.*

Expecting a resolution

J'espère que vous ne tarderez pas à me donner satisfaction / à me rembourser le prix du séjour.	*I hope that you won't delay in giving me satisfaction / refund me the cost of my stay.*

Formal ending

Je vous prie d'agréer, Madame/Monsieur, l'expression de mes sentiments distingués ...

Example of a letter of complaint

Maria Kenny   Kilkenny, le 12 juillet 2015

3 Bridge Street

Kilkenny

IRELAND

Monsieur Fautes

Hôtel Taudis

27, rue Délabré

06300 Nice

Monsieur,

J'ai le regret de vous informer que je ne suis pas du tout satisfaite de mon séjour de la semaine dernière dans votre hôtel. J'y suis restée avec mon mari et mes deux enfants dans les chambres 203 et 204 du 3 jusqu'au 10 juillet.

Malheureusement, quand j'ai expliqué la situation avant notre départ, la dame qui travaillait à la réception n'était ni compréhensive ni polie !

L'eau n'était pas chaude dans les douches et les salles de bains étaient sales. Je crois qu'il y avait des punaises dans les tapis. Le poste de télévision dans notre chambre ne marchait pas et la connexion Internet était mauvaise ! En plus, le service dans le restaurant était affreux !

Cela ne répondait aucunement à mon attente. Donc, j'espère que vous ne tarderez pas à me rembourser le prix ou une partie du prix du séjour.

Veuillez agréer, monsieur, mes salutations distinguées,

Maria Kenny

Email et la lettre informelle et demi-formelle

- The breakdown of marks is as for formal letter or message depending on the question asked.
- These letters often involve making holiday arrangements for a school group or on behalf of a neighbour.
- When writing an email it is handy to state the purpose of your email on the top.

Objet : Séjour en France or Objet : Festival de musique à l'Orient

Saying on behalf of whom you are writing

Je vous écris de la part de mon voisin, Monsieur W.	*I am writing on behalf of my neighbour Mr W.*
Mon professeur de français m'a donné votre address mél afin d'organiser le séjour de notre classe.	*My French teacher gave me your email address in order to organise our class visit.*

Introduce yourself

Je me présente. Je m'appelle Jack O'Connor et j'ai 18 ans.	*My name is Jack O'Connor and I am 18.*

Making arrangements

Nous serons à l'aéroport pour accueillir les étudiants.	*We will be at the airport to welcome the students.*
Ils seront logés chez des familles irlandaises.	*They will stay with Irish families.*
Je peux vous retrouver à la gare.	*I can meet you at the station.*
Je viens vous chercher si vous voulez.	*I will pick you up if you like.*
Il y aura un quiz et un concert à l'école.	*There will be a quiz and a concert in school.*

Asking questions

Quels sont les endroits que vous voudriez visiter ?	*What places would you like to visit?*
Qu'est-ce que vous voudriez faire pendant votre séjour ?	*What would you like to do during your stay?*
Qu'est-ce que vous aimez manger ?	*What do you like to eat?*

Accepting an invitation

Merci beaucoup de m'inviter chez toi.	*Thanks for inviting me to visit you.*
Je serais ravi(e) d'accepter.	*I would be delighted to accept.*

Refusing an invitation

| Je suis désolé(e), mais je ne peux pas accepter ton invitation. | I am sorry but I can't accept your invitation. |

Signing off

This is done either as in the formal letter or, if more informal, using the following:

En attendant de tes nouvelles avec impatience ...	Looking forward to hearing your news ...
À bientôt ...	See you soon ...
Amitiés ...	Your fond friend ...
Amicalement / Cordialement	Kindest regards

Expression écrite : Compte rendu

Breakdown of marks

Higher Level papers 40 marks (if asked as une question obligatoire*)*
Communication: 20 marks
Language: 20 marks
Ordinary Level papers: 30 marks (if asked as questions 2, 3 or 4)
Communication: 15 marks
Language: 15 marks

Un compte rendu is an account of a story. It is frequently asked on the Higher Level paper as a question obligatoire and is worth 10 per cent of the total marks. You also could be asked for a témoignage – an eye-witness account of an accident, an incident or a theft.

In the past

Ce matin-là, ce soir-là ...	That morning/evening ...
Le lendemain ...	The following day ...
Il y a quelques semaines ...	A few weeks ago ...
Au début des vacances ...	At the beginning of the holidays ...
Vers la fin de la semaine ...	Towards the end of the week ...

Sequences

| D'abord, deuxièmement, alors ... | At first, secondly, and then ... |

un petit garçon âgé de six ans environ	a little boy of about six
un petit homme gros à la barbe noire	a short fat man with a black beard
une dame aux cheveux blonds et avec des lunettes de soleil	a blonde-haired lady with sunglasses
Il portait un jean et un T-shirt noir.	He wore jeans and a black T-shirt.

Il pleuvait et la visibilite était mauvaise.	It was raining and the visibility was poor.
L'aéroport était plein à craquer.	The airport was packed with people.

Le conducteur essayait de doubler le camion quand il est entré en colision avec la voiture.	The driver was trying to overtake the lorry when he crashed into the car.
L'ambulance est arrivée au bout de dix minutes.	The ambulance arrived ten minutes later.
La maison a pris feu et l'incendie s'est étendu rapidement.	The house caught fire and the flames spread.
Le type a volé mon sac à main.	The guy stole my bag.

Expression écrite : Dialogue

This is an outside possibility as a question and has been asked only as one of a choice of questions.

Breakdown of marks

Higher Level papers 40 marks (if asked as une question obligatoire)
Communication: 20 marks
Language: 20 marks

- You will most likely need to use the je and vous or tu forms of verbs in this question. Check endings and be consistent.
- The use of everyday expressions can add realism.

Getting someone's attention

Écoute ce que je viens de découvrir !	*Listen to what I just discovered!*
Venez ici tout le monde !	*Come here, everyone!*
Vous ne croirez pas ce que je viens de voir !	*You won't believe what I just saw!*

Asking questions

Qu'est-ce que tu en penses ?	*What do you think of it?*
Qu'est-ce que tu as fait ensuite ?	*What did you do then?*
Qu'est-ce que vous avez vu là-bas ?	*What did you see down there?*
Quand est-ce que ça s'est passé ?	*When did that happen?*

Answering

Je pense qu'il est fou !	*I think he's crazy !*
C'est arrivé très tôt le soir.	*That happened early in the evening.*

Positive reaction

Chouette ! / Génial !	*Great!*
Ah oui, absolument !	*Yes, absolutely.*
Ouais, c'était formidable !	*Yeah, it was great!*
Ah oui, malgré ...	*Yes, despite ...*

Negative reaction

Quelle déception !	*What a disappointmant!*
Dites/Dis-moi ...	*Tell me ...*
Je vois rouge !	*I'm raging (seeing red)!*
Eh bien.	*Well.*
Oh, pas question de ...	*(There's) no question of ...*
On verra.	*We'll see*
Pas personnellement.	*Not personally.*
Ça m'est égal !	*It's all the same to me.*
À quoi bon ?	*What's the point?*

Révisez vos verbes

	Present	Futur	Conditionnel	Imparfait	Passé composé	Impératif
Regular –er verbs **donne** *to give*	je donne	je donnerai	je donnerais	je donnais	j'ai donné	
	tu donnes	tu donneras	tu donnerais	tu donnais	tu as donné	donne
	il/elle/on donne	il/elle donnera	il/elle/on donnerait	il/elle/on donnait	il/elle/on a donné	
	nous donnons	nous donnerons	nous donnerions	nous donnions	nous avons donné	donnons
	vous donnez	vous donnerez	vous donneriez	vous donniez	vous avez donné	donnez
	ils/elles donnent	ils/elles donneront	ils/elles donneraient	ils/elles donnaient	ils/elles ont donné	
Regular –ir verbs **finir** *to finish*	je finis	je finirai	je finirais	je finissais	j'ai fini	
	tu finis	tu finiras	tu finirais	tu finissais	tu as fini	finis
	il/elle/on finit	il/elle/on finira	il/elle/on finirait	il/elle/on finissait	il/elle/on a fini	
	nous finissons	nous finirons	nous finirions	nous finissions	nous avons fini	finissons
	vous finissez	vous finirez	vous finiriez	vous finissiez	vous avez fini	finissez
	ils/elles finissent	ils/elles finiront	ils/elles finiraient	ils/elles finissaient	ils/elles ont fini	
Regular –re verbs **vendre** *to sell*	je vends	je vendrai	je vendrais	je vendais	j'ai vendu	
	tu vends	tu vendras	tu vendrais	tu vendais	tu as vendu	vends
	il/elle/on vend	il/elle/on vendra	il/elle/on vendrait	il/elle/on vendait	il/elle/on a vendu	
	nous vendons	nous vendrons	nous vendrions	nous vendions	nous avons vendu	vendons
	vous vendez	vous vendrez	vous vendriez	vous vendiez	vous avez vendu	vendez
	ils/elles vendent	ils/elles vendront	ils/elles vendraient	ils/elles vendaient	ils/elles ont vendu	
Reflexive verbs **se laver** *to wash oneself*	je me lave	je me laverai	je me laverais	je me lavais	je me suis lavé(e)	
	tu te laves	tu te laveras	tu te laverais	tu te lavais	tu t'es lavé(e)	lave-toi
	il/elle/on se lave	il/elle/on se lavera	il/elle/on se laverait	il/elle/on se lavait	il/elle/on s'est lavé(e)	
	nous nous lavons	nous nous laverons	nous nous laverions	nous nous lavions	nous nous sommes lavé(e)s	lavons-nous
	vous vous lavez	vous vous laverez	vous vous laveriez	vous vous laviez	vous vous êtes lavé(e)(s)	lavez-vous
	ils/elles se lavent	ils/elles se laveront	ils/elles se laveraient	ils/elles se lavaient	ils/elles se sont lavé(e)s	
être *to be*	je suis	je serai	je serais	j'étais	j'ai été	
	tu es	tu seras	tu serais	tu étais	tu as été	sois
	il/elle/on est	il/elle/on sera	il/elle/on serait	il/elle/on était	il/elle/on a été	
	nous sommes	nous serons	nous serions	nous étions	nous avons été	soyons
	vous êtes	vous serez	vous seriez	vous étiez	vous avez été	soyez
	ils/elles sont	ils/elles seront	ils/elles seraient	ils/elles étaient	ils/elles ont été	

	Présent	Futur	Conditionnel	Imparfait	Passé composé	Impératif
avoir *to have*	j'ai tu as il/elle/on a nous avons vous avez ils/elles ont	j'aurai tu auras il/elle/on aura nous aurons vous aurez ils/elles auront	j'aurais tu aurais il/elle/on aurait nous aurions vous auriez ils/elles auraient	j'avais tu avais il/elle/on avait nous avions vous aviez ils/elles avaient	j'ai eu tu as eu il/elle/on a eu nous avons eu vous avez eu ils/elles ont eu	 aie ayons ayez
aller *to go*	je vais tu vas il/elle/on va nous allons vous allez ils/elles vont	j'irai tu iras il/elle/on ira nous irons vous irez ils/elles iront	j'irais tu irais il/elle/on irait nous irions vous iriez ils/elles iraient	j'allais tu allais il/elle/on allait nous allions vous alliez ils/elles allaient	je suis allé(e) tu es allé(e) il/elle/on est allé(e) nous sommes allé(e)s vous êtes allé(e)s ils/elles sont allé(e)s	 va allons allez
boire *to drink*	je bois tu bois il/elle/on boit nous buvons vous buvez ils/elles boivent	je boirai tu boiras il/elle/on boira nous boirons vous boirez ils/elles boiront	je boirais tu boirais il/elle/on boirait nous boirions vous boiriez ils/elles boiraient	je buvais tu buvais il/elle/on buvait nous buvions vous buviez ils/elles buvaient	j'ai bu tu as bu il/elle/on a bu nous avons bu vous avez bu ils/elles ont bu	 bois buvons buvez
connaître *to know*	je connais tu connais il/elle/on connaît nous connaissons vous connaissez ils/elles connaissent	je connaîtrai tu connaîtras il/elle/on connaîtra nous connaîtrons vous connaîtrez ils/elles connaîtront	je connaîtrais tu connaîtrais il/elle/on connaîtrait nous connaîtrions vous connaîtriez ils/elles connaîtraient	je connaissais tu connaissais il/elle/on connaissait nous connaissions vous connaissiez ils/elles connaissaient	j'ai connu tu as connu il/elle/on a connu nous avons connu vous avez connu ils/elles ont connu	 connais connaissons connaissez
courir *to run*	je cours tu cours il/elle/on court nous courons vous courez ils/elles courent	je courrai tu courras il/elle/on courra nous courrons vous courrez ils/elles courront	je courrais tu courrais il/elle/on courrait nous courrions vous courriez ils/elles courraient	je courais tu courais il/elle/on courait nous courions vous couriez ils/elles couraient	j'ai couru tu as couru il/elle/on a couru nous avons couru vous avez couru ils/elles ont couru	 cours courons courez

croire — to believe

Présent	Futur	Conditionnel	Imparfait	Passé composé	Impératif
je crois	je croirai	je croirais	je croyais	j'ai cru	
tu crois	tu croiras	tu croirais	tu croyais	tu as cru	crois
il/elle/on croit	il/elle/on croira	il/elle/on croirait	il/elle/on croyait	il/elle/on a cru	
nous croyons	nous croirons	nous croirions	nous croyions	nous avons cru	croyons
vous croyez	vous croirez	vous croiriez	vous croyiez	vous avez cru	croyez
ils/elles croient	ils/elles croiront	ils/elles croiraient	ils/elles croyaient	ils/elles ont cru	

devoir — to have to

Présent	Futur	Conditionnel	Imparfait	Passé composé	Impératif
je dois	je devrai	je devrais	je devais	j'ai dû	
tu dois	tu devras	tu devrais	tu devais	tu as dû	dois
il/elle/on doit	il/elle/on devra	il/elle/on devrait	il/elle/on devait	il/elle/on a dû	
nous devons	nous devrons	nous devrions	nous devions	nous avons dû	devons
vous devez	vous devrez	vous devriez	vous deviez	vous avez dû	devez
ils/elles doivent	ils/elles devront	ils/elles devraient	ils/elles devaient	ils/elles ont dû	

dire — to say/to tell

Présent	Futur	Conditionnel	Imparfait	Passé composé	Impératif
je dis	je dirai	je dirais	je disais	j'ai dit	
tu dis	tu diras	tu dirais	tu disais	tu as dit	dis
il/elle/on dit	il/elle/on dira	il/elle/on dirait	il/elle/on disait	il/elle/on a dit	
nous disons	nous dirons	nous dirions	nous disions	nous avons dit	disons
vous dites	vous direz	vous diriez	vous disiez	vous avez dit	dites
ils/elles disent	ils/elles diront	ils/elles diraient	ils/elles disaient	ils/elles ont dit	

écrire — to write

Présent	Futur	Conditionnel	Imparfait	Passé composé	Impératif
j'écris	j'écrirai	j'écrirais	j'écrivais	j'ai écrit	
tu écris	tu écriras	tu écrirais	tu écrivais	tu as écrit	écris
il/elle/on écrit	il/elle/on écrira	il/elle/on écrirait	il/elle/on écrivait	il/elle/on a écrit	
nous écrivons	nous écrirons	nous écririons	nous écrivions	nous avons écrit	écrivons
vous écrivez	vous écrirez	vous écririez	vous écriviez	vous avez écrit	écrivez
ils/elles écrivent	ils/elles écriront	ils/elles écriraient	ils/elles écrivaient	ils/elles ont écrit	

faire — to make/to do

Présent	Futur	Conditionnel	Imparfait	Passé composé	Impératif
je fais	je ferai	je ferais	je faisais	j'ai fait	
tu fais	tu feras	tu ferais	tu faisais	tu as fait	fais
il/elle/on fait	il/elle/on fera	il/elle/on ferait	il/elle/on faisait	il/elle/on a fait	
nous faisons	nous ferons	nous ferions	nous faisions	nous avons fait	faisons
vous faites	vous ferez	vous feriez	vous faisiez	vous avez fait	faites
ils/elles font	ils/elles feront	ils/elles feraient	ils/elles faisaient	ils/elles ont fait	

	Présent	Futur	Conditionnel	Imparfait	Passé composé	Impératif
joindre *to join*	je joins tu joins il/elle/on joint nous joignons vous joignez ils/elles joignent	je joindrai tu joindras il/elle/on joindra nous joindrons vous joindrez ils/elles joindront	je joindrais tu joindrais il/elle/on joindrait nous joindrions vous joindriez ils/elles joindraient	je joignais tu joignais il/elle/on joignait nous joignions vous joigniez ils/elles joignaient	j'ai joint tu as joint il/elle/on a joint nous avons joint vous avez joint ils/elles ont joint	joins joignons joignez
lire *to read*	je lis tu lis il/elle/on lit nous lisons vous lisez ils/elles lisent	je lirai tu liras il/elle/on lira nous lirons vous lirez ils/elles liront	je lirais tu lirais il/elle/on lirait nous lirions vous liriez ils/elles liraient	je lisais tu lisais il/elle/on lisait nous lisions vous lisiez ils/elles lisaient	j'ai lu tu as lu il/elle/on a lu nous avons lu vous avez lu ils/elles ont lu	lis lisons lisez
mettre *to put*	je mets tu mets il/elle/on met nous mettons vous mettez ils/elles mettent	je mettrai tu mettras il/elle mettra nous mettrons vous mettrez ils/elles mettront	je mettrais tu mettrais il/elle/on mettrait nous mettrions vous mettriez ils/elles mettraient	je mettais tu mettais il/elle/on mettait nous mettions vous mettiez ils/elles mettaient	j'ai mis tu as mis il/elle/on a mis nous avons mis vous avez mis ils/elles ont mis	mets mettons mettez
ouvrir *to open*	j'ouvre tu ouvres il/elle/on ouvre nous ouvrons vous ouvrez ils/elles ouvrent	j'ouvrirai tu ouvriras il/elle/on ouvrira nous ouvrirons vous ouvrirez ils/elles ouvriront	j'ouvrirais tu ouvrirais il/elle/on ouvrirait nous ouvririons vous ouvririez ils/elles ouvriraient	j'ouvrais tu ouvrais il/elle/on ouvrait nous ouvrions vous ouvriez ils/elles ouvraient	j'ai ouvert tu as ouvert il/elle/on a ouvert nous avons ouvert vous avez ouvert ils/elles ont ouvert	ouvre ouvrons ouvrez
partir *to leave*	je pars tu pars il/elle/on part nous partons vous partez ils/elles partent	je partirai tu partiras il/elle/on partira nous partirons vous partirez ils/elles partiront	je partirais tu partirais il/elle/on partirait nous partirions vous partiriez ils/elles partiraient	je partais tu partais il/elle/on partait nous partions vous partiez ils/elles partaient	je suis parti(e) tu es parti(e) il/elle/on est parti(e) nous sommes parti(e)s vous êtes parti(e)(s) ils/elles sont parti(e)s	pars partons partez

	Present	Futur	Conditionnel	Imparfait	Passé composé	Impératif
pouvoir *to be able to*	je peux tu peux il/elle/on peut nous pouvons vous pouvez ils/elles peuvent	je pourrai tu pourras il/elle/on pourra nous pourrons vous pourrez ils/elles pourront	je pourrais tu pourrais il/elle/on pourrait nous pourrions vous pourriez ils/elles pourraient	je pouvais tu pouvais il/elle/on pouvait nous pouvions vous pouviez ils/elles pouvaient	j'ai pu tu as pu il/elle/on a pu nous avons pu vous avez pu ils/elles ont pu	
prendre *to take*	je prends tu prends il/elle/on prend nous prenons vous prenez ils/elles prennent	je prendrai tu prendras il/elle/on prendra nous prendrons vous prendrez ils/elles prendront	je prendrais tu prendrais il/elle/on prendrait nous prendrions vous prendriez ils/elles prendraient	je prenais tu prenais il/elle/on prenait nous prenions vous preniez ils/elles prenaient	j'ai pris tu as pris il/elle/on a pris nous avons pris vous avez pris ils/elles ont pris	prends prenons prenez
recevoir *to receive*	je reçois tu reçois il/elle/on reçoit nous recevons vous recevez ils/elles reçoivent	je recevrai tu recevras il/elle/on recevra nous recevrons vous recevrez ils/elles recevront	je recevrais tu recevrais il/elle/on recevrait nous recevrions vous recevriez ils/elles recevraient	je recevais tu recevais il/elle/on recevait nous recevions vous receviez ils/elles recevaient	j'ai reçu tu as reçu il/elle/on a reçu nous avons reçu vous avez reçu ils/elles ont reçu	reçois recevons recevez
savoir *to know*	je sais tu sais il/elle/on sait nous savons vous savez ils/elles savent	je saurai tu sauras il/elle/on saura nous saurons vous saurez ils/elles sauront	je saurais tu saurais il/elle/on saurait nous saurions vous sauriez ils/elles sauraient	je savais tu savais il/elle/on savait nous savions vous saviez ils/elles savaient	j'ai su tu as su il/elle/on a su nous avons su vous avez su ils/elles ont su	sache sachons sachez
sortir *to go out*	je sors tu sors il/elle/on sort nous sortons vous sortez ils/elles sortent	je sortirai tu sortiras il/elle/on sortira nous sortirons vous sortirez ils/elles sortiront	je sortirais tu sortirais il/elle/on sortirait nous sortirions vous sortiriez ils/elles sortiraient	je sortais tu sortais il/elle/on sortait nous sortions vous sortiez ils/elles sortaient	je suis sorti(e) tu es sorti(e) il/elle est sorti(e) nous sommes sorti(e)s vous êtes sorti(e)(s) ils/elles sont sorti(e)s	sors sortons sortez

	Présent	Futur	Conditionnel	Imparfait	Passé composé	Impératif
tenir *to hold*	je tiens tu tiens il/elle/on tient nous tenons vous tenez ils/elles tiennent	je tiendrai tu tiendras il/elle/on tiendra nous tiendrons vous tiendrez ils/elles tiendront	je tiendrais tu tiendrais il/elle/on tiendrait nous tiendrions vous tiendriez ils/elles tiendraient	je tenais tu tenais il/elle/on tenait nous tenions vous teniez ils/elles tenaient	j'ai tenu tu as tenu il/elle/on a tenu nous avons tenu vous avez tenu ils/elles ont tenu	tiens tenons tenez
venir *to come*	je viens tu viens il/elle/on vient nous venons vous venez ils/elles viennent	je viendrai tu viendras il/elle/on viendra nous viendrons vous viendrez ils/elles viendront	je viendrais tu viendrais il/elle/on viendrait nous viendrions vous viendriez ils/elles viendraient	je venais tu venais il/elle/on venait nous venions vous veniez ils/elles venaient	je suis venu(e) tu es venu(e) il/elle est venu(e) nous sommes venu(e)s vous êtes venu(e)(s) ils/elles sont venu(e)s	viens venons venez
vivre *to live*	je vis tu vis il/elle/on vit nous vivons vous vivez ils/elles vivent	je vivrai tu vivras il/elle/on vivra nous vivrons vous vivrez ils/elles vivront	je vivrais tu vivrais il/elle/on vivrait nous vivrions vous vivriez ils/elles vivraient	je vivais tu vivais il/elle/on vivait nous vivions vous viviez ils/elles vivaient	j'ai vécu tu as vécu il/elle/on a vécu nous avons vécu vous avez vécu ils/elles ont vécu	vis vivons vivez
voir *to see*	je vois tu vois il/elle/on voit nous voyons vous voyez ils/elles voient	je verrai tu verras il/elle/on verra nous verrons vous verrez ils/elles verront	je verrais tu verrais il/elle/on verrait nous verrions vous verriez ils/elles verraient	je voyais tu voyais il/elle/on voyait nous voyions vous voyiez ils/elles voyaient	j'ai vu tu as vu il/elle/on a vu nous avons vu vous avez vu ils/elles ont vu	vois voyons voyez
vouloir *to want*	je veux tu veux il/elle/on veut nous voulons vous voulez ils/elles veulent	je voudrai tu voudras il/elle/on voudra nous voudrons vous voudrez ils/elles voudront	je voudrais tu voudrais il/elle/on voudrait nous voudrions vous voudriez ils/elles voudraient	je voulais tu voulais il/elle/on voulait nous voulions vous vouliez ils/elles voulaient	j'ai voulu tu as voulu il/elle/on a voulu nous avons voulu vous avez voulu ils/elles ont voulu	veuille/veux veuillons/voulons veuillez/voulez

Les nombres cardinaux

0	zéro	35	trente-cinq	67	soixante-sept
1	un	36	trente-six	68	soixante-huit
2	deux	37	trente-sept	69	soixante-neuf
3	trois	38	trente-huit	70	soixante-dix
4	quatre	39	trente-neuf	71	soixante-et-onze
5	cinq	40	quarante		(or soixante et onze)
6	six	41	quarante-et-un	72	soixante-douze
7	sept		(or quarante et un)	73	soixante-treize
8	huit	42	quarante-deux	74	soixante-quatorze
9	neuf	43	quarante-trois	75	soixante-quinze
10	dix	44	quarante-quatre	76	soixante-seize
11	onze	45	quarante-cinq	77	soixante-dix-sept
12	douze	46	quarante-six	78	soixante-dix-huit
13	treize	47	quarante-sept	79	soixante-dix-neuf
14	quatorze	48	quarante-huit	80	quatre-vingts
15	quinze	49	quarante-neuf	81	quatre-vingt-un
16	seize	50	cinquante	82	quatre-vingt-deux
17	dix-sept	51	cinquante-et-un	83	quatre-vingt-trois
18	dix-huit		(or cinquante et un)	84	quatre-vingt-quatre
19	dix-neuf	52	cinquante-deux	85	quatre-vingt-cinq
20	vingt	53	cinquante-trois	86	quatre-vingt-six
21	vingt-et-un (or vingt et un)	54	cinquante-quatre	87	quatre-vingt-sept
22	vingt-deux	55	cinquante-cinq	88	quatre-vingt-huit
23	vingt-trois	56	cinquante-six	89	quatre-vingt-neuf
24	vingt-quatre	57	cinquante-sept	90	quatre-vingt-dix
25	vingt-cinq	58	cinquante-huit	91	quatre-vingt-onze
26	vingt-six	59	cinquante-neuf	92	quatre-vingt-douze
27	vingt-sept	60	soixante	93	quatre-vingt-treize
28	vingt-huit	61	soixante-et-un	94	quatre-vingt-quatorze
29	vingt-neuf		(or soixante et un)	95	quatre-vingt-quinze
30	trente	62	soixante-deux	96	quatre-vingt-seize
31	trente-et-un (or vingt et un)	63	soixante-trois	97	quatre-vingt-dix-sept
32	trente-deux	64	soixante-quatre	98	quatre-vingt-dix-huit
33	trente-trois	65	soixante-cinq	99	quatre-vingt dix-neuf
34	trente-quatre	66	soixante-six	100	cent
				101	cent un

It is now widely accepted to spell all compound numbers with hyphens.

Vingt only has an s when not followed by another number.

Les nombres ordinaux

1st	premier (première)	7th	septième
2nd	deuxième	8th	huitième
3rd	troisième	9th	neuvième
4th	quatrième	10th	dixième
5th	cinquième	20th	vingtième
6th	sixième	21st	vingt-et-unième

Exemple : Au vingt-et-unième siècle ...